絶対役立つ
教育心理学
[第2版]

実践の理論、理論を実践

藤田哲也 編著

ミネルヴァ書房

目　次

コラム目次

第0章　教育心理学について学ぶ意味
――本書が意図すること

この本を手にしているあなたは，教職を目指す学生さんでしょうか？　それとも，現職の小学校～高等学校の教員の方でしょうか？　あるいは，教職とは直接関係ないけれど，（教育）心理学に関心をもたれた方かもしれませんね。

教職を目指している学生さんの中には，別に関心があるわけではないけれど，必修になっているから，しかたなく「教育心理学」を学ぶために，この本を読んでいる方もいるかもしれません。しかし，「必修だから学ばなくてはならない」ということの意味をもう少し突っ込んで考えてみれば「教師になるために必要だから，必修になっている」という現実が読み取れると思います。

本書でも取り上げていますが「教員免許のため」「単位のため」に学ぶという外発的な動機づけによって学ぶよりも，教育心理学の内容に興味・関心をもっていただき，内発的動機づけによって読み進めてもらいたいと願っています。そのためにも，まずはこの章で，「教育心理学を学ぶことによって，何が変わるのか，どういうよいことがあるのか」を説明したいと思います。

1　この本でみなさんに伝えたいこと

1-1　はじめに：この本が書かれた背景

この本は，教員免許を取得するために必修と定められている「幼児，児童及び生徒の心身の発達及び学習の過程に関する科目」に対応する教科書として書かれています。この教員免許を取得するための必修科目は，「教育心理学」という科目名で開講されていることが多いと思われますので，書名にも「教育心理学」という表現を使っています。心理学の研究分野としての「教育心理学」

が取り上げているテーマは非常に幅広く，多様な問題に取り組んでいるのですが，上記の通り，そのなかでも「発達」と「学習」に重点を置いて学ぶことができるように，本書は構成されています。たとえば，従来の（以前の教員免許法上の）「教育心理学」に含まれていた臨床心理学的な内容，カウンセリングの基礎などは，別の科目として設置するように定められていますので，本書の内容にも，臨床心理学的なものは含めていないのです。

したがいまして，本書が主に想定している読者の方は，教職を目指し，教職課程を履修している学生さんたちです。もちろん，現在，すでに教職に就いている現職の教師の方たちにもぜひ読んでいただきたいと思っていますし，読んでいただければかならず何か新しい発見があるような内容だと自負しています。もちろん，「教育心理学」は「教室」「学校現場」のみで役立つのではなく，一般の職場や家庭など，社会全般に応用できます。しかし，本書ではまず，学校現場を主とした教育場面を例に挙げて，教育心理学について解説し，実践的なアドバイスを行っています。教員免許の取得を目指す学生さんのすべてが，かならずしも実際に教職に就くことを第一志望にしていないという現実は理解していますが，そういう方でも，本書の内容をいろんな場面で活用することはできるはずです。

いうまでもなく「教育心理学」の教科書はこれまでにも多数出版されています。そのすべてが，とは言いませんが，多くのこれまでの教科書は，執筆陣が「教育心理学の研究者（＝大学教員）」であるためか，「基礎的な心理学の知見」の紹介にとどまっている場合が多いと感じていました。書かれているそれぞれの内容が，どのように教育現場に活かせるのかについてまで明示している本は非常に少ないのです。そのせいなのか，「教育心理学など役に立たない」という認識をもっている現場の教師もけっして少なくはないと思います。

本書は，この状況を打破すべく執筆されています。タイトル「絶対役立つ教育心理学」からも，その意気込みは感じていただけるのではないでしょうか。

1-2　実践の理論，理論を実践

さて，「教育心理学は絶対に役立つ」と言われても，あなたはまだ半信半疑かもしれませんね。教育心理学はどのように役立つのでしょうか。

たとえば，次のような問いを投げかけられたら，あなたはどう答えるでしょうか？

問1：もしあなたの生徒が「どうしても勉強にやる気が出ない。どうせ生まれつき頭が悪いのだから，これ以上やっても無駄な気がする」と相談に来たら，あなたはどのように対応しますか？

問2：ある生徒が，授業中に突然，奇声を上げて騒ぎ出すようになりました。周囲の生徒も同調し，その生徒を祭り上げます。そのたびに授業は中断し，学級崩壊状態です。いくらそれが悪いことだと叱っても，その生徒は同じことを繰り返し行います。まずは，どうしたらその生徒の奇抜な行動を抑えることができると思いますか？

もちろん，このような「問題」を解決するための「正解」は一つとは限りません（そもそも答えがない場合もあるでしょう)。しかし，たんに「経験」によって解決しようとしても限界があるのです。経験を軽視するつもりは毛頭ありませんが，「経験のみに頼る」ことは危険だと感じています。経験したことがない新しい問題に直面した場合でも，心理学の理論的な枠組みを知っていれば，その問題の背景を正しく把握できたり，有効な対処法が浮かび上がってくることも多いのです。いや，それよりも，「対処した経験がある」場合であっても，その経験が絶対的なものであるとは限りませんし，むしろ危険な場合もあります。

たとえば，あなたは以前に，腹痛を訴える子どもに対して，「これは風邪に違いない」と思って風邪薬を飲ませて，子どもの腹痛を治してあげた「経験」をもっているとしましょう。では，別の子が腹痛を訴えてきた場合にも，いつも風邪薬を処方すれば症状は治まると言えるでしょうか？　たまたま風邪による腹痛であれば治るでしょうが，それ以外にも，食あたりや便秘が原因かもしれません。もしかしたら虫垂炎や胃カイヨウなどの深刻な病気かもしれません。もうおわかりかと思いますが，正確な知識を豊富にもっていれば，腹痛の原因を探り，適切な対処をすることが可能です。しかし「以前に風邪薬で治した」という経験はあるけれど知識がない人は，「腹痛には風邪薬」ということに固執してしまうかもしれません。

医学的な例であれば，こうした問題が明確に理解できるのに，教育に関する問題の場合には，同じ構造のことが起こっていても，当事者がそれに気づきにくいのです。一口に「やる気がない」と子どもが言っていても，その原因はさまざまです。原因が異なれば，適切な対処法も異なるのです。その原因を把握するには，経験だけではなくて，しっかりとした体系をもった理論を学ぶことも必要なのです。

また，「目に見える問題への対処」だけでなく，通常の授業を行ううえでも，経験的に「望ましい（と思っている）教え方」に偏ることが危険であることを知ってもらいたいと思いますし，本書を読むことで注意すべきポイントも把握できるようになると思います。「自分にとって望ましい学習法」が「万人にとって望ましい学習法」であるとは限らないのです（適性処遇交互作用については後述します）。そのことに自分自身の経験から気づくことは難しいのですが，心理学の実験や調査を通じて得られたデータや理論を知ることで，多様な視点を得ることができるようになります。上記の二つの問いについても，本書を最後まで読めば，自分なりに心理学に基づいた対処法をいくつか挙げることができるようになっていることと思います。

本書の副題「実践の理論，理論を実践」に込められた意味は，次の二つです。一つは「教育心理学の理論は，実践に活かすことができるからこそ，学ぶ価値がある」ということ。もう一つは，同時に「たんに経験則を重視した実践では偏ったり，大事なことを見落としかねないので，理論的な枠組みも知っておいた方が得策である」ことです。せっかくの心理学の理論が「机上の空論」だと受け止められないように，それぞれの理論がどのように実践に役立つのかを豊富に例示したいと思います。

なお，誤解のないように強調しておきたいことがあります。それは，本書が「教師のための教育マニュアル」を目指した本ではないことです。前述の通り，見かけ上は同じような問題であっても，原因は異なる可能性があり，したがって，解決法もまた異なりうるはずです。表面上の特徴のみにとらわれて，一問一答的な，マニュアル的な理解に陥らないように注意しつつお読みください。

2　子どもは「伸びる」と信じる：ピグマリオン効果

2-1　教育心理学について学ぶ意義

前節で，本書が書かれた背景と作成意図について説明しましたが，読者のみなさんのなかには「そうは言っても，本当に教育心理学は，教育現場で役に立つのだろうか」という疑問をまだもっている方もいることでしょう。この節では，教育心理学を学んでいてこそ気づけることがある，という一つの具体例として「ピグマリオン効果」について紹介し，さらには，その現象の二面性について強調したいと思います。読者のみなさんのなかには，すでにピグマリオン効果についてご存じの方もいらっしゃるかもしれません。しかし，たんに「教育心理学の知識」として知っているだけで，実際にどのように応用してよいのかわからないのでは「活きた知識」とは言えません。さらに，その理解の仕方が一面的であってはもったいないです。以下の説明を読んでみれば，「そうか，そういう理解の仕方もできるのか！」と改めて「ピグマリオン効果について学ぶこと」の価値を見直していただけることと思っています。

2-2　ピグマリオン効果について

ピグマリオン効果について，まずは簡単に説明しておきます。ローゼンサールとジェイコブソン（Rosenthal & Jacobson, 1968）という研究者たちが，ある小学校で「将来の知能の増加を予測する検査」を行い，担任の教師に「知能の増加が期待できる子」「そうでない子」の情報を伝えました。じつはこの検査

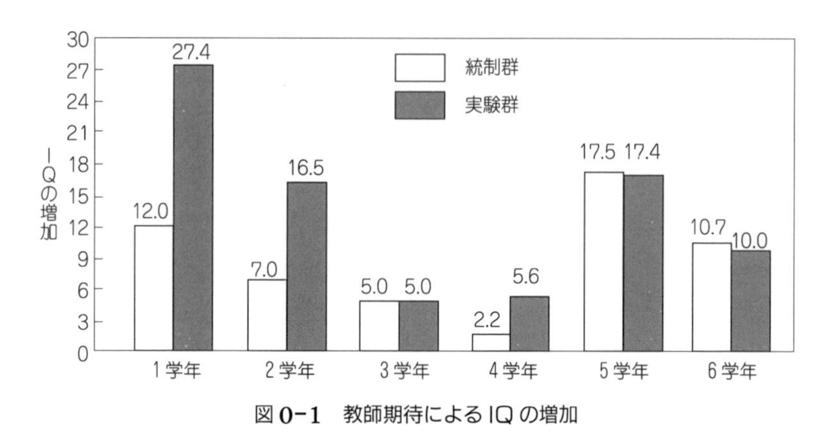

図 0-1　教師期待によるIQの増加

（出所）　Rosenthal & Jacobson（1968）；図は古城（1996）p. 53から引用

はたんなる知能検査で，将来の増加を予測することなどできないものでした。また，どの子を「知能の増加が期待できる子」「そうでない子」にするのかも，無作為に割り当てて，「期待できる子」も「期待できない子」も，知能の増加の可能性に関しては何も違いがない状態になっていました。しかし，担任の教師はその真実を知らされず，一部の子どもに対して「知能が伸びるはず」という「偽の期待」をもたされたというわけです。

数か月後に再度，知能検査を行ったところ，小学校 1，2 年生においては「伸びる」と期待されていた子（図 0-1の「実験群」）の方が，期待されていなかった子（統制群）に比べて実際に知能の増加率が大きいという結果になりました。本来は知能には違いがないはずの両群の子どもたちなのに，数か月間の授業を通じての，「教師の期待の有無」が，「架空の差」を「実在の差」にしてしまったというわけです。

2-3　ピグマリオン効果から読み取れること

さて，読者の皆さんはこのピグマリオン効果から何を読み取るでしょうか？一つは，本来は違いなどない場合でも，教師が思い込むことで不平等が生まれる可能性がある，ということが読み取れるでしょう。「自分のところにはそん

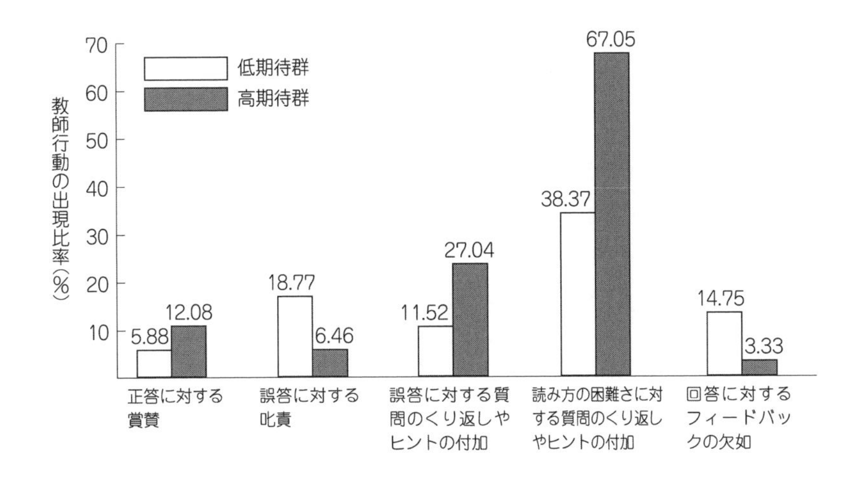

図0-2　教師からの期待の高低によるコミュニケーションの違い

（出所）　Brophy & Good（1970, 1974）；図は古城（1996）p. 54より引用

な研究者は来ないから大丈夫」と思うかもしれませんが，「教師期待」は普通に担任として各児童・生徒に接するなかで得られるさまざまな情報からも形成されます。たとえば親の職業が医者や大学教授であれば，その子に期待を寄せるということはないでしょうか？（念のために言っておきますが，医者や大学教授の子どもが優秀である，と主張しているわけではありません。）あるいは「活発な子の方が伸びる」という素朴な思い込みや，一度のテスト結果の優劣から，その後のテスト結果を予測する傾向はないでしょうか。「自分はそんな先入観（偏見）などもたない」と思うかもしれませんが，そのような情報は，無意識的に影響を及ぼすこともありますから，危険です。むしろ「人間は誰でも先入観によって判断が偏りかねない危険性をもっているから注意しなくては」と気を付けるくらいでちょうどよいと思います。

では次に，なぜ「期待」をもつことが実際の知能の増加に影響を及ぼすのか，さらに追求してみましょう。図0-2に示したのは，同様に，教師からの期待の程度が高い子と低い子のそれぞれに対する，教室内での接し方に関するデータです。たとえば，高い期待を寄せている子が質問に答えられないときや誤答した場合には，質問の仕方を変えたり助け船を出すのに対し，低い期待の子にはそのようなことをあまりしない，という様子が見て取れます。このデータの元になった教師も，自分がいわゆる「ひいき」をしているという自覚はないかもしれません。しかし教室内でのコミュニケーションの端々に，図0-2に示したような「ひいき」が無意識のうちに生じている可能性は皆さんにもあるかもしれないのです。

以上をまとめると「特定の子どもに期待をもつと，無意識のうちに“ひいき”をしかねない」という教訓が引き出せます。でも，別の（逆の）教訓も引き出せます。「教室内の，すべての子どもに期待をかけよう！」ということです。極端に言えば「こいつらには何を教えたって無駄だ」ではなく「しっかり教えれば必ず伝わる」という姿勢で子どもと接するのです。そうすれば図0-2に示した「望ましいコミュニケーション」も自然と生まれ，結果として，期待が実在のものとなるでしょう。

3　子どもの個人差と向かい合う：適性処遇交互作用

3-1　個人差のとらえ方

みなさんは，自分自身について考えた場合には，「自分は他の人間とは異なる存在だ」と当然のように考えるでしょう。他人とは異なる側面には，外見だけでなく，性格や好みも含まれますし，「効果的な学習方法」も含まれてくるでしょう。自分のことであれば「他人とは違う」とわかるのに，教える側に回るとそのことを忘れがちになります。外見などの違いは明白ですが，子どもたちの内面，たとえば「効果的な学習方法」や「学習方法の好み」については，どうしても「学習者はみんな同じ」と受け止めてしまう危険性があります。さらには，教師は自分の受けてきた教育を思い出し，「学習者はみんな自分と同じ」という錯覚まで抱く危険性があるのです。つまり，「自分が受けてみて，効果的だった学び方」は「どの学習者にとっても効果的なはずだ」と無批判に考える傾向があるということです。

自分の経験だけに頼った教育を行ってしまうことを避けるために教育心理学

を学ぶ必要性がある，ということを本章の前半部分で説明してきました。この節では，このテーマについて，さらに具体的な研究を紹介しておきたいと思います。

3-2　適性処遇交互作用とは

適性処遇交互作用（aptitude treatment interaction）とは，学習者側の個人による違い（適性；いわゆる個人差）と，教授方法（処遇；教え方）とが相互に作用するという現象を指します。子どもたちの個人差によって，効果的な教授方法が異なるのだ，という考え方のことです。ただしここでいう適性は「職業適性」のような狭い意味ではなく，学習に関連しうる，子どもたち個人個人の特性や状態の総称です。

授業場面で説明しましょう。講義というのは先生から学習者に情報が伝達され，学習者はその内容が正しいという前提のもとで，先生から与えられたとおりに理解を深めるという点で，不確定要素が比較的少ない場面です。一方，ディスカッションのような話し合いを含む場面では，何が正しい情報かが明確ではありませんし，話し合いの展開も方向性が決まっているわけではなくて，不確定な要素が多いと言えます。そして，学習者一人ひとりの「不確定性」を好む，志向する程度には個人差があります。「不確定志向」の学習者は，不確定な場面や課題を好み，その場面や課題に含まれる新しい情報や考え方を積極的に処理しようとします。みずから積極的に情報を求め，検討を加えて，最終的には不確定性を減少させて明快な状態に導こうと努力します。不確定性を好まない「確定志向」の学習者は，熟知した場面や結果が予測できる課題を好みます。確定志向の学習者は，不確定性の多い話し合い場面などでは，新しい情報を積極的に得ようとするよりは，既存の考え方や知識，関連する情報などを取り込み，何とか自分にとっての明快さを保とうとします。したがって，不確定志向の学習者はディスカッション形式の授業を好み，確定志向の学生は講義を好むといった傾向が生まれます（詳しくは，安永（2005）を参照してください）。すなわち，「不確定志向性」は，授業形式における，一つの「適性」と言えるでしょう。

どういった適性が学習に関連するのかは，当然のことながら，教科や単元によっても異なりますし，一度に一つの適性だけが関係するのではなく，複合的に作用します。たとえば「九九を暗唱できるかどうか」という学習達成度は「新たに割り算を学習する場合」の適性の一つになるでしょうが，国語の時間に「読書感想文を書く場合」の適性にはなりにくいでしょう。また，割り算を教える際に，その子が「具体物であれば，心的に操作できるかどうか（その子が具体的操作期の段階に入っているかどうか；第8章を参照してください）」も，どのような教材を使って教えるべきかに関連する，適性の一つになります。

ここで再度強調しておきたいことは，「教師は自分の適性に合った教え方を選びやすい」ということです。前にも述べましたが，教師は自分の経験を思い出し，自分にとって理解しやすかった，自分がやる気をもった教え方を重視します。もちろん，そういった経験を大事にすることはよいことです。ただし，その教え方の教育効果が，もしかしたら「自分と同じ適性をもった学習者」には効果があるけれど，自分とは異なる適性をもった学習者には効果が薄いかもしれない，ということは，一度客観的に検討する必要があるということです。その際に有益なのが，豊富な教育心理学の知見（データや理論）というわけです。上記の例で言えば，「自分は昔，ディスカッションの授業が好きだったし，多くのことを学べたと感じている」としても，それは自分が不確定志向の高い人間だからかもしれません。常にディスカッション形式の授業を行ったのでは，半分の学習者には「不利な」学習を強制していることになるという可能性があります。

3-3　適性を尊重することと，適性を作ること

子どもには個性があり，その個性を尊重し，伸ばすことが重要であることに異を唱える教師はいないでしょうが，個性尊重をあまりに重視することは，むしろ教育の本質と矛盾するかもしれません。北尾（1991）は「処遇適合的視点」と「適性形成的視点」という2つの視点から，適性処遇交互作用と指導の

あり方について論じています。

「処遇適合的視点」とは，子どもの適性に合致した教育（処遇）を行うという視点です。前述のとおり，「適性」は多様な概念であり，たんなる性格や長所・短所という意味に限定されるものではありません。同時に，かならずしも「個別の子ども」の適性のみを取り上げるわけでもありません。大きなレベルから言えば，当該の学校がどういった地域にあるのか，公立か私立かなどによって，採択するべきカリキュラムが異なることもあります。地域の例で言えば，北海道にある小学校と，沖縄にある小学校とでは，社会科で扱うべき問題は当然異なるでしょうし，他の教科であっても，学校内で学習したことを学校外（日常生活）にどう応用することができるのかの例示などは異なって然るべきです。より小さなレベルから言えば，本章で説明してきたような，学習者一人一人に合った教材や指導法を採択するという考え方を意味します。

ここで強調したいのは，もう一つの「適性形成的視点」です。これは，適性を欠く子どもにはまず適性を形成させるという立場です。重ねて述べますが，ここで言う適性とは，子どもの性格や「好み」に限定されるものではありませんから，何も「教師が教えやすい性格に矯正する」と言っているわけではないのです。たとえば前述の「かけ算の九九」は割り算を学習する場合の適性になります。九九を習得していない子と，習得している子に対しては，異なる教え方をする必要があることは理解していただけると思います。このときに「九九を習得できていない」という適性（を欠く状態）を尊重して，「九九を習得できていなくても割り算を理解できる教え方」を模索することが，教育的配慮になっているとは思えないでしょうし，そもそも九九はすべての子が完全習得すべき基礎事項です。したがって，「割り算を学ぶための適性である九九」を習得できていない子には，まず「適性を形成させる」すなわち九九を復習させることが必要となるのです。こうした考え方は，とくに系統的で積み上げ式の学習では，重要であり，それより以前の学習内容を習得済みかどうかも適性として捉えつつ，適性を確実に形成することも視野に入れてもらいたいのです。言い換えれば，たんに，子どもの「個性（今ある適性）を尊重する」だけでは教育は成り立たないということです。たとえば本書の第２章，第３章でも述べているように，「動機づけ」が低い子に対しては，動機づけを高めるような教え方をするということにもつながる話です。

3-4　適性にあった授業を実際にどう展開すればよいか

教育の役割について，今一度考えてみましょう。かならずしも教師が学習者の適性に応じてお膳立てをすることばかりではなく，学習者自身が自分を知り，自分に合った学習方法を模索する機会を提供することも重要だとは思えないでしょうか。また，すでに述べてきたとおり，教師も一定の適性をもっている存在ですから，「自分に合った学習法」を経験的に知っているとしても，その学習法が適しているのは「自分と同様の適性をもった子どもたち」に限定されることを忘れてはならないのです。「自分に合った学習法」のなかには，自分とは異なるタイプの子どもには，かならずしも適した学習法ではないものもあるかもしれません。

では，実際の授業のなかでこの考え方を活かすにはどうしたらよいのでしょうか。そこで「教育心理学」が有益な情報を提供してくれるわけです。教師個人の「経験のみ」による学習効果ではなく，客観的で統制された状況で集められたデータに基づいたさまざまな理論が提唱されています。それらを学び，自分自身の授業に応用することで，多様な学習者に適合可能な，多様な教授方法を採ることができるようになります。さまざまな教育心理学的知見に基づいて，多様な学習指導を取り入れていくことで，子どもたちも自分に適した学習法を発見する機会を多く得ることが可能になります。一回（一時間）の授業だけで適性処遇交互作用の考え方に基づく指導を行うことは難しいですが，年間や学期を通じてさまざまな教授法を採用することは可能です。場当たり的な授業計画を立てるのではなく，中・長期的な授業計画のなかで，バランスよく各種の教授法を取り入れるというのが，適性処遇交互作用の考え方を活かした授業の一つと言えるのではないでしょうか。

引用文献

Brophy, J. E. & Good, T. L. (1970). Teacher's communication of differential expectations for children's classroom performance: Some behavioral data. *Journal of Educational Psychology*, **61**, 365-374.

Brophy, J. E. & Good, T. L. (1974). *Teacher-Student Relationships: Causes and Consequences*. Holt.

北尾倫彦（1991）．学習指導の心理学　有斐閣

⇨学習指導のあり方について，さまざまな観点から，心理学的な理論に基づいて解説をしている本です。本書を作成する際にも大いに参考にさせていただきました。

古城和敬（1996）．教師の指導行動　蘭千尋・古城和敬（編）対人行動学研究シリーズ2　教師と教育集団の心理　第2章　誠信書房，pp. 51-76.

⇨この章で引用した部分だけでなく，学級集団における教師の役割など，より詳しく述べていますので，教育心理学における「教師の役割研究」に興味をもった方は，ぜひ読んでみるとよいでしょう。

Rosenthal, R. & Jacobson, L. (1968). *Pygmalion in the Classroom: Teacher Expectation and Pupils' Intellectual Development*. Holt.

安永悟（2005）．LTD話し合い学習法と不確定志向性　溝上慎一・藤田哲也（編）心理学者、大学教育への挑戦　第3章　ナカニシヤ出版，pp. 121-152.

⇨本書ではほんの概要しか紹介できませんでしたが，「話し合い学習法」と不確定志向性との関係について詳しく述べている文献です。

第1章 学習のメカニズム
——条件づけとその応用

心理学の研究分野となっている「学習」という現象は，学校教育の文脈における「勉強」だけに限られません。それまでに身につけていなかった「知識」や「技能」などを，何らかの経験を通じて習得したのであれば，それは「学習」と呼ぶことができます。新しく買った携帯電話の操作法を覚えるのも学習ですし，友人とけんかしたときに，どうすれば仲直りできるのかを試行錯誤するのも学習の一側面と言えます。

また，そのように考えると「学習」とは人間にのみ見られる現象ではなく，動物の行動の変化にも当てはまることがわかると思います。身近なところでは，家で飼っている犬が芸を覚えたとしたら，それは学習した結果と言えます。

では，その「学習」はどのようにして成立しているのでしょうか？　学習のメカニズムについては心理学においてもいろいろな考え方がありますが，まずはもっとも基礎的で代表的な立場である，行動主義について紹介していきましょう。

1　心理学における「学習」とは

1-1 「学習」と「学習でないもの」

この章の冒頭でも述べているように，心理学で研究対象になっている「学習」という現象は，非常に広範にわたります。学校における勉強だけではなく，日常生活のなかで，練習や経験によって，新たに知識や技能を身につけることすべてが「学習」と言えます。

簡単に言えば「それまでできなかったことが，できるようになる」のであれば，その背景には学習のメカニズムが関係しているということになりますが，例外もあります。戸棚にしまってある「おやつ」に手が届かない小さな子がいたとします。この子が成長して，戸棚に手が届くようになり，おやつを自分で手に入れることが「できるようになった」としても，これは遺伝によって仕組まれている「成熟」の結果ですから，学習とは呼べません。しかし，背が届かないときに，踏み台を持ってくれば手が届くようになることを見いだしたとするのなら，それは「学習」と言えます。「道具を使えば，高いところにも手が届く」ということを学習したわけです。

同様に，薬物による一時的な変化も「学習」とは言いません。陸上選手が筋肉増強剤を服用して短距離のタイムが縮んだとしても，それは学習ではありません（ドーピングですね)。しかし，練習によってフォームを見直した結果，タイムが縮んだのであれば，それは学習の成果と言えるのです。

1-2　行動主義の考え方

行動主義というのは，目に見えない「心」を研究対象とするのではなく，外から観察可能な，「行動」のみを客観的なデータとする立場です。行動主義の考え方の基本をなしているのが，S-R 連合です。S は刺激（stimulus）であり，R は反応（response）です。ある特定の刺激によって，ある特定の反応（行動）が引き起こされるように，刺激と反応の連合（組み合わせ）が獲得されることこそ，「学習」なのだと考えます。この考え方は，「条件づけ」の研究によって理解することができます。条件づけ研究には，大きく分けて「古典的条件づけ（classical conditioning)（レスポンデント（respondent）条件づけとも言います)」と「オペラント（operant）条件づけ（道具的（instrumental）条件づけとも言います)」の二つがあります。ここではまず，古典的条件づけについて説明します。

1-3　古典的条件づけ

「パブロフの犬」ということばを聞いたことがある人は少なくないでしょう。

高校の生物の授業に出てきたかもしれません。「パブロフの犬」ということばは知らなくても，次のような説明を聞けば「ああ，その現象は知っている」とうなずく人も多いでしょう。現象のみを簡単に言うと「空腹な犬に対して，エサを与えるとよだれが出る。このとき，エサと同時にベルの音を聞かせ続けると，最終的にはベルの音を聞くだけでよだれが出るようになる」というものです。この現象について，心理学的な用語を用いて，整理してみましょう。

まず，「空腹の状態の犬にエサを与えるとよだれが出る」ということ自体は，「学習」の成果ではなく，生まれつき，遺伝によって仕組まれている行動パターンになります。どの犬でも，特別な訓練をしなくても同じ行動を示します。このとき「エサ」は「よだれを出す」という反応を無条件で引き起こす「無条件刺激」であり，「よだれを出す」という反応は「無条件反応」と言えます。

このように，古典的条件づけの研究の枠組みでは「特定の行動（無条件反応）をかならず引き起こす特定の刺激（無条件刺激）」の，無条件刺激-無条件反応の組み合わせを最初に利用します。また，「ベルの音」という刺激は「音源の方に注意を向ける」という行動をかならず引き起こしますから，「ベルの音」と「注意を向ける」の間には，やはり，無条件刺激-無条件反応という関係があります。ここで確認しておきたいことは，この実験を始めたばかりの段階では，「よだれを出す」という反応と，「ベル」の間には，何も関係がないということです。つまり，「よだれを出す」という反応から見れば，「ベルの音」は無意味な刺激であり，よだれの量を増やすわけでも減らすわけでもありません。このような場合，ベルの音は，よだれを出すという反応から見た「中性刺激」（あるいは中立刺激）と言います。ここまでのところを，図1-1にまとめました。

さて，古典的条件づけの手続きというのは「エサ」と「ベルの音」を対（ペア）にして同時提示することをくり返すことでした。「よだれを出す」という反応から見た「無条件刺激（エサ）」と「中性刺激（ベル）」を同時にくり返し提示されると，最終的にはベルの音を聞いただけで，よだれが出るようになるというのはすでに説明したとおりです。この状態になったとき，「ベル」は「よだれを出す」という反応を引き起こす「条件刺激」であると言え，「よだ

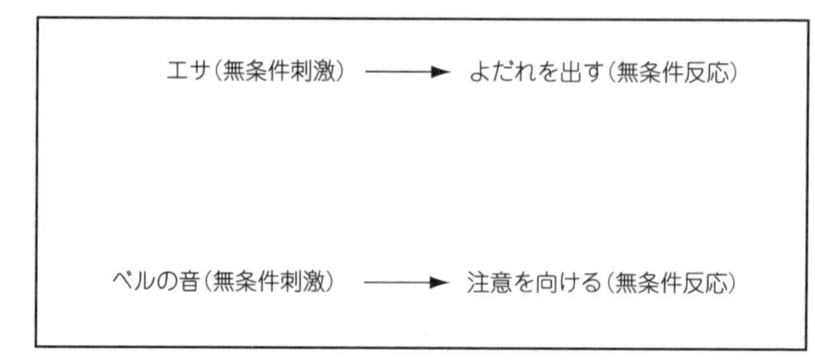

図 1-1　古典的条件づけ開始時の，各刺激と各反応の関係

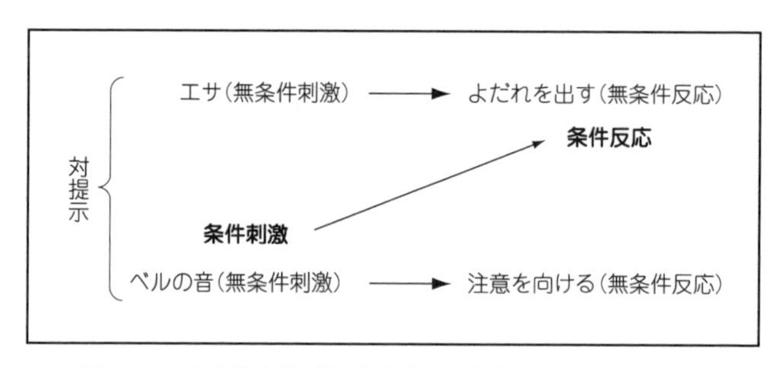

図 1-2　古典的条件づけ成立時の，各刺激と各反応の関係

れ」は「ベル」によって引き起こされる「条件反応」と言うことができます（図 1-2）。

ベルの音を聞いてよだれを出す，という行動を生まれつき起こす犬はいないので，これは条件刺激と条件反応の連合を「新たに学習した」結果であると見なせるのです。行動主義の立場では，新しい行動パターンの獲得は，このように新しい刺激と反応の組み合わせを無数に蓄積することだと考えるのです。

1-4　古典的条件づけを人間に応用する

古典的条件づけの特徴は，この「学習」の成立において，行動の主体（上記の例では犬）が完全に受け身であることです。「（エサに対して）よだれを出す」という反応も，「（ベルに対して）注意を向ける」反応も，自分の意志によって行っているわけではありません。また，「ベル」と「よだれ」の新しい連合も，自分で選択したわけではありません。

我々人間の学習のすべてが，このように「受け身」の状況下で進むとは考えにくいので，古典的条件づけの枠組みで人間の行動のすべてが説明できるわけではありません。しかしそれでも，いくらかは関係していると言えそうです。

たとえば「○○恐怖症」というのは，本来は恐怖反応を引き起こさないはずの中性刺激と，恐怖反応を引き起こす無条件刺激とが同時に存在したせいで獲得されてしまったと考えることができます。有名なのは「アルバート坊や」の実験です。生後9か月であったアルバート坊やにとって，ネズミは中性刺激でした。むしろ積極的に手を伸ばして遊ぼうとするくらいでした。アルバートの背後で，突然ハンマーで金属片をたたいて大きな音を立てると，彼は恐怖と不安を感じ，泣き出しました。このとき，大きな音は，恐怖（無条件反応）にとっての無条件刺激だったことになります。ここまで説明すればおわかりかと思いますが，大きな音（無条件刺激）とネズミ（中性刺激）を何度も対提示することで，最終的にはネズミを見るだけで恐怖反応を引き起こすようになりました。すなわち，ネズミは，恐怖反応（条件反応）にとっての，条件刺激となったのです。アルバート坊やの場合には，対提示は7回行われたそうですが，より強い情動を引き起こす無条件刺激と対提示された中性刺激は，たった1回の提示でも条件刺激となりうると考えられています。「○○恐怖症」を人工的に作り出すことも可能なわけです。

古典的条件づけは「○○恐怖症」の発生メカニズムを解明する糸口になるだけでなく，治療にも役立ちます。それが「系統的脱感作法（systematic desensitization)」です。閉所恐怖症の場合を例に挙げて説明しましょう。恐怖を感じるような「閉所場面」を患者自身にリストアップしてもらいます。その場面を，恐怖を生じさせる程度（強さ）によって順位づけしておきます。また，特定のことば（たとえば「気楽に」）をかけられれば，深呼吸などを通じてリラックスした状態にできるよう，条件づけを行っておきます。これで準備OKです。

まず，恐怖の程度がもっとも弱い場面（たとえば，電車のなか）をイメージしてもらいます。当然，弱いながらも恐怖が引き起こされて，身体は緊張するわけですが，そのとき同時に，「気楽に」とことばをかけて，リラックスした状態にしていきます。これによって，「電車の中」という条件刺激が引き起こすのは，「恐怖」という条件反応ではなく「リラックスした状態」という条件反応に置き換わっていきます。この新しい条件づけが成立したら，徐々に「比較的強い」恐怖を引き起こす閉所場面との条件づけに進むのです。このようにして，恐怖反応を引き起こす条件刺激を一つひとつ排除していけば，最終的に「閉所」はリラックスした状態を引き起こすようになるというのが，系統的脱感作法です。

ここまでは古典的条件づけについての説明でした。以下は，もう一つ別の種類の条件づけである「オペラント条件づけ」について解説します。古典的条件づけよりも，はるかに多く人間の学習行動を説明し，応用可能です。

2 「叱る」ことと「誉める」こと

2-1 オペラント条件づけとは

レバーを押すとエサが出る箱にネズミを入れ，ネズミが偶然レバーを押し，エサをもらえることを経験すると，このエサは，「レバー押し」行動を「強化(reinforcement)」する「強化子（reinforcer)」あるいは「強化刺激」となります。ここで言う「強化」とは，行動の主体（ネズミ）にとって好ましい刺激（エサ）を与えることで，直前の行動（レバー押し）の自発的頻度を増加させる手続きを指す，心理学の専門用語です。オペラント（operant）とは，「自発的に働きかける」という意味で，この場合のレバー押し行動は他から強制されていない，みずから選択した行動である点で，古典的条件づけとは異なります。ただ，自然界において生まれながらにしてレバーを押す行動を備えているネズミはいません。「レバー押し」は，やはり，条件づけによって「学習された」行動なのです。

さて，この一連の手続きの流れを図示してみましょう（図1-3)。

この図1-3を見てもわかるように，「レバー押し（自発行動)」に「エサ（強化子)」が随伴していることによって，その強化子を与える「直前の」行動が

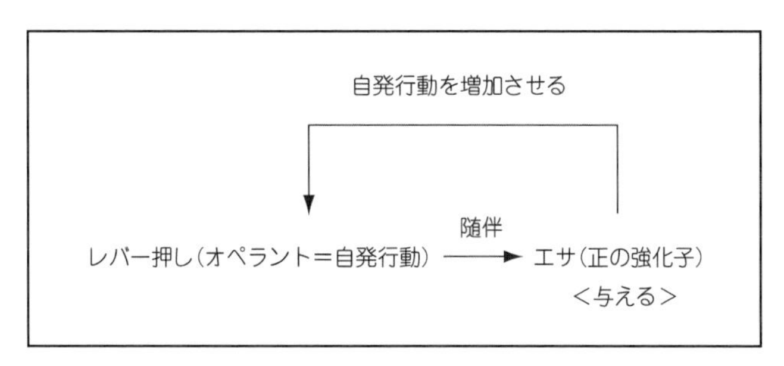

図 1-3　オペラント条件づけの基本的な構造（正の強化）

強化されている，という流れになっています。よく誤解する人がいますが，「エサを見せたから，レバーを押した」のではありません。「エサをもらう手段（道具）として，レバーを押した」のです。ここで例に挙げた「エサ」は，与えることによって行動自発を増加させる（強化する）ので「正の強化子（positive reinforcer)」と呼ばれます。行動の主体に好まれる「報酬」とも言えます。

2-2　人間にも当てはまるオペラント条件づけ

古典的条件づけもそうでしたが，オペラント条件づけの理論は，動物だけではなく，人間にも当てはまります。「子どもが勉強していたので，誉める」のも報酬という正の強化子によって学習行動を強化するという条件づけの構造に当てはまりますが，条件づけはそのようなストレートな応用だけではなく，一見，奇妙に見える行動の理解にも役立ちます。

次の状況について考えてみましょう。

授業で子どもたちに質問をし，当てるとすぐに「わかりません」と答える。「では他の人？」と別の子に当てても，みんな「わかりません」と言うばかりで，全然授業が進まない。

教育実習などでこのような状況になるとたいへん困ります。この子たちはたんにやる気がないだけだとか，先生を困らせてやろうとしている可能性ももちろんあるでしょうが，どうもそれだけではなさそうです。

子どもからすれば，先生に当てられ一人だけ起立した状態は，かなり緊張を伴う「不快な状態」にあると言えます。そこで「わかりません」と回答しさえすれば，先生のターゲットは次の人に移り，自分は不快状態から解放されます。一人だけ起立した緊張のなかで答えを考えるより，「わかりません」と答える方が，迅速で確実に「不快刺激」が除去されるというわけです。

条件づけは，「正の強化子＝報酬＝好ましい刺激」を「与える」だけでなく「不快な刺激」を「除去する」ことでも成立するのです。この場合の「緊張状態」は子どもにとって不快な「負の（negative）強化子」です。負の強化子を除去することで，子どもの「わかりません」という回答が強化されるという構造があります（図 1-4）。

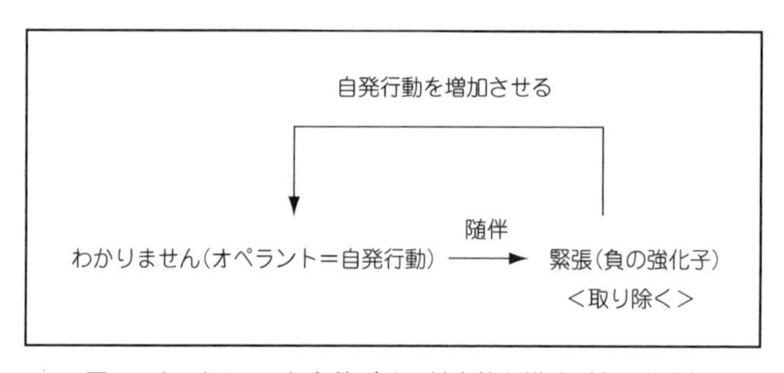

図 1-4　オペラント条件づけの基本的な構造（負の強化）

この構造を見抜ければ対応は明確になります。子どもが「わかりません」と言ってもすぐに解放せず，質問をくり返したり，ヒントを与えるなどして，とにかく何か答えなければ解放しないようにすれば，「わかりません」は強化されなくなります。解放されるには，「当てられたら真剣に考えなくてはならない」ことを子どもが学習するのです。子どもが何らかの回答をしたら，同時にそれをきちんと誉め（報酬となりますね），「答えを言う」行動を強化することも忘れないようにしましょう。

2-3　それは「罰」になっているか？

表1-1　オペラント条件づけにおける，強化子の種類と操作による行動変容

強化子の種類	強化子の操作 与える	取り除く
正の強化子（好きな刺激）	正の強化（行動頻度増加）	負の罰（行動頻度減少）
負の強化子（嫌いな刺激）	正の罰（行動頻度減少）	負の強化（行動頻度増加）

図1-3と図1-4の他にも，オペラント条件づけを成立させる基本的な構造にはあと2種類あります。子どもにとって「不快なもの（負の強化子）を与える」か「好ましいもの（正の強化子）を取り除く」ことで，その直前の行動の自発的頻度は減少します。前者は「いたずらしたから叱る」，後者は「いたずらしたからオヤツ抜き」を例に挙げることができるでしょう。「強化」に対して，このような，直前の行動の自発頻度を減少させることを「罰（punishment）」と言います（一般に日常生活で言う「罰」とは少し意味が異なりますから注意しましょう）。先の例ではいずれも「いたずら」行動の自発頻度を減少させることになりますが，いわゆる「罰を与える」（前者）だけでなく，後者によっても子どもの好ましくない行動を変容できることは知っておいた方がよいでしょう。

ここまでのまとめとして，オペラント条件づけの基本的な4つの構造を表1-1に示しました。2つの「罰」の状況について，図1-3，図1-4と同様の図を書いてみるとよいでしょう。

ここで注意すべきは，「何が正の強化子で，何が負の強化子か」は子どもの受け止め方次第であり，教師の思惑通りにいかないこともある，ということです。次の例について考えてみましょう。

> A君がBさんに意地悪をした。放課後，A君を呼び出して注意したところ，翌日はC君に意地悪をした。以後，注意をすると，翌日には違う子に意地悪をするようになり，意地悪をやめない。

教師の視点からすれば「注意を与える」ことは「負の強化子を与える＝正の罰」であり，A君の意地悪行動が減少することを期待しているのでしょう。で

ももし，A君は，他ならぬ教師に関心をもってもらいたい，構ってもらいたくて，わざと問題行動を起こしているとしたら，どうでしょう。「注意を与える」ことはA君にとっては構ってもらえたという意味で「好ましい刺激＝正の強化子」になり，意地悪行動は強化されてしまうのです。つまり，教師が罰だと思っていても，かならずしも子どもにとっては罰になっていないという事態も少なくないということを，オペラント条件づけの枠組みによって理解しておく必要があるのです。

そして，このような事態への対処もオペラント条件づけのしくみをふまえることで可能になります。まず，問題行動を強化している「正の強化子」を与えないように気をつけます。この場合は「注意しない」ということです。ただし，そのままではA君の「構ってもらいたい」という欲求は満たされないですし，問題行動が速やかに消去されるとは限らないので，同時に「A君の好ましい行動を強化する」のです。具体的には，A君が問題行動を起こしていない場面で，すかさず，「おっ，今日はみんなと仲良くしているな。その調子でがんばれよ」などと，A君の好ましい行動に対して「肯定的なことばがけ」をし，「先生に見てもらっている」という安心感を与えます。そうすれば，わざわざ意地悪などをしなくても「構って欲しい」気持ちが満たされ，また，友だちとの交流も良好なものになりますね。結果として「先生に構ってもらえなくても平気」になっていくかもしれないでしょう。

ただし，すべての問題行動の原因が「先生に構ってもらいたい」という欲求から来ていると断定するつもりはありませんし，そう決めつけるのは危険でしょう。ここで強調したいのは，その可能性を見過ごさないために，また，適切に対処するためにも，オペラント条件づけの理論を頭に入れておくべきということです。

2-4 「罰」は避けるべき

目の前で傷害事件が発生しているような緊急時は別として，基本的には，子どもを不快な状態にする「罰」のみによって子どもに対処することは避けた方がよいでしょう。「何か不適切な行動をすれば，罰せられる」教師に対しては，子どもは近寄らないものです。それに対して，「好ましい行動をすれば認めて誉めてもらえる」教師には積極的に接近するでしょう。結果として，後者の方が子どもたちの行動を好ましい方向に導く機会を多く得ることになります。

もちろん，子どもたちの好ましくない行動を放置せよと主張するつもりはありません。重要なのは問題行動に対して叱るだけでなく，「このようにしたらよい」という，子どもが取るべき好ましい行動の選択肢を同時に提示することです。叱るだけでは「あれもダメ，これもダメ」と閉塞的な印象を与えますが，「どうすればよいのか」が明示されていれば，子ども自身も行動を適切にコントロールしやすいし，教師もそれを「認めて，誉める」機会を得やすくなります。第0章で取り上げた「教室内の教師からのコミュニケーション」のあり方にも関連することですが，この積み重ねは教師と児童との人間関係（信頼関係，親密さ）にも影響を及ぼします。

言うまでもないことだとは思いますが，教師による体罰は，絶対に避けなくてはなりません。さらに「教師が罰を与える」という行為自体が，好ましくない「観察学習」を引き起こすことも知っておく必要があるでしょう。次の節ではこの点について触れます。

3　子どもは教師を観察している

3-1　観察学習とは

前節のオペラント条件づけにおいては，正の強化子＝好ましい刺激（たとえば報酬）を得ることで学習が成立するメカニズムについて説明しました。しかし，学習者に報酬が直接与えられなくても，他者が報酬を得ていることを観察するだけでも，その報酬の元になった行為を学習することがあります。これが観察学習（observational learning）です。

リーバートとバロン（Liebert & Baron, 1972）は，子どもたちに暴力シーンを含むTV番組と，含まない番組を視聴させた後の，子どもの遊び方を比較しました。その結果，暴力シーンを含む番組を見た子どもの方が，他者への攻撃性が増加したり，武器のおもちゃで遊んだり攻撃行動を伴う遊びが増えるという傾向が見られました。この子どもたちは，TV のなかの人物が暴力によって快刺激を得ているのを観察し，その攻撃的衝動を学習したのだと解釈されました。

実際，凄惨な殺人事件が起こると，その犯人がホラー映画や殺人場面を含むゲームなどを愛好していた，という報道がなされることがあります。犯人は殺人行為そのものを過去に訓練して学習したのではなく，映画やゲームなどのメディアを通じて観察学習した，というわけです。

3-2　ホラー映画を見たら誰でも殺人者になる？

でも，ホラー映画を見た者がすべて殺人鬼になるわけではありませんね。たしかに TV・映画・ゲーム・マンガなどの内容に対して何も規制しないということが最善だとは思いませんが，逆に，メディア側への規制さえしておけば子どもたちが「健全に」育つというのは楽観的すぎる考え方ではないでしょうか。同じ映画を見ても，暴力的行為を発露してしまう子どももいれば，ちゃんと抑制できる子どももいるのです。その違いにこそ，注目すべきでしょう。

バンデューラ（Bandura, 1986）は，観察学習の生起を 4 過程で捉えることを提唱しています（詳しい解説は，鎌原（1996）などを参照してください）。観察学習の最初の過程は(1)「注意過程」です。当該の行動を取っている他者に注意を向けることが観察学習成立の大前提です。次は観察したことを記憶にとどめておく，(2)「保持過程」です。他者のある行動を記憶しているということと，自分自身でも実行できることとは別であり，次の(3)「産出過程」は，その記憶された行動を実際に自分の行動として再生できるか否かにかかわります。そして，教育上もっとも重要なのは最後の(4)「動機づけ過程」であり，(1)―(3)で習得できた行動を実際に遂行するかどうかを決定します。ホラー映画を見て，暴力行為に注目し，記憶し，同じ行為を「やろうと思えばできる」としても「そんなことはするべきでない」と判断できれば，犯罪者にならずに済むのです。それに対して「自分もやってみたい」という衝動を抑えることができなければ犯罪者になってしまうでしょう。すなわち，メディアが暴力的刺激を子どもに与えないように規制することとは別に，子ども自身が「やってよいことと悪いこと」を的確に判断し，行動を制御できるようになることを重視しなくてはならないと言えるでしょう。

なお，子どもが観察学習するのは暴力的行為などの否定的側面ばかりではありません。望ましい行動も周囲の者の行動から学習します。TV ドラマやマンガの主人公が努力を成功に結実させるのを見れば，辛抱強く我慢することも観察学習されます。悪い刺激を規制することばかりを考えるのではなく，「よい手本」をたっぷり示すことも考えた方がよいでしょう。

3-3　再び「罰」について

第2節の終わりにも述べたとおり，不快な刺激を与える「罰」によって子どもの行動を修正することは避けた方がよいです。それは観察学習という枠組みから考えても同じです。子どもが何か「望ましくない行動」をした際に，教師や親が不快な刺激を与える（いわゆる「罰を与える」）ことで対処した場合のことを考えてみましょう。子どもは当該の行動が「望ましくない」ということだけでなく，「他者が好ましくない行動をした場合には罰を与えればよい」という図式まで観察学習している可能性があります。教師が，教室内で特定の子を非難した場合，「悪いことをした子に対しては，大勢の前で非難してもよい」ということを観察学習されているかもしれません。子どもに対する監督責任がある大人だから許される行為，という前提などは，子どもは汲み取ってくれないでしょうし，「何が望ましくない行動なのか」の判断基準も，子どもの場合には独善的になりうるのです。したがって，「自分の気に入らない行動をした相手には罰を与える」という行動パターンが（教師お墨付きの）正当な行動として観察学習されてしまう危険性があるのです。その意味では，「いじめ」の原因を，もしかしたら教師自身が作り上げているのかもしれません。

3-4 「動機づけ過程」を鍛えるために

最後に，前述の「動機づけ過程」が適切に機能するためにどうしたらよいのかについて述べておきたいと思います。考えられる一つの方法は「観察の対象となっている人物が，当該の行動の結果，報酬または罰を与えられる」ことまで明示することです。たとえば級友がテスト中にカンニングをしたのに気づいた子が，その級友が後で罰を受けるのを見れば，自分もカンニングをしようとは思わないでしょう。反対に，カンニング等の不正行為が教師によって見過ごされ，級友がまんまと高成績を修める場面を見れば，自分もやってやろうと思うかもしれません。したがって，子どもの望ましくない行為に対し安易に「お目こぼし」をせず，毅然とした態度で臨むべきだと思います。

ただし「罰を与えられる行動＝悪いこと」「誉められる行動＝よいこと」という判断は他律的です。他者に「見つからなければ」やってもよいという誤った判断につながる危険性もありますから，「罰が嫌だから」「誉められたいから」という判断基準のままではなく，善悪について自分自身で適切な判断を下せるように導くことが肝要でしょう（第10章を参照してください）。

また，前述の通り「悪い行動には罰を与えてもよい」という考え方が一人歩きする事態は避けたいものです。その意味でも，不正行為に対してたんに罰を与えるだけではなく，その子が自分の行為の非に気づき，心底反省をし，悔やむことができるような諭し方をし，他の子がそれを観察して「その行動はやるべきではないのだなぁ」と受け止めることができるように配慮するのがよいでしょう。

引用文献

Bandura, A. (1986). *Social foundations of thought and action: A social cognitive theory*. Englewood Clifts, New Jersey: Prentice-Hall.

鎌原雅彦（1996）．学習の基礎としての条件づけ　大村彰道（編）　教育心理学Ⅰ　東京大学出版会，pp. 131-148.

⇨本書では都合により割愛した内容も含めて，条件づけの基礎について詳しく解説されています。

Liebert, R. M. & Baron, R. A. (1972). Some immediate effects of televised violence on children's behavior. *Developmental Psychology*, **6**, 469-475.

もっと詳しく知りたい人のための文献紹介

山内光哉・青木豊（2001）．グラフィック学習心理学　行動と認知　サイエンス社

⇨この本はさらに入門者向けに書かれていますし，図表による具体的な解説も豊富です。本書を読んで，条件づけを中心とした「学習」についてもっと広範に知りたくなった人におすすめです。

シュタイナー，G.　塚野州一・若井邦夫・牧野美和子（訳）（2005）．新しい学習心理学　その臨床的適用　北大路書房

⇨内容は少し専門的になりますが，本章で取り上げた条件づけなどの学習理論が，どのように人間に応用できるかの例示が豊富です。より詳しく「学習」について調べてみたい人に最適です。

第2章　動機づけの基礎
——やる気を心理学的に捉える

動機づけ，すなわちやる気の問題は，教育心理学を学ぶ上でもっとも中心にあるといってもいいすぎではありません。なぜなら私たちの行動はやる気次第でいかようにも変わるものであり，教育現場において，学習者のやる気を左右するのは，教育者の裁量であるからです。

しかし，教育者の影響が大きいとはいえ，やる気は必ずしも，教育者が学習者に教え，与えるものではありません。たとえば，教室において重要なのは，学習者自らの決定と興味に基づくやる気，すなわち内発的な動機づけであるといわれています。それではなぜ内発的動機づけが重要なのでしょうか。また，その他に，やる気にはどのような考え方があるのでしょうか。

本章では，教育心理学に関連が深いと思われる主要な達成動機づけの理論を紹介し，やる気をどのような要素に分解して考えることができるのかを説明します。教育現場に蔓延する無気力の原因を心理学的に解明し，より活気のある教室づくりをするために，まず，動機づけの基礎を学びましょう。

1　動機づけの成り立ち

1-1　達成動機と期待・価値

アトキンソン（Atkinson, 1964）は，やる気について，達成動機づけの個人差と，各状況での成功への期待とその価値によってとらえる理論を提唱しました。すなわち，以下の数式で表されるように，達成場面でのある目標に対する動機づけは，その人のもともとの動機づけ傾向とそれをやり遂げられる可能性およびその価値の高さの組み合わせで決まるという考え方です。

達成場面での動機づけ＝(成功願望－失敗恐怖)×成功可能性×目標の価値

「成功願望」と「失敗恐怖」はパーソナリティー特性的な達成動機で，成功願望は成功による誇りの体験を好む動機，失敗恐怖は失敗による恥の体験を嫌う動機です。成功願望が失敗恐怖より強い場合，「達成場面での動機づけ」の数値はプラスとなり，接近の動機づけが生じますが，失敗恐怖のほうが強い場合には，数値はマイナスとなり，回避の動機づけが生じることになります。そして，その動機づけの強さは，目標課題の困難さから判断される「成功可能性」と，その「目標の価値」の高さによって決まります。たとえば，まったく勉強する気がしないのは（達成場面での動機づけ＝０），勉強しても無理と思っているときや（「成功可能性」＝０），勉強に価値を見出せないとき（「目標の価値」＝０）であるといえます。

アトキンソンは，期待と価値に相補的な関係がある，つまり，成功できる可能性が高い目標ほどその価値は低いと考えました（「目標の価値」＝１－「成功可能性」）。したがって数式から，極端に成功の確率が高いあるいは低い目標に比べて，中程度の困難度の目標のもとで，接近あるいは回避の動機づけがもっとも強くなることが示唆されます（図2-1）。

たとえばある資格をとりたいと思って試験勉強をしている場合（高い成功願望），その試験の難しさによって，どれくらい一生懸命勉強するかは違うと考えられます。難しい試験に合格することは，価値は高いのですが，楽なことではありません。易しい試験に合格することは，簡単ですが価値が高くありません。一番一生懸命勉強するのは，難しすぎることも易しすぎることもない，中程度のレベルの試験であるといえます。あるいは，不合格になって恥ずかしい思いをするのが絶対嫌だという人の場合（高い失敗恐怖），この中程度のレベルの試験で一番恐怖が高まるので，試験を受けること自体をやめてしまうこともあるかもしれません。そのような人は，絶対に合格できる易しい試験か，たくさんの人が不合格になるような難しい試験を選ぶ傾向が強くなります。

教室での例をあげると，授業中に指示した課題にやる気をみせない子どもが

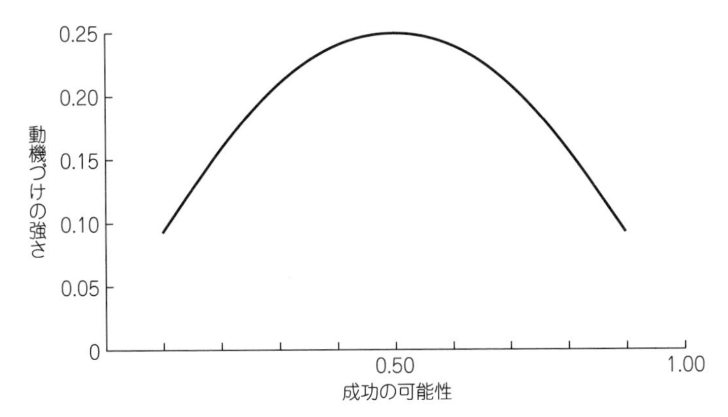

図2-1　成功の可能性（課題の困難度）による成功願望および失敗恐怖の強さの違い

（出所）　Atkinson（1964）より改変

いるとします。その課題が簡単すぎる，あるいは難しすぎるのであれば，やる気を失っているのは成功願望の強い子どもです。彼らには，がんばれば半分は正答できるような挑戦的な課題を与えると，やる気を引き出すことができるでしょう。一方，失敗恐怖が強い子どもにとっては，そのような，失敗する可能性が高くなる課題こそがもっともやる気のでないものになります。彼らには，確実に正答できる可能性の高い課題を与え，取り組みを促すと同時に，失敗を恐れる必要がなくなるよう，プレッシャーのない，受容的な教室の雰囲気をつくることが重要であるといえます。

1-2　原因の帰属

出来事の因果関係を特定することを原因帰属といい，それはその後のやる気と行動に影響することがわかっています。ここでは上述の期待と価値の概念がさらに精緻化され，次の結果を予想する上での要因が，いくつかの次元で分類されています。教育心理学の分野でもっともよく知られているのは，ワイナー（Weiner, 1980）による原因の分類です（図2-2)。彼は原因が自分のなかにあるのか，自分以外の要因にあるのかという内的-外的次元と，次も同じ結果が期

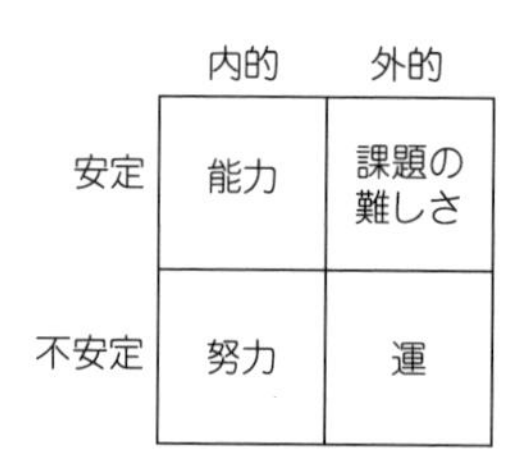

図 2-2 原因の位置×安定性による原因帰属因の分類

（出所） Weiner （1980） より改変

待できるのか，できないのか，という安定-不安定の次元を組み合わせて，四つの原因帰属因を提案しました。

原因帰属理論によると，たとえば試験で100点をとったときに，それは自分のせいではなくテストが簡単だったからだ，あるいはたまたま運がよかったからだというように外的な要因に帰属するより，自分にそれだけの能力があったから，あるいは頑張って勉強したからだというように内的な要因に帰属するほうが，より多くの喜びを得ることができ，さらなる学習行動にもつながります。

一方，試験で落第点をとったときに，その原因を，能力が低かったからだ，と自分の中の安定的な要因のせいにすると，もう次に何をしても無駄だとあきらめてしまい，勉強しなくなってしまいます。代わりに，努力が足りなかったからだ，という変化可能な要因を原因として考えるならば，次にがんばれば結果は変わるだろうという期待がもてることから，あきらめず，勉強を続ける行動につながります。実際にドゥベック（Dweck, 1975）は，失敗でやる気をなくしやすい子どもに対して，その原因を能力不足から努力不足に考え直させる訓練を行った結果，失敗後も努力を続け，その後の課題成績が上昇したことを報告しています。ドゥベックによると，失敗に対する無気力的な反応は就学前の幼い子どもにもみられますが，その後のやる気への影響はあまりありません。失敗後の原因帰属によるやる気への影響がより明確に示されるようになるのは，10歳から12歳以降です。

1-3 コンピテンスと自律性

期待・価値の理論や原因帰属理論も含め，私たちの動機づけの基礎にあるのは，環境を上手く制御したいという生得的な欲求です。ホワイト（White, 1959）はこれをコンピテンス（competence: 有能感）への動機づけとよんでいます。幼児が同じ遊びを飽きることなく繰り返すように，自分の力で環境に変化

コラム　ほめられるとやる気をなくす？

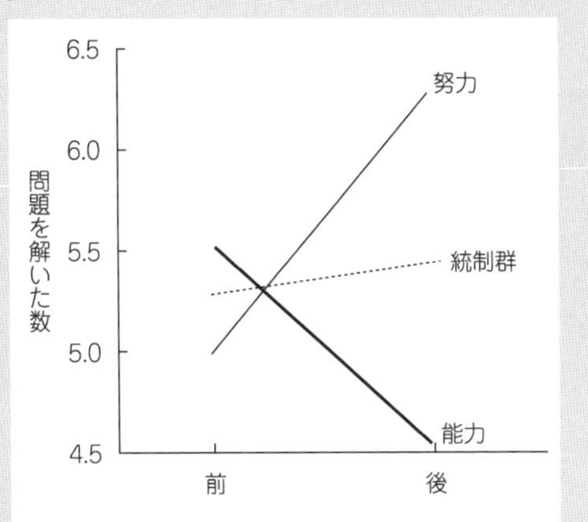

図2-3　ほめる内容の違いによる失敗前と失敗後の課題遂行の差（実験1）

（出所）　Mueller & Dweck（1998）より改変

人は誰でも，ほめられれば嬉しく，やる気がでるものと思われます。しかしミューラーとドゥベック（Mueller & Dweck, 1998）の実験によると，かならずしもそうではないのです。

彼らは小学5年生を対象に，まず算数の問題を解かせた後で，成績がとてもよかったことをほめました。その際に，“とても賢いのね”と能力をほめるグループと，“よくがんばったのね”と努力をほめるグループ，そして統制群として何も付け加えないグループの三つに分けました。

その結果，能力をほめられたグループの子どもは，努力をほめられたグループや統制群と比べて，課題をもっとやりたい，課題が面白い，という質問への得点が低く，図2-3に示したように，失敗をはさむと課題の成績が前より悪くなるという傾向がみとめられました。これはなぜなのでしょうか。

ミューラーとドゥベックは一連の実験の中で，能力をほめられると，成績が努力ではなく能力で決まるという考え方を強め，能力はもともと人にそなわったもので変えることができないという能力の実体感（entity theory）を強めたことを示しています。一方，努力をほめられた子どもは，成績は努力すればよくなるのだという考え方を強め，能力は自分の力で伸ばし，変えることができるという能力の増進感（incremental theory）を強めていました。このような，能力に関する考え方の違いを生みだしたことが，やる気の違いをもたらす原因となったのです。

原因帰属理論の問題点の一つは，能力は固定したものであると一律に概念化している点です。能力が変化可能なものであるという考え方は，学習へのやる気を出させる上で，非常に重要です。ほめるときにも注意が必要といえます。

を与えることができるという体験は，強い喜びと動機づけを生み出すのです。

ディシとライアン（Deci & Ryan, 1985）は，自分の行動が，完全に自律的で，自分の興味から生じている状態を，内発的動機づけとよびました。たとえば，徹夜で本を読みふける，暇さえあれば釣りにでかける，といった行動があげられます。対照的に，外からの報酬や要請によって行動が生じている状態は，総称して，外発的動機づけとよばれます。たとえば，成績が悪いと叱られるから勉強をする，出席点をもらうために授業に出る，といった行動があげられます。教室での研究から，内発的な動機づけは，深く，持続する学習を導くのに対して，外発的な動機づけは，浅く，短期的な結果に注目した学習を導くことがわかっています。また，内発的な動機づけを持つものほど，難しい課題を与えられても，あきらめず，粘り強い取り組みを見せるのに対して，外発的動機づけを持つものほど，失敗すると簡単にあきらめて，やる気をなくすことが知られています。

それでは，内発的動機づけをはぐくむために，教育者はどのような配慮をすればよいのでしょうか。まず，報酬を与えられることで，内発的動機づけが低下するという，アンダーマイニング（undermining）現象に注意が必要です。たとえば，レッパーら（Lepper, Greene & Nisbett, 1973）による幼稚園児を対象とした実験では，絵をかいたらご褒美をあげる，といって絵をかかせると，その後彼らが自由時間に絵をかく時間が減少しました。自由時間の行動は，やりたいことを自分の自由な選択のもとにやっているので，内発的動機づけによって生じています。それに報酬を与えられると，報酬のためにやっていたかのようになり，動機づけが外発的なものに変わってしまうのです。そして外発的動機づけのもとでは，報酬がもらえなくなれば，行動は止まります。

ただし報酬は，つねに内発的動機づけを阻害するわけではありません。その人の自律性とコンピテンスの成長を支える目的のもとに与えられるならば，内発的動機づけの低下はありません。たとえばテストがよくできた子どもをほめるという言語的報酬の場合，努力したことやその成長をほめるならば，自律性を妨げることはありません。しかし親が「ほめてもっと勉強させよう」と思っ

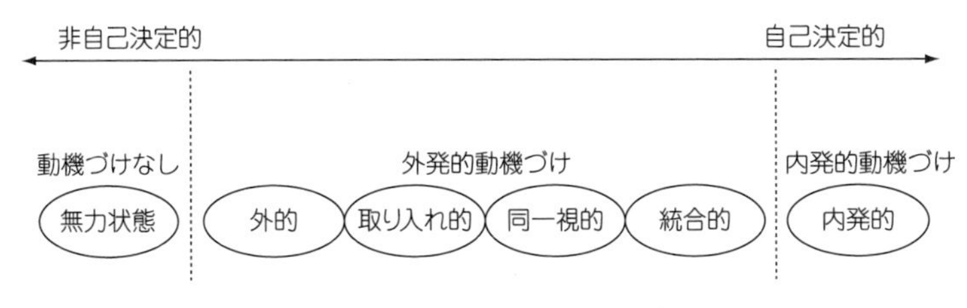

図 2-4　自己決定の程度による動機づけの分類

（出所）Ryan & Deci（2000）より改変

ていたり，子どもが，「テスト勉強はほめられるためにしているのだ」と思うようになってしまうと，内発的動機づけが下がり，自分から勉強をしなくなってしまうかもしれません。

そうはいっても，はじめから勉強が好きで，内発的に動機づけられた学習者ばかりが教室にいるとは限りません。運動は得意だけど算数は苦手，といった，コンピテンスや内発的動機づけの領域による違いは，小学校の早い段階からみとめられます。また，幼児期には過大評価されがちなコンピテンスは，学校でフィードバックを受ける機会が増え，自分とまわりの子どもとの比較をする中で，現実をより正確に反映するものになります。ここから，勉強への内発的動機づけは，学年が上がるとともに全般的に低下します。勉強が嫌いな子どもにとにかく勉強させなければいけないときには，お小遣いをあげるという外発的動機づけも有効な手段でしょう。ライアンとディシ（Ryan & Deci, 2000）は，外発的な動機づけが内発的動機づけに変わっていく様子を，内面化の程度の深まりによって説明しています（図 2-4）。行動の価値が完全に外にあったものが，次第に自分の中に取り入れられ，自己概念に統合されていくことを内面化といいます。外発的動機づけの中でも，お小遣いをもらえるから，あるいは親がうるさいから勉強するというように，まったく内面化されておらず，人からの命令に従ったり，報酬や罰のためだけに生じている行動より（外的な段階），自分にとって大事だと思うから勉強するというように，自分でその価値を認めることで生じている行動（統合的な段階）のほうが，より内発的動機づけに近く，自律的な行動になります。

行動の自律性を高め，内発的動機づけをはぐくむのにもっとも有効な手段は，自己選択の機会を与えることです。たとえば漢字の勉強をする場合に，一つのリストを覚えるように与えられるのと，同じレベルでも内容が異なる複数のリストから好きなものを選んで覚えるのでは，後者のほうが内発的動機づけが高まり，よく勉強をすることがわかっています。自律性の支援は，自分の行動に対する責任感を強めるという意味でも，教室における重要な課題であるといえます。

2 学習を妨げる動機づけ

2-1 テスト不安

動機づけの中には，行動を促進するものだけではなく，行動を妨げ，あるいはのぞましくない方向に向かわせるものも存在します。その代表的なものがテスト不安です。これはたとえば教室の中で，評価される場面になると，極端に不安と緊張が高まる現象を指します。一般にテスト不安が高いほど，学業成績は悪くなります。そして学業成績が悪くなるほど，テスト不安がさらに高まることがわかっています。このような悪循環を断ち切るのにはどうすればよいのでしょうか。

テスト不安が生じる原因の一つは，先に述べた，失敗恐怖です。失敗したときの恥ずかしさを嫌がる傾向が強い人ほど，失敗の可能性がある状況では，マイナス要素ばかりに目がいく傾向があることがわかっています。それによってますます失敗が怖くなり，不安が高まるのです。特に青年期には，社会的な情報を認知する能力の発達から，仲間から受容されることや拒否されることにより敏感になり，失敗恐怖やテスト不安は強くなります。しかし同時に，リスクをおかしても社会的な賞賛や名声を得ようとする気持ちや，より目新しく，刺激的な経験をしたいという欲求も強まります。もし，失敗恐怖より成功願望のほうが相対的に強くなれば，成功の可能性やプラスの要素により注意が向くようになり，不安は低くなるといえます。

またその他に，普段から十分な学習ができておらず，あるいは適切な学習の方法を知らないことから自信が持てず，テスト不安が生じるという，スキル不足説があります。不安とたたかわないといけないぶん，学習自体に利用できる認知的資源が少なくなってしまうのです。ここから，テスト不安のより直接的な解決策として，まず学習の方法を学び，有効な学習習慣を身につけることが重要であるといえます（第4章から第7章を参照してください）。テスト不安が高いものは，評価されることに敏感で，集団での学習では気が散ることが多いので，個別に，リラックスした環境で指導することがのぞましいでしょう。

2-2　自己価値の保護

テスト不安が高い人だけでなく，皆，多かれ少なかれ，人前に立ち，緊張をした経験があるはずです。コヴィントン（Covington, 1992）は，人が評価場面で不安を感じるのは，無能だと他人から思われることで，自分の価値が下がるのを恐れるからだと述べています。彼は，よい自己イメージをつくり，維持したいという動機づけの重要性を主張し，それを自己価値動機（self-worth motive）とよびました。人の認知や行動は，この自己価値の保護動機によって，ときにゆがめられることがわかっています。

コヴィントン（Covington, 1992）は，原因帰属の理論の中で重視されていた，失敗を自分の努力が足りなかったからとする原因帰属は，かならずしも有効なものではないことを指摘しています。なぜなら，努力したのに失敗するならば，それはその人の能力がないことを意味し，もっとも自己価値へダメージを与えることになるからです。コヴィントンとオメリッチ（Covington & Omelich, 1979）は,たくさん努力をして失敗する場合，教師からの罰は予想されない一方で，自分の恥ずかしさや無能感はもっとも強くなり，逆に，努力しないで失敗する場合，教師から罰を受ける可能性は高い一方で，無能感は低くなるという結果を報告し，失敗の努力帰属を「両刃の剣」とあらわしました（図2-5）。

また，セルフ・ハンディキャッピングといって，努力をしたことをあえて隠そうとする方略も存在します。これは努力を控えるだけでなく，わざと自分に障害になるような状況をあらかじめつくって，失敗したときの言い訳になるよ

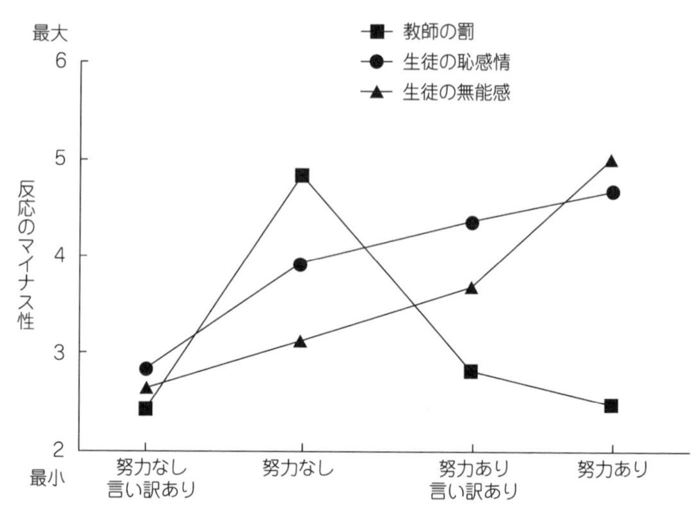

図 2-5　努力と言い訳の有無による生徒と教師の失敗への反応の違いの予想

（出所）Covington & Omelich (1979) より改変

うそなえる行動を指します。たとえば，締め切り間際にならないとレポートを書く気になれない，試験前になるとどうしても部屋の掃除がしたくなる，といった経験はありませんか。セルフ・ハンディキャッピングは，自己価値動機から生じる典型的な行動であり，目標達成のための全力での取り組みを避けようとしている点で，生産的なものであるとはいえません。

教室の例をあげると，宿題や試験勉強をしなさいといわれてもまったくやろうとする気配を示さない生徒は，自分の価値をそれでまもろうとしているのかもしれません。たとえ勉強をしたとしても，よい成績がとれなかったら，それは自分だけでなく先生や親を悲しませることになるために，あえて勉強をやめて，勉強していないからできないのだ，という言い訳を準備している可能性もあるのです。自分の価値を証明する唯一の手段が成績しかないような教室では，一部の成績上位者以外は，努力を続けることは困難です。勉強ができる，できないに関係なく，人には皆それぞれに大切な価値があるのだということを，教育者自らが理解することが重要であるといえます。

引用文献

Atkinson, J. W. (1964). *An Introduction to Motivation.* Princeton, NJ: Van Nostrand.

Covington, M. V. (1992). *Making the Grade: A Self-Worth Perspective on Motivation and School Reform.* New York: Cambridge University Press.

Covington, M. V. & Omelich, C. L. (1979). Effort: The double-edged sword in school achievement. *Journal of Educational Psychology*, **71**, 169-182.

Deci, E. L. & Ryan, R. M. (1985). *Intrinsic Motivation and Self-Determination in human behavior.* New York: Plenum.

Dweck, C. S. (1975). The role of expectations and attributions in the alleviation of learned helplessness. *Journal of Personality and Social Psychology*, **31**, 674-685.

Lepper, M. R., Greene, D. & Nisbett, R. E. (1973). Undermining children's intrinsic interest with extrinsic rewards: A test of the "overjustification" hypothesis. *Journal of Personality and Social Psychology*, **28**, 129-137.

Mueller, C. M. & Dweck, C. S. (1998). Praise for intelligence can undermine children's motivation and performance. *Journal of Personality and Social Psychology*, **75**, 35-52.

Ryan, R. M. & Deci, E. L. (2000). Self-determination theory and the facilitation of intrinsic motivation, social development, and well-being. *American Psychologist*, **55**, 68-78.

Weiner, B. (1980). 林保・宮本美沙子（監訳）(1989). ヒューマン・モチベーション――動機づけの心理学　金子書房

White, R. W. (1959). Motivation reconsidered: The concept of competence. *Psychological Review*, **66**, 297-333.

もっと詳しく知りたい人のための文献紹介

波多野誼余夫・稲垣佳世子（1981）．無気力の心理学　中公新書

⇨両著者による数々の名著は教育心理学を学ぶ者にとっては必読といえます。本書は，動機づけとは，そして学びとは何かについて考えを深めるのに最適な本です。

上淵寿・大芦治（編著）(2019)．新・動機づけ研究の最前線　北大路書房

⇨その名のとおり，最新の主要な動機づけ研究の動向が，気鋭の動機づけ研究

者によって解説された本です。入門書ではありませんが，広く発展を遂げた動機づけ理論の中で，何が現在議論の対象となっているのかを知るのに役立ちます。

第3章　動機づけの応用
――やる気を引き出し，持続させるには

第２章では，動機づけの基礎について取り上げ，学習者のやる気の状態を把握するためのさまざまな観点について紹介しました。この章ではさらに，教師として，子どもたちのやる気を高め，なおかつそれを維持するために注意すべき点について強調していきます。
さまざまな教授-学習活動において，教師が動機づけ理論を踏まえて適切に行動できなければ，子どもたちのせっかくのやる気も台無しにしてしまう可能性があります。
また，場当たり的な対応ではなくて，事前に授業の準備をしておく段階でも動機づけ理論を踏まえておくことが効果的である場合も多いのです。
第２章では，理論から具体例を説明するスタイルを取りましたが，この章では，具体的な教育場面からそこで留意すべき理論を紹介するという形で，より応用的な観点から動機づけについて説明していきます。

1　多様な学習者の多様な動機づけを見取る

1-1　教室にいるのは望ましい学習者ばかりか？

第２章の第１節でも，外発的動機づけと内発的動機づけについて説明がなされていました。くり返しになりますが，簡単に復習しておきます。「外発的動機づけ」は，外からの報酬を得るため（あるいは罰を避けるため）に行動が生起している状態を指しましたね（報酬や罰の機能については，第１章でも触れています)。成績が上がるとお小遣いがもらえるから，宿題をサボると先生にしかられるから……ということで学習行動に取り組んでいる場合は外発的動機づけ

による学習と言えます。もう一つの「内発的動機づけ」は，外からの報酬とは無関係に，その行動自体に興味や関心があり，行動が自律的に維持されている状態でした。なぜ月は満ち欠けをするのだろうと疑問をもち自分で本を調べたり，理科の実験自体が面白くて取り組んでいる場合は，内発的に動機づけられていると言えます。

一般的には外発的よりも内発的動機づけの方が好ましいとされます。その理由は，外発的な学習の場合には，外的報酬が除去されると学習行動が維持できなくなりますが，内発的に動機づけられていれば，子ども自身が自律的に学習をコントロールできるからです。そのため，外発的に学習している子どもよりも，内発的に動機づけられている子どもの方が，教師にとっては「望ましい学習者」であると受け止められることが多いのでしょう。

ただし単純に「外発は望ましくない，内発は望ましい」と捉えるだけでは，現実の教育場面に応用することは難しいでしょう。よく「最近の子どもにはやる気がなくて困る」という嘆きの声を聞きますが，これは「内発的動機づけが乏しい」ことを指して嘆いているのでしょう。しかし，教室内にははじめから高い内発的動機づけをもった学習者ばかりがいるとは限らないのです。わかりやすく言えば「(元々) 勉強が好きな子」「放っておいても授業内容に興味をもってくれる子」ばかりではない，ということです。

教育心理学の理論を活用すべきなのは「最近の子どものやる気がないのは，内発的に動機づけられていないからだよ」といった他人事のような現状分析に対してではなく，「どうすれば内発的動機づけを高めることができるか」という，自分自身の授業の見直しに対してではないでしょうか。最悪なのは，一部の「すでに内発的動機づけの高い子」だけを対象とした授業をすることです。教師の役割は，「子どもの内発的動機づけを伸ばす」だけではなく「内発的動機づけがないのなら，それを作り出す」ところにもあるのだと思います。「やる気のない子には，何を言っても無駄」と決めつけず，「内発的は望ましい，外発的は望ましくない」という単純な捉え方から脱却して，段階的に動機づけを形成していくことが有効でしょう（第 2 章の図 2-4（p. 37）も今一度，参照してください)。まず学習行動が起こらなければ，学習内容に興味をもつ機会を得ることができません。つまり，内発的動機づけを喚起するためにも，まずは子どもたちを学習に向かわせる必要があり，その段階では，「外発的に動機づける」のも「方便」でしょう。

以上のことは言われてみれば「当たり前のこと」なのですが，実際に授業に臨む際に「やる気のない子は放っておこう，やる気のある子が喜ぶ授業をしていればいい」と思ってしまうようでは，教育心理学の理論をうまく活用できていないということになるので要注意です。理論を「知っていること」と「実際に応用していること」の間には大きなギャップが存在するのです。

1-2　子どもの動機づけを，もっと理解する

第2章でもさまざまな達成動機について紹介してきたことからもわかるように，単純な「外発 vs. 内発」という二分法では，子どもたちの実際の学習行動をうまく捉えることができません。一口に「外発」「内発」と言っても質的に多様ですし，どちらか一方の動機のみに基づいて学習する場合ばかりではなく，両方の影響が混在していることも少なくないのです。

そこで参考になるのが市川（2004）の提唱している「学習動機の2要因モデル」です（図3-1)。

このモデルの横軸（学習の功利性）は「学習による直接的な報酬の期待の程度」を表し，縦軸（学習内容の重要性）は「学習内容そのものを重視している程度」を表しています。この2要因の組み合わせによって，市川（2004）は，学習者の志向性を六つのタイプに分類しています。一般的に言う「外発 vs. 内発」の区分は，左上から右下への対角線上に位置し，典型的な外発的動機づけは「報酬志向」，内発的動機づけは「充実志向」となりますが，それ以外にも学習の動機づけの基礎となる志向性がさまざまあることがわかるでしょう。

さて，この図3-1に示したモデルをどのように現実の教育場面に応用したらよいのでしょうか。まず，教室内の児童のもっているさまざまな動機づけに適した教え方から始めるという観点が有効ではないでしょうか。たとえば充実志

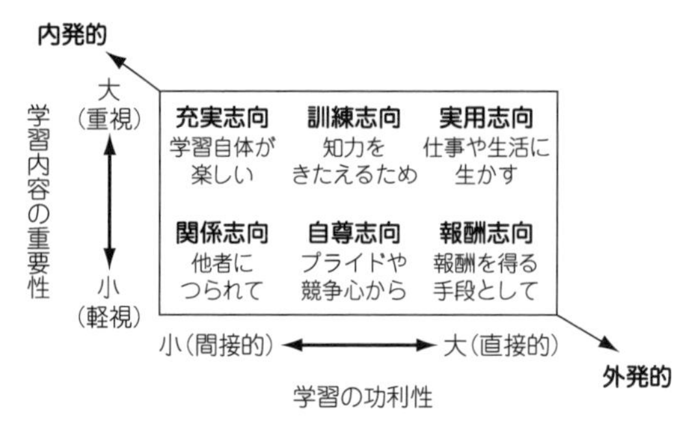

図 3-1　学習動機の 2 要因モデル

（出所）　市川（2004）p. 37

向ばかりを追求する授業を行うのではなく，「教科内容が他の教科や日常生活で役立つから（実用志向）」，あるいは「先生のことが好き（関係志向）だから」授業に積極的になれる子どもがいてもよい，という考え方で臨むことです。重要なのは，図 3-1のどの志向性であっても，子どもの欲求に適合した授業が展開されれば，学習行動は起こる，ということです。学習行動が起こってこそ，その学習内容に対する興味・関心を高めることが可能になります。その意味では，教室にいる子どもたちの多様な志向性について頭に入れつつ，その多様なニーズにまんべんなく応えられるような授業を展開することが重要と言えるでしょう（学習者の多様な適性に対処する考え方は，第 0 章の「適性処遇交互作用」のところでも取り上げましたね）。

2　適切な学習計画を立てるために

2-1　自律的な学習のためにも適切な計画を

自律的な学習を進めることが，内発的な動機づけを高めるためにも重要であることは第 2 章でも述べているとおりです。学習を，自分自身がコントロールしているという実感をもつためにも，学習者自身が自分で学習計画を立てることが有効な手段の一つとなるでしょう。ただし，その計画が不適切であれば，かえって動機づけを阻害してしまう可能性もあります。この節では，適切な計画を立てるために踏まえておくべき理論について解説します。

ところで，筆者が小学生の頃には「7 月中に夏休みの宿題をすべて終わらせる計画」をよく立てたものです。ただし，その計画は最初の 1 日分すら実行されることはなく，結局は 8 月の終盤になってから宿題の山と格闘するということを毎年のようにくり返していました（同様の経験をもつ読者の方も少なくないであろうと確信しております）。なぜ，小学生時代の筆者は７月中に宿題に着手できなかったのでしょうか。これを例として説明をしてみましょう。

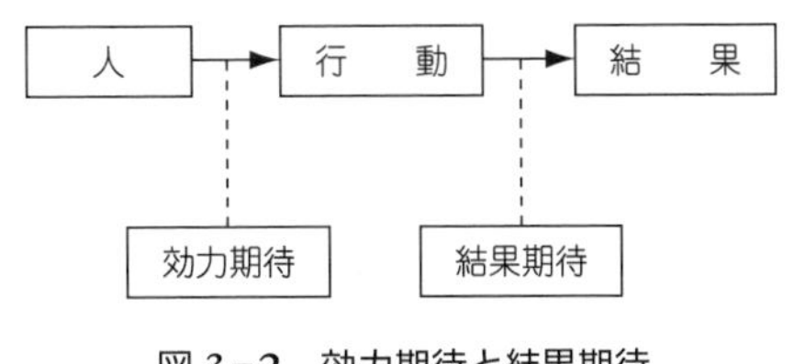

図３-２　効力期待と結果期待

（出所）　竹綱（1996）p. 162

2-2　自己効力とは

この「夏休みの宿題」に関する問題は，「自己効力（self efficacy）」の理論でうまく説明できます。自己効力とは，「自分には，ある行動をうまくやり遂げることができる」という自信のようなものであり，これも動機づけの一つです。まずはバンデューラ（Bandura, 1977）の提唱した枠組みを見てみましょう（図3-2）。

「結果期待」とは「ある行動を起こせば，ある特定の結果（成功）が得られるだろうという期待」のことです。たとえば「ドリルを毎日10ページずつやれば夏休みの宿題を７月中に終わらせられる」というような期待です。「効力期待」とは「自分が，その結果を生む行動を上手く実行できるという期待・確信」のことで，この例では「毎日10ページずつ自分がやれるかどうか」になります。「どうすればうまくいくか（結果期待）」がわかっていたとしても，その行動を自分自身が行えるかを疑っている（効力期待が欠けている）場合には，結果期待は行動に影響しません。つまり，計画は立てても，実行に移すことはないわけです。逆に，「自分はがんばれば１日10ページでもできる」というように効力期待が高ければ，困難な状況でも努力をすることは可能だと考えられます。この「知覚された効力期待」が「自己効力」と呼ばれています。

筆者が夏休みの宿題を７月中に終わらせることができなかった（むしろ，一日目から挫折した）のは，効力期待をもてず，自己効力が低かったからだと説明できます。「こうすればうまくいく」という計画を立てたとしても，それが

「実行できない（実行しようと思えない）計画」では，初日から第一歩を踏み出せなくて，結果として「行動を起こす」という意味での動機づけにつながっていかないのです。

余談ですが，結局のところ宿題は8月の最後の数日で終えることができたわけですから「1日10ページ」は，じつは能力的には不可能ではなかったと言えます。つまり「効力期待」は，客観的な能力の有無だけでなく，取り組む意志を含んだ認知の問題でもあると言えるでしょう。

2-3　自己効力を強くするには

では，自己効力はどうすれば強くすることができるのでしょうか。ここで，目標設定による自己動機づけと，目標設定の違いによる効果に関する研究（Bandura & Schunk, 1981）を紹介ましょう。

実験の対象となったのは，算術技能に問題があり，算数に興味をもたないと担任教師が判断した児童40名でした。算数嫌いになっているのは，たんに算術技能の欠如だけでなく，算数に対する自己効力が低いためという可能性もあるので，治療プログラムの過程で，学力だけでなく，自己効力の変化も調べることにしました。課題は算数の引き算でした。事前テスト（治療プログラムを受ける前）として，引き算の学力と，引き算に対する自己効力を測定しました。治療プログラムは，6ページ×7セット＝全42ページの教材でした。連続7日間，1日30分ずつ自習形式でこの教材を学習しました。その際，児童は，以下の4条件のいずれかにランダムに割り当てられました。

a．近い目標：1日6ページを目標に勉強する

b．遠い目標：7日で42ページを目標に勉強する

c．目標なし：目標は設けずに教材をやるだけ

d．統 制 群：治療プログラムを受けない

治療プログラム終了後，児童全員が引き算の学力テスト（図3-3右）を受け，そのテスト前後に引き算に対する自己効力（図3-3左）を測定されました。引き算の学力も自己効力も，1日あたりの目標が適度に挑戦的で，その日のうち

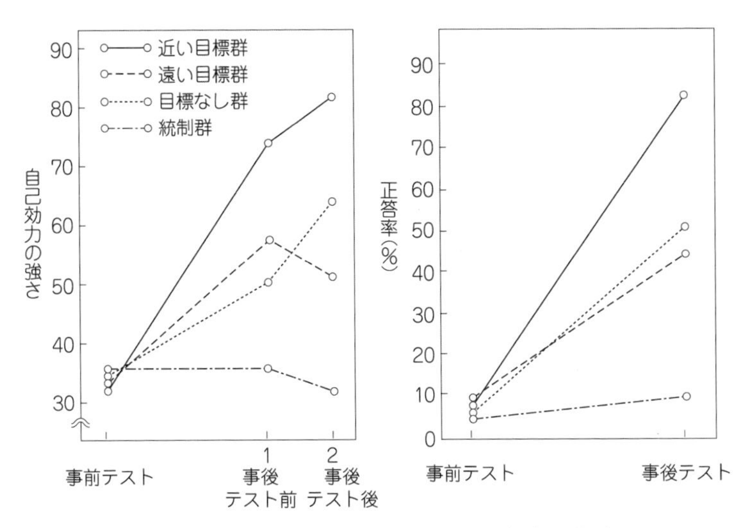

図3-3　自己効力（左）と引き算学力（右）の推移

（出所）竹綱（1996）p. 164

に目標に達したという達成感を味わうことができる「近い目標」群がもっとも効果的という結果になりました。それに対して，7日で42ページという「遠い目標」群は，目標を設定しない群とほとんど変わらなかったのです。

2-4　目標は大きいほどよいか

よく「目標は大きい（高い，遠い）ほどよい」と言われますが，図3-3からもわかるとおり，大きな（遠い）目標のままでは効力期待も低く，行動に移せないので，小さな目標に分解することが有効だと言えます。小さな目標なら「自分でもできる」と効力期待をもちやすく，また，目標を達成したという達成感を何度も経験することができますから，「やればできる」という自己認知を形成しやすくなります。したがって，小さく分割された目標をクリアしていくうちに，自然と大きな目標に到達できるような学習計画を立てることが有効と言えるでしょう。

逆の考え方もできます。かかげた「大きな目標」が，現実的な目標となりうるのか，たんなる妄想あるいは夢で終わるような，無謀なものなのかは，身近な小さな目標に分割すれば把握しやすくなります。たとえば，ある中学１年生が「プロのサッカー選手になりたい」という「大きな目標」をもっているとします。このままでは「夢」で終わるのか，現実となる可能性があるのかがわかりませんから，いくつかの小さな目標に分割してみましょう。プロのサッカー選手になるためには「高校サッカーで全国大会上位入賞レベルに到達すること」を，その前の段階の「中程度の目標」として定めることができます。全国大会に出場してよい成績を修めるためには，まずは「サッカーの強豪校に入学すること」が，次の「より小さな目標」になります。そのためには，「高校からサッカーでスカウトされるほど，中学で活躍する」か「高校入試で志望校に合格できる学力を身につける」ことが必要となりますから，これがさらに「身近な小さな目標」となります。さらに，その目標達成のためには，前者なら「毎日５時間以上の練習」をこなす必要があることが明確になったり，後者なら「サッカーばかりやっていないで毎日勉強しなくてはならない」ことが明確になったりします。この中学生が，「遠い未来にプロ選手になること」を夢想している状態のままではなく，「今の自分」にとってリアリティのあるレベルにまで，目標を分割した時点で，「自分がやり遂げられるという効力期待」をもてるかどうかが重要となります。毎日５時間以上の練習をすれば，まずは志望する高校（サッカーの強豪校）に入学できるという結果期待がもてたとしても，その練習を自分がやり遂げられるという実感が伴わないのであれば，そもそも「プロ選手になる」という目標自体が「大きすぎて，不適切」ということができます。

目標は大きくてもよいのですが，大きいままでは意味がなく，自分に取り組めるかどうかを判断できるレベルまで小さく分割し，計画に反映させることが大事だと思います。

このことは，教師が指導案作成の際に年間の教育目標から学期毎の目標，単元の目標，本時の目標へと目標を分割することにも通じています。大きな目標はある程度は抽象的でも構いませんが，小さな目標は「行動に移せ，成果を確認できる」具体的なものがよいでしょう。

同時に，これもよく言われることですが「具体的な数値目標」が常に有効とは限りませんので注意が必要です。前述の例では「遠い目標」も「７日で42ページ」と具体的な数値目標を挙げていました。具体的な目標が有効と言われるのは，何をやるべきかが明確で「結果期待」を高めるからですが，その結果期待に対応する「効力期待」を高めるには，「目標の具体性より，目標の大きさ」というわけです。

3　評価と動機づけ

3-1　自律的な学習を支える自己強化，自己評価

前節の「目標」の達成ともかかわりますが，そもそも目標が達成できた，あるいはできなかったといった自己評価を行うことは，自律的な学習を進めるうえでも重要になります。適切な自己評価を行い，「自分で自分を誉める」ことが「自己強化」になります（強化の意味については，第１章を確認してください）。すなわち，自己強化が可能になれば，教師や親などの他者からの働きかけがなくても学習活動を進め，維持することができるようになるのです。

ただし，学習者が適切な自己評価を行えるようになるためにも，少なくともある程度は教師が評価を行うことは不可欠です。また，現実的にも，テストや宿題など，何か課題を子どもに課したあと，その結果（成績）に関する情報を子どもへフィードバックする必要があります。問題は，このフィードバックが，ただたんに「テストの得点」を伝えるだけで終わっているケースも少なくないというところにあります。結論を先に言いますと，教師による評価（外的評価）を子どもに伝えるだけでは，子どものやる気はむしろ損なわれてしまうこともあるのです。まずは，そのことを端的に示す研究（小倉・松田，1988）から紹介しましょう。

3-2　教師による外的評価と子どもによる自己評価

小倉と松田（1988）は，中学１年生を対象に以下のような実験を行いました。

1日目：自由課題Ⅰとして，漢字と数・図形と英単語の３種類の課題を10分間で自由に解かせた。

2日目：強制課題として次の４条件のいずれかの下で漢字問題のみ15分間実施。

a．無評価：教師による評価の予告も正誤フィードバックもなかった。

b．自己評価：後で他者による強制課題の成果の評価が行われないことを予告し，かつ実際に行われなかった。そしてあとで自己評価するよう予告し，作業後に実際に自己採点を行った。

c．外的評価：教師による評価が行われ，後日フィードバックされると予告されたが，実際に実験期間中にフィードバックはなされなかった。自己採点も行われなかった。

d．外的評価＋自己評価：外的評価条件と同様の教示をし，教師による評価がなされることを予告した。さらに作業後に正誤の自己採点を行った。

2日目の漢字の強制課題を行った後，自由課題Ⅱとして，また自由に1日目と同様の3種類の課題を解かせた際に，漢字学習を自発的に選択した割合の増加を，漢字学習に対する内発的動機づけの指標としました（図3-4は第1日目に漢字問題作業量が47％以下の，動機づけが低かった中学1年生のみに基づき，北尾（1991）が作成したもの）。

強制課題のあとに，漢字学習に対する動機づけが高まったのは，「自己評価条件」と「外的評価＋自己評価条件」でした。「外的評価条件」は「無評価条件」と同等かそれ以下の効果しかなかったのです。テストを行った場合，回答の正誤を伝え，正しい知識を身につけさせることにはもちろん意味があるでしょうが，教師の採点結果のみをフィードバックするのでは，少なくとも子どもたちのやる気を増進させる効果は期待できないと言えます。

成績評価を行う立場からすれば，学習成果の評価を児童・生徒自身の自己評価のみに委ねるのは心許ないのですが，図3-4の「外的評価＋自己評価条件」に示された通り，子どもたちが自己評価を行う機会を確保すれば，教師の外的評価によってやる気が損なわれるマイナスの効果を補うことができます。

権威者でもある教師による外的評価は，子どもにとって大きな圧力となりますし，「評価のために」学習するという外発的動機づけの構造が強調され，内発的動機づけを弱めてしまう可能性があります。しかし教師による評価があったとしても，自己評価によって自分の達成の程度を「理解し，納得する」ことができれば，次の学習機会にもっとがんばろうという意欲がわいたり，わからなかったところを調べておこうという，自発的な，内発的動機づけにつながりやすいと言えるでしょう。

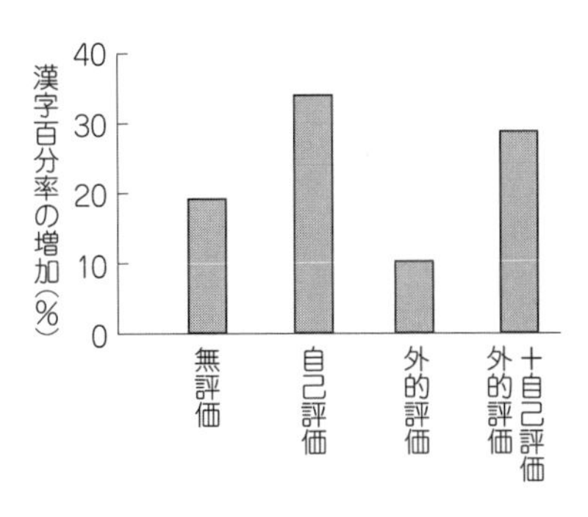

図 3-4　外的評価の影響

（出所）小倉・松田（1988）；図は北尾（1991）p. 32より引用

また，教師による評価のフィードバックは，どうしてもテスト数日後になりがちです。教師による評価は，好成績の場合には「正の強化子」に，悪い成績の場合には「負の強化子」になりうるのですが，学習行動からその結果を知らされるまでの時間が長くなると，強化子が正であれ負であれ，その効果は薄れてしまうでしょう。できるだけ課題の直後にフィードバックを行うべきですし，その点でも「自己評価」を行う機会を設けることは有効でしょう。

最悪なのは，せっかく教師がテストを採点し，間違った箇所を指摘しても，テストを返却された子どもたちは「点数だけを見てすぐにかばんにしまってしまう」というパターンです。どこが間違っているのか，誤った理解をしていないかを振り返る絶好の機会が活かされず（このことは第7章のメタ認知に関連します），たんに「思ったより悪い点数だった」というネガティブな感情（勉強に対する苦手意識）のみが残る危険性もあります。

3-3　自己評価と自己採点の違い

ここで強調したいのは，「自己評価」と「自己採点」とは似て非なるものだということです。たとえばテスト終了後に，教師の指示通りに「○×つけ」を機械的に行うのみでは，じつは前述のような「自己評価」にはならず，たんなる「自己採点」を行ったにすぎないのです。その場合には，やはり結果の点数のみが印象に残り，次の学習行動を起こすやる気につながりにくいでしょう。「苦手な教科だから」「先生の教え方が悪いから」という，あまり好ましくない原因帰属を行いがちです（原因帰属については第2章参照）。そうではなくて，評価基準についての解説を聞いて納得し，どうすれば正答に至ったのかを理解すれば，「次は同じ誤りをしないようにしよう」と前向きな気持ちにもなれると思います。

重要なのは学習活動過程自体を自己「評価」することです。点数だけに一喜一憂せず，「なぜ間違えたのか」「どうすれば正答できたのか」ということと向かい合い，学習方法について反省したり，改善に向けて工夫をするという意味での「振り返り」の機会を設けることが，やる気の増進につながります。また，第7章で説明するメタ認知のモニタリングの精度を高めることにもつながります。よい点数であれば，その点数に満足するのではなく「これまでの学習方法でOK」と学習法を肯定すればよいですし，悪い点数であれば「どこが悪かったのか」を前向きに考える機会が重要なのです。それは「理解の仕方の適切さ」から「学習習慣のあり方」まで，広範にわたる振り返りの機会となるでしょう。

元来，「（教育）評価」は学習到達水準によって子どもを序列づけることを目的としていません。一人ひとりの子どもの学習過程の適切さを把握し，支援するための活動の一環として行われるものです。学習が適切に行われていないと評価（診断）されれば，改善のための処置や介入がなされる，という一連の教育活動のなかに位置づけられるものであり，評価はけっしてゴールと同義ではないのです。

「自己評価」活動を通じて，子どもたちに評価の本質や重要性を理解してもらうことこそが，じつはもっとも大事なことなのかもしれません。評価やテストに対する抵抗感・拒否感をいたずらに助長しないためにも，学習者の評価観を高める工夫をする価値があると言えるでしょう。

引用文献

Bandura, A. (1977). Self-efficacy: Toward a unifying theory of behavior change. *Psychological Review*, **84**, 191-215.

Bandura, A. & Schunk, D. H. (1981). Cultivating competence, self-efficacy, and intrinsic interest through proximal self-motivation. *Journal of Personality and Social Psychology*, **41**, 586-598.

市川伸一 (2004). 学ぶ意欲とスキルを育てる――いま求められる学力向上策　小学館

⇨本章で取り上げた「2要因モデル」の他にも，動機づけや学習習慣についてわかりやすく解説しています。

北尾倫彦 (1991). 学習指導の心理学　有斐閣

小倉泰夫・松田文子 (1988). 生徒の内発的動機づけに及ぼす評価の効果　教育心理学研究, **36**, 144-151.

竹綱誠一郎 (1996). 動機づけ　大村彰道（編）教育心理学Ⅰ　発達と学習指導の心理学　第8章　東京大学出版会, pp. 149-167.

⇨教育心理分野に関わる動機づけ理論の基礎について，具体的な実験データを多く紹介しています。

もっと詳しく知りたい人のための文献紹介

宮本美沙子・奈須正裕 (1995). 達成動機の理論と展開――続・達成動機の心理学　金子書房

⇨ちょっと専門的な内容になりますが，動機づけについてもっと詳しくたくさんの研究について知りたいという人におすすめです。

第4章 記憶の分類
――人間の記憶の多様性を考える

みなさんは「記憶」ということばから何を連想しますか？「受験勉強における暗記」「物知りになりたい」「最近，物覚えが悪くなった」「大事な思い出」など，たしかに記憶が関係している現象です。ただし心理学においては，「人間の記憶」は一種類だとは考えられていません。記憶の利用の仕方や記憶の性質の違いによって，いくつかに分類されています。

この章では，典型的な記憶の分類法について紹介します。まずは，みなさん自身の「記憶」が，かなり細かく分けられて研究されているということを知ってください。

次に，この章と次の第5章とで，それぞれの記憶について詳しく説明していきます。それらの記憶が，教育場面でどのように働いているのか，そして，教える側の人間がどのような点に気をつければよいのかについて，考えてみてください。この章では，意識の場として考えられている「作動記憶」と，からだを使って覚える「手続記憶」について詳しく見ていきます。

1 人間の記憶はどのように分類されているか

1-1 なぜ教育心理学で「記憶」について学ぶのか

心理学の記憶研究を行っている立場の人間から，教育に関するもっとも重要な結論を一番最初に言ってしまいたいと思います。それは「丸暗記では，覚えられない」ということです。つまり，これから説明することはたんなる「暗記の仕方」ではなく，より本質的な記憶の理解に基づいた，科学的な根拠のある「効率のよい記憶の獲得法」なのです。

「暗記」ということばから連想される学習活動は，何度もくり返し声に出したりノートに書いたり…という作業ではないでしょうか。これらの学習活動がまったくの無意味とはいいませんが，かなり効率が悪いやり方なのです。記憶の理論を知っていれば，より適切な記憶術を身につけられます。「効率」ということばに抵抗を感じる人もいるかもしれませんね。ここで筆者が言いたいのは「他にもっと“適切で”“確実に”“応用が利く”覚え方があるのに，それを採用しない」という愚は避けて欲しい，ということに尽きます。逆にいえば，記憶の理論を踏まえた適切な教え方をすれば，学習者は「暗記している」という意識をもつまでもなく必要な知識や技能を獲得することも可能なのです。つまり，記憶の理論を熟知することで，「知識の“詰め込み”から抜け出せる」のです。この章では知識の詰め込みを奨励しているわけではなく，むしろ正反対の立場をとっているのです。そして，記憶の効率化によって生まれた「ゆとり」を「考える」ことなどに有効活用できればと思うのです。

1-2　記憶についての大まかな分類①：短期間の情報の保持と処理

現在の心理学の記憶研究においては「人間の記憶」は非常に多様に分類され，詳細に検討されていますが，この章では，それらのなかでも教育現場で有用だと思われるレベルの分類について，まずは大枠を紹介したいと思います。

短期記憶と長期記憶

一般的な心理学の教科書を開いたときに，必ずのっているのが「短期記憶」と「長期記憶」の分類です。人間の記憶を「情報を非常に短時間（リハーサルをしなければ数十秒ほど）しか保持できない短期記憶」と「半永久的に保持できる長期記憶」に分ける考え方です。リハーサルは「復唱」と呼ぶこともあります。覚えておくべき情報を，頭のなかで，あるいは実際に声に出してくり返し唱えることで，リハーサルされている情報は，リハーサルされている限りは短期記憶に留めておくことができる，と考えられています。さらに，短期記憶と長期記憶の関係は，図 4-1に示されているように，新しい情報は感覚器官を経て，まずは短期記憶に入ってきて，リハーサルによって保持している間に情

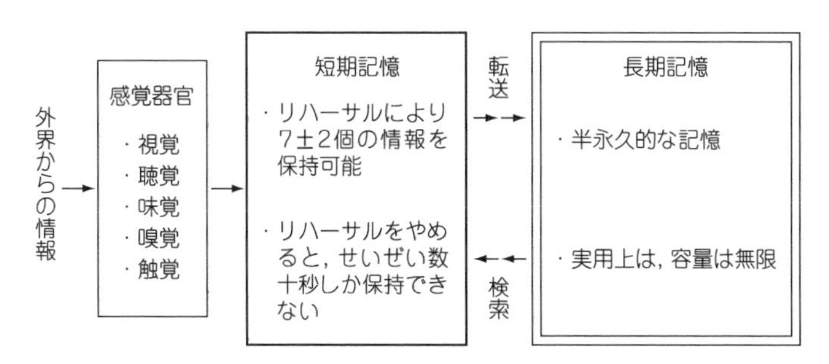

図4-1　一般的な短期記憶と長期記憶に関する説明

報が選択・符号化されて，長期記憶に転送される，という情報の流れを想定したものになっています。長期記憶の容量は，少なくとも一度の人生でいっぱいになってしまうことはないという意味で，実用上は無限と見なしてよいでしょう。そして，長期記憶の情報は必要に応じて検索され，利用されると考えられています。

短期記憶と長期記憶に二分して捉えることは，記憶のしくみを入門的に理解するのには役立ちますし，間違いとは言えないのですが，実はあまりに単純すぎて，このままの理解では，教育現場に応用することは難しいです。以下では，「このくらいのことは，最低限，教職にかかわる人には知っておいてほしい」と思うことを挙げていきたいと思います。

短期記憶から作動記憶へ

まず，現在では「短期記憶」の概念はなくなってしまったわけではないのですが，「作動記憶（ワーキングメモリとも呼ぶことも多いです）」という新しい概念に引き継がれ，研究も発展しています。短期記憶は「短期貯蔵庫」と呼ばれることもあることからわかるように，「情報を一時的に保持するためのシステム」と考えられていました。しかし，作動記憶はたんに情報を一時的に保持する貯蔵庫としてではなく，「情報の保持と，能動的な処理」を同時に行うシステムとして位置づけられています。一般的な心理学の教科書を調べてみれば，短期記憶に貯蔵できる情報量は7±2程度と記されているでしょう。たとえばランダムな数字（例：4，6，2，5，8，7，2…）を聞いたとして，一度にいくつまでなら，正しい順番で覚え，直後に答えることができるのかというと，それが数字でも文字でもだいたい7個くらいだということです（個人差はありますが，ほとんどの人が±2である，5から9個程度になります)。しかしそれは情報の保持のみを行う場合の容量なのです。実際の学習場面では，私たちは情報を保持するだけでなく，処理も同時に行っています。たとえば，今，皆さんはこの文章を読みながら，「短期記憶」「作動記憶」「容量」などの情報を頭に保持しつつ，新たな文章を読み進め，「読解」という処理を同時に行っているはずです。直前までの文章内容を「保持」していなければ正確な読解は難しいですし，正しく読解するためにはたんに文章を「覚える」のではなく，具体的な情景をイメージしたり，自分の体験と結びつけるという「処理」も行っているはずなのです。重要なのは，情報の保持と処理を同時に行う場合には，その対象となる情報量は7±2どころか，もっと制約を受けるということなのです。このことを頭に入れておくことで，人に新しい情報を伝えようとしたり，何か作業の指示を与えるときに注意すべきことが明確になります。詳しくは本章の第2節で説明します。

1-3　記憶についての大まかな分類②：ことばで表現できない記憶

長期記憶は保持される情報の質や検索のされ方によって，さらに細かく分類されています（図4-2参照)。

手続記憶と宣言記憶

長期記憶はまず，宣言記憶と手続記憶に分類されます。手続記憶は，運動技能や「段取り」に関する記憶であり，ことばで表現することが困難な記憶です。たとえば自転車の乗り方の記憶は，ことばで表現したり他者に伝えることは難しいです。それに対し，記憶された情報がことばで表現可能なものは宣言記憶と呼

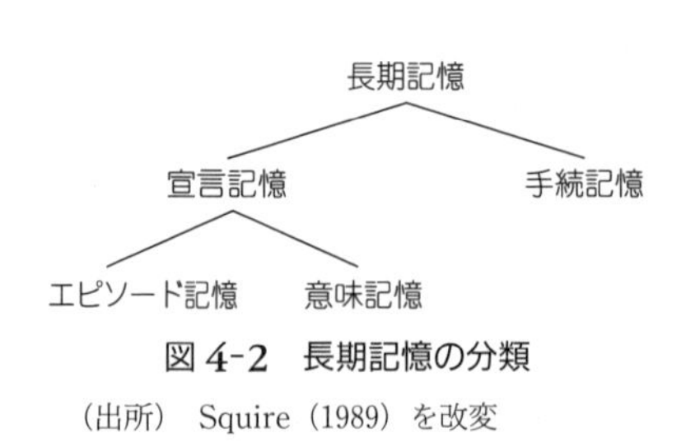

図4-2　長期記憶の分類

（出所）　Squire（1989）を改変

ばれています。この宣言記憶は，利用のされ方によってさらに意味記憶とエピソード記憶に分類されています。皆さんが学習者に伝えようとしていることが手続記憶なのか宣言記憶なのかによって，効果的な覚え方（＝教え方）は大きく異なってきます。大ざっぱにいえば，手続記憶であれば学習者自身の体験が重要なのですが，宣言記憶は言語による伝達が可能なので，さまざまな工夫が可能になります。手続記憶についての詳細は，本章の第3節で解説します。

意味記憶とエピソード記憶

宣言記憶のうち，意味記憶は一般的知識に関する情報であり，心の百科事典のようなものです。エピソード記憶は，個人的な出来事，思い出に関する記憶です。心の日記帳のようなものです。新しい情報を獲得する際には，まずエピソード記憶として覚え，その情報をさまざまな場面で利用しているうちに一般的な知識，すなわち意味記憶になると考えてよいでしょう。学校教育における「知識の獲得」は主にエピソード記憶と意味記憶にかかわるものだということになりますね。この「知識の獲得」に関する内容は，次の第5章で徹底的に取り上げたいと思います。

2　作動記憶における情報の「保持」と「処理」

2-1　作動記憶の構成要素

前節でも述べたように，近年の記憶研究では短期記憶という用語よりも「作動記憶（working memory；ワーキングメモリ）」という用語の方が，多く使われるようになってきています。表面的な用語だけではなく，概念自体も大きく様変わりしているので，まずは簡単に作動記憶モデルについて説明しておきたいと思います（図4-3）。

情報をごく短時間，受動的に保持するものとして考えられていた短期記憶の役割は，作動記憶のモデルにおいては，「音韻ループ」というサブシステムの役割であると位置づけられています。音韻ループは言語的な情報をリハーサルによって保持するシステムです。たとえば電話番号を一時的に保持するときに使われていると考えます。視覚イメージを含む，視空間的な情報の保持は「視

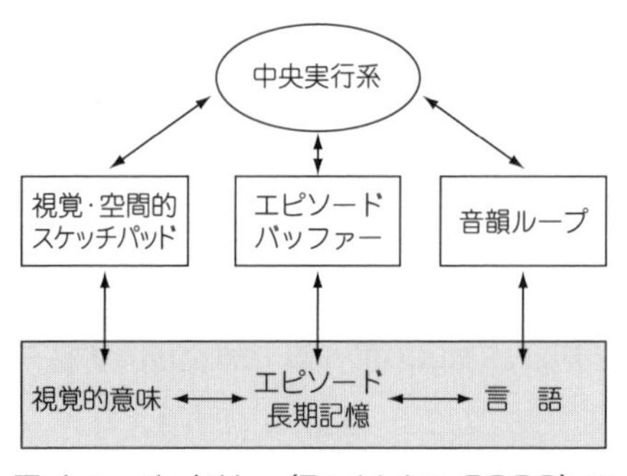

図4-3　バッドリー（Baddeley, 2000）の作動記憶モデル
（出所）　苧阪（2002）中に引用

覚・空間的スケッチパッド」で行われます。これらはあくまでも情報を一時的に保持するためのサブシステムに過ぎず，作動記憶の中枢は「中央実行系」であると考えられています。中央実行系は，これらサブシステムのはたらきを管理し，作動記憶内での情報の流れを統制している，「心の作業場」といえるでしょう。作動記憶モデルにおいて重要なのは，作動記憶はたんなる情報の短期的貯蔵庫ではなく，能動的な処理の場と考えられているということです（エピソードバッファーを含むその他の構成要素について詳しく知りたい人は，苧阪（2002）などを読んでみてください）。次に，実際の私たちの活動が作動記憶モデルではどのように捉えられるのかを見てみましょう。

2-2 「処理資源」という概念で作動記憶を理解しよう

作動記憶モデルを理解する上では，「処理資源」という概念が重要となります。処理資源とは心のエネルギーのようなもので，複数の処理を同時に行う際には処理資源を適切に配分して利用しているのだと考えられています。ただし資源の総量は有限なので，複数のことを同時に行えば，処理効率は悪くなるのです。たとえば，英会話が不得手な者が，外国人を自動車に乗せて観光案内する場面…一人で運転するときには問題ない人でも，同時に英会話をしなくてはならないとしたら，とたんに運転が危うくなるということは想像できるでしょう。これは英会話に処理資源のほとんどを奪われてしまい，運転に必要な分の処理資源が足りなくなったからです。逆に運転に必要な処理資源を先に確保すれば，英会話が全然成り立たなくなるでしょう。

従来の短期記憶の性質として主張されてきた「短期記憶で保持できる情報量

は7±2」というのは図4-3の音韻ループにすべての処理資源をつぎ込んだときの情報保持量であり，保持と同時に中央実行系でも「理解」「推論」などの処理を行えば，そちらでも処理資源を消費するため，音韻ループに回せる資源は減少し，その結果，保持できる情報量も7個より減ってしまうと考えられます。

わたしは<u>バス</u>で学校に通っています。

日曜日は一日中<u>お父さん</u>と遊びました。

ターゲット語：バス，お父さん

図4-4　小学生用リーディングスパンテストの例

（出所）　苧阪（2002）p.97より再構成したもの

以上のように，作動記憶の概念の特徴は「情報の保持と処理を同時に扱う」ことにあるのですが，「情報の保持＋処理」を同時に，どの程度まで行えるのかということを測るテストとして「リーディングスパンテスト」が考案されています（苧阪，2002）。

図4-4に示したような下線付きの文を一つずつ提示し，学習者はそれを音読しながら，下線部の単語（ターゲット語）を次々と覚えていき，最大で何文の単語を覚えておけるのかが問われます。提示文の音読という「読みの処理」とターゲット語の「保持」を同時に何文まで行えるのかを測定するのです。7歳児の平均は2.0ですが10歳で2.8程度になります。成人でも平均は3.0～3.5程度で，数字を用いた，受動的に覚えるだけの「数字スパン」が7±2になるのに比べ，かなり少ないことがわかります。

2-3　作動記憶の概念を学習指導に活かす

本節で説明してきたことを，教育場面に当てはめて考えてみましょう。典型的な学習場面では，学習者にとって新しい情報が教師によって伝えられることになります。その場合，子どもは新しい情報をたんに保持するだけではなく，その与えられた情報を保持しつつ，同時にその内容を深く理解したり，真偽判断を行ったりと，何らかの処理を同時に行うことのほうが多いといえますよね。

ここで教える側が注意すべきことは，新しい情報を一度にたくさん提示しても「一時的に覚えることすらできない」ことです。何かの手順を説明する際に，

「取りあえず一通り全体を説明してから，後で詳しく解説を加えよう」としても，覚えておくべき手順の数が３を超えると，もはや頭の中を通過するだけになりかねません。処理資源を「新しい情報の保持」のみに回せば，言われたことを頭の中に留めておくことは可能になるかもしれませんが，「理解を深める」ことはできませんから，リハーサルをやめたとたんに頭から抜け落ちてしまう可能性が高いのです。留意すべきは情報の個数だけではありません。たとえば授業中に教師はさまざまな指示を学習者に与えることになります。その指示が長すぎるなら，やはり音韻ループからはみ出てしまいます。先に挙げたリーディングスパンテストを用いた実験でも，読んでもらう文が長くなると，保持できる単語数が減るということが確認されています。そして，リーディングスパンテストのデータからうかがえるとおり，相手が小学校低学年であれば，一度にまとめて２文以上の情報量を聞き取り，理解することがすでに困難なのです。相手が大人でも，３文以上の情報について，同時に保持と処理することを求めるのは酷といえます。

さらに，リーディングスパンテストでは，たんに文を読み上げるだけの処理を求めているのですが，実際には深い読解や何らかの判断，作業を同時に求めることも少なくないでしょう。その場合には，中央実行系で行われる「処理」に割くべき処理資源がより多くなります。その分，情報の保持に回せる処理資源はもっと減るのです。昔から教育現場等でいわれてきた「一指示，一事項」はまさに的を射ているといえます。一つの指示の中に複数の事柄を含めないことや，複数の指示を同時に与えないことは，習慣化するほどに徹底した方がよいでしょう。さらに指示は板書するなどして「保持」する必要をなくすか，「指示を与える」ことと「作業をさせる」ことを，時間的に明確に区分するようにし，学習者が「指示の聞き取り」と「作業・処理」を同時に行わなくてもよいような状況を作ることができれば，なおよいでしょう。

ここまで，作動記憶の保持と処理の限界を考慮する必要性について説明をしてきました。しかしじつは作動記憶の負担を減らす最良の策は「情報を長期記憶と関連づける」ことにあります。新しい情報は保持にも処理にも多くの処理資源を必要としますが，既有知識（すでに知っている知識）になってしまえば，保持と処理の両方の負担を減らせるのです。そのためのアドバイスは次の第 5 章で詳しく説明しようと思います。

3　手続記憶の獲得は学習者自身の実演で

3-1　手続記憶とは

手続記憶の特徴

手続記憶とは，本章の第 1 節（図 4-2）でも説明したとおり，長期記憶の中でも運動技能や段取りなどの「手続き」に関する記憶です。ことばで表現することが困難ですし，言語によって他者に情報伝達することもできないのです。そして最大の特徴は，学習者本人の反復体験（練習）を通じてのみ，獲得可能であるということにあります。先にも少し触れましたが，「自転車の乗り方」という手続記憶を獲得する場合のことを詳しく考えてみましょう。私たちは生まれつき自転車に乗れるわけではありませんね。ある時期にかなり苦労して身につける「運動技能」の記憶ということになります。自転車に乗れるという人は，「自分がどうやって自転車に乗れるようになったか」をことばで表現してみてください。これはかなり難しいことです。仮に，苦労の末に言語化し，「自転車の乗り方マニュアル」を作成したとしましょう。それでも，自転車に乗れない人がそのマニュアルを読んで乗れるようになるでしょうか？　もちろん No！　ですね。そのマニュアルに書いてある文章内容を完璧に暗記したとしても，乗れるようにはなりません。すなわち，「自転車の乗り方」の「手続記憶」を習得したことにはならないのです。これが「手続記憶は言語によって情報伝達できない」ということです。自転車に乗れるようになるまでにはかなりの反復訓練を必要とするかわりに，一度，ある一定以上の水準で乗れるようになってしまえば，その手続記憶は長期間保持されます。10年ぶりであっても，それなりに自転車を乗りこなせるはずです。また，ある水準以上で獲得された手続記憶は，無意識的に利用可能です。自転車に乗っているときに，自転車の乗り方について意識していることは少ないでしょう。意識できないわけではな

表 4-1　手続記憶の分類

種類	関与している情報処理の内容	例
行動レベルⅠ	動作・運動過程	パソコンのキー操作 漢字の書き取り
行動レベルⅡ	日常生活行動過程	授業の進め方 ディスカッションの仕方
認知レベルⅠ	感覚・知覚過程	LとRの発音の聞き分け 古文・漢文の読み
認知レベルⅡ	記憶・思考過程	文章題の解き方・九九 長文の要約の仕方

（出所）　太田（1992）を改変

いのですが，下手に意識すれば運転がぎこちなくなるだけですね。

手続記憶の種類

手続記憶は，実際にからだを動かしたり活動を通じて経験を積む行動レベルのものと，表面的にはからだを動かしていないけれど，ある特定の処理を反復することで獲得される認知レベルのものとがあります。さらに表 4-1にはそれぞれのレベルをⅠとⅡとにわけて示してあります。レベルⅠよりⅡの方が情報処理の単位が大きくて複雑なものを表しています（太田，1992)。

先ほどの自転車の乗り方は，行動レベルⅠですね。「漢字の書き取り」も実際に手を使って覚える行動レベルⅠの手続記憶です。行動レベルⅡの例として，教師の「授業の段取り」について考えてみましょう。導入・展開・まとめという授業の流れや時間配分は，教育実習に臨んだときや初心者の頃は，かなり意識的に工夫をしないとうまくいかないものです。しかし，経験を積んで熟練してくると，授業の流れや時間配分は無意識的に適切にこなせるようになります。学習者の立場からいうなら，「問題の解き方」は行動レベルというより認知レベルの手続記憶です。算数・数学の文章題などは，例題にならって類題を多くこなすことで，「解き方」が身につくようになります。この行動レベルと認知レベルの分類は，手続記憶についての理解を深めるための便宜的なもので，実際にはどちらか一方の要素のみがかかわることは少ないでしょう。これらの手続記憶は，自転車の乗り方と同様に，教師がことばで説明したからといって，学習者が身につけることはできないのです。

手続記憶の特徴と学習者のメタ認知

学習者自身が反復体験して獲得する必要がある点が手続記憶の最大の特徴です。ただし，学習者がそのことを正しく理解しているとは限らないことにも注意した方がよいでしょう。自分の認知についての認知を「メタ認知」といいます（詳しくは，第7章を読んでください）が，メタ認知は年齢とともに発達すると考えられていて，とくに小学生は成人である私たちに比べ，メタ認知が不正確なのです。私たち成人が当たり前のこととしている「手続記憶の特徴」でも，子どもにとっては自明ではないかもしれません。たとえば私たちは「九九は何度も反復訓練しないと覚えられない」ことを当然のことと思っているのですが，九九を習い始めたばかりの児童自身にはまだその経験がないので，自明ではないかもしれません。意図的に，反復訓練できるような学習の機会を設定してあげることが必要でしょう（小学校低学年のときの，かなや漢字の書き取り練習のことを思い出してみてください）。

3-2　手続記憶の概念を教育場面に活かす

この節で説明してきたことを踏まえて，教える場面における注意点をまとめます。まず，授業のなかで新たに教えようとしていることが，「知識」として言語的に伝達可能なもの（＝宣言記憶。次の章で詳しく取り上げます）なのか，「技能」のように，体験的な習得が必要な手続記憶なのかを，教師自身が意識的に把握しておくことが肝心です。どちらの記憶に関連するのかによって，効率的な学習方法は異なるからです。

学習者自身の直接的な体験が必須

たとえば理科の実験で，「授業を効率よく進めるために」実験手続きを教師が実演して見せたとしても，学習者は十分にその手続きを獲得することはできないでしょう。さらに，学習者自身が実験を行う機会がなければ「獲得できていない」ことに（教師も学習者も）気づかず「わかったつもり」に陥る危険性が高いので要注意です。手続記憶が獲得されているかどうかは，実際にその手続きを再現してみないと確認できないのです。同様のことは，他の教科でも「教師が例題を解いてみせる」ことだけでは，その解き方が学習者に習得されているとは限らないという点で共通しています。体育や音楽，図工や美術などの科目については，いうまでもないですよね。

一度だけの体験では不十分

通常，一度体験しただけでは，その手続きを流暢に再現することは困難です。少なくとも何度か反復経験することが重要ですから，指導案の作成のときにも留意すべきでしょう。特別な道具・器具などを必要とする実験手続きなどでは，学習者本人が反復することに制約もあるでしょうが，認知レベル（表 4-1）の手続きであれば，授業時間外に宿題などで反復させたり，異なる授業や単元のなかで繰り返し体験させることも可能でしょう。いずれにせよ，獲得させたい技能を反復して体験できる機会を，学習者任せにせず，教師が意識的に設定することが必要です。

時間間隔をあけて反復を

実は手続記憶に限らず，宣言記憶にも当てはまるのですが，同じ回数をくり返し学習するのであれば，一度に集中して行うよりも，ある程度の時間をあけてから反復する方が，記憶の定着に優れるのです。これを分散効果といいます（第 5 章でも説明します）。手続記憶の獲得には反復学習が必要であることは何度も述べているとおりですが，さらに分散効果も取り入れるべきなのです。また，時間をあけて学習の機会を設けることで，学習者は「前にやったはずのことを意外と覚えていない」ことに気づけるようになります。そのことによって復習することの必要性を実感できるようになり，好ましい学習習慣を作り上げることにもつながるでしょう。

宣言記憶と手続記憶のバランス

手続記憶それ自体の機能は，じつは発達の初期の段階から十分に働いていると考えられています。乳幼児期の学習は主に手続記憶によるといっても過言ではないでしょう。一方，言語を使って獲得する宣言記憶は，その機能も年齢とともに発達します。小学生の高学年以降でないと，法則や定義，命題などの抽象度の高い情報を，純粋に言語によってのみ理解し，獲得できるようにはならないのです。したがって，小学校低学年の児童には，より手続記憶ベースで学習可能な，児童の直接的な体験を重視した授業計画をし，学年進行で徐々に言語的な説明の比重を増やすのが望ましいでしょう。逆にいえば，低学年の児童に言語的な説明のみを与え，理解できなくても本人が怠けているわけではないことを知っておくべきです。こうした発達の機序についても，本書の他の章で多面的に触れていますので，参照してください。

手続記憶を過大評価しない

手続記憶として獲得可能な「行為の単位」を過大評価しないことも大事です。たとえば，複数種類の花の名前をノートに何回も書き写したとしても，思い出せるのは「花の名前をたくさん書いた」ということまでで，各名称までは思い出せないと思われます。難しい漢字の書き取りであれば，その漢字自体を書いて再現することが求められるので手続記憶の役割が重要であり，書いて覚えることが有効なのですが，かな表記で思い出せればすむような情報なら，新たな書き取り訓練は不要です。つまり「薔薇」と漢字で書くためには書き取り練習が必要ですが，「バラ」という読みを覚えるのなら，「バラ」と書いて覚えたとしても，記憶は促進されないのです。むしろ，分類学的な情報や色・形などに基づいてグループ分けするなど，宣言記憶を活用する概念的な学習の方が望ましいでしょう（詳しくは第5章で）。

引用文献

Baddeley, D.A.(2000). The episodic buffer: a new component of working memory? *Trends in Cognitive Sciences*, **4**, 417-423.

⇨内容について知りたい人は，まず下記の苧阪（2002）を読むとよいでしょう。

太田信夫（1992）．手続記憶　箱田裕司（編）認知科学のフロンティアII　サイエンス社　pp. 92-119.

⇨手続記憶について，記憶を利用するときの「意識」を中心に解説しています。本書では触れませんでしたが，手続記憶を「潜在記憶」という無意識的な記憶の一種として取り上げています。潜在記憶研究についても詳しく述べています。

苧阪満里子（2002）．脳のメモ帳　ワーキングメモリ　新曜社

⇨作動記憶＝ワーキングメモリについて，入門的なレベルから丁寧に解説してあります。作動記憶に関する理論や実験データも豊富に紹介されていますから，心理学の専門書として読むのにも十分です。

Squire，L. R.　河内十郎（訳）（1989）．記憶と脳――心理学と神経科学の統合　医学書院（Squire, L. R.（1987）. *Memory & Brain.* New York: Oxford University Press.）

もっと詳しく知りたい人のための文献紹介

高野陽太郎（編）（1995）．認知心理学 2　記憶　東京大学出版会

⇨本書で取り上げている記憶についての説明は，心理学の記憶研究の成果のごく一部です。その全体像を把握するための入門書（入門書としては少し難しめですが）として広く読まれている本です。

高橋雅延（1999）．記憶のふしぎがわかる心理学　日本実業出版社

⇨別に心理学の専門書は読みたくないけど，記憶についてはもう少し知りたい，という方にお薦めの本です。いわゆる「読み物」なのですが，著者は記憶の専門家ですので，怪しい内容ではありません。逆にいえば，（どれがとはいいませんが）書店に置いてある記憶関係の How to 本の中には，根拠が明確でなかったり，著者個人の思い入れや先入観に偏ったものも少なくないので要注意です。

第5章　記憶の理論を活かす
――効果的な「覚え方＝思い出し方」

第4章に引き続き，第5章も記憶について学びます。本章では，言語的に記述できる宣言記憶である，意味記憶とエピソード記憶に共通する，いわゆる「効果的な覚え方」について見ていきましょう。

「どうすれば上手に覚えられるか」という問いは，「どうすれば上手に思い出せるか」という問いと表裏一体です。覚えようとしている，あるいは教えようとしている情報が，どのような場面で必要となるのかを抜きにして，「効果的な覚え方」について論じることはできません。そして，どのような場面で使うのかを考えることは，「何のために学ぶのか」を考えることにつながり，教育の本質に迫ることになります。

小手先の記憶術を駆使するという観点ではなく，より教育の本質に迫った観点から本章を読んでいただければと思います。

1　「文脈」を利用する

1-1　知識獲得のメカニズム：エピソード記憶から意味記憶へ

第4章で記憶の分類について説明したとおり，言語的に表現可能な記憶は宣言記憶と呼ばれます。宣言記憶のうち，意味記憶は一般的知識（定義・概念・法則等）に関する情報であり，心の百科事典のようなものです。もう一つの宣言記憶であるエピソード記憶は，個人の思い出の記憶で，心の日記帳のようなものであり，時間・場所など特定の文脈情報を伴って想起されます。たとえば，「平安京遷都は何年ですか？」という問いに対する答えは意味記憶です。それが西暦何年の出来事なのかという意味記憶は，いろんなルートで頭のなかから検索されます。もっとも一般的なのは「鳴くよウグイス平安京」というゴロ合わせによる思い出し方でしょうが，他にも前後の歴史的出来事から年代を特定することも可能です。一方，「昨日の夕食は何でしたか？」という問いに対する答えはエピソード記憶です。たとえば「カレー」というメニューが頭に浮かんだとします。しかしカレーが「一昨日の夕食ではなく，他でもない昨日の夕食だ」と確信をもつためには，カレーを食べたときの文脈情報が不可欠なのです。具体的には「いつ，どこで，誰と」カレーを食べたのかを思い出せれば，それが昨日であることの確信がもてます。逆に文脈情報が思い出されないのであれば，たんに好きなメニューが頭に浮かんだだけなのかもしれません。

学校教育に限りませんが，新しい情報は，まずエピソード記憶として覚えることになります。たとえば「昆虫の定義」をはじめて学んだ場合，最初のうちは「それを学んだ教室や本，教えてくれた先生」など，特定の文脈を伴って思い出されるでしょう。その後，複数の情報源（他の本等）で同様の情報を見聞したり，さまざまな場面で想起し活用することをくり返すうちに一般化・脱文脈化されていきます。つまり，特定の文脈を伴わなくても利用可能になり，すなわち，一般的知識である意味記憶として利用可能になるのです。したがって，新たな知識は，まずはエピソード記憶として獲得し易いよう工夫する必要があります。そして多様な文脈で知識を活用し情報検索の道筋を増やし，授業内だけでなく，日常生活でも活用できる活きた知識（意味記憶）につなげるための配慮も重要となるのです。

1-2 「覚える文脈」と「思い出す文脈」の一致の効果

先ほどから「文脈」という表現を使っていますが，学習したときの文脈と，思い出すときの文脈が類似していると，記憶は検索しやすくなるという大原則があります。ここで言う文脈とは，物語のあらすじというような意味ではなく，「覚えるべき情報に関連するもの」のすべてを指すことばです。たとえば「学校」を含む，いくつかの単語リストを覚えるとき，学校に関する他のことばも文脈になりますし，覚えようとしているときにイメージした学校の映像も文脈となります。学校の概念には直接関係なくても，覚えるべきリストの前後に提示されていた他の単語も文脈になります。さらには，覚えるべき情報とは直接関係ないように思える，「覚えたときの部屋のようす」「自分の気分や体調」なども，文脈として，後で思い出すときに有効な手がかりとなります。先に「昨日の夕食は？」という問いに答える場合を例示しましたが，「いつ，どこで」という情報は，夕食のメニュー自体には直接関係なくても，そのメニューを思い出すための有効な手がかりとなることは理解していただけると思います。

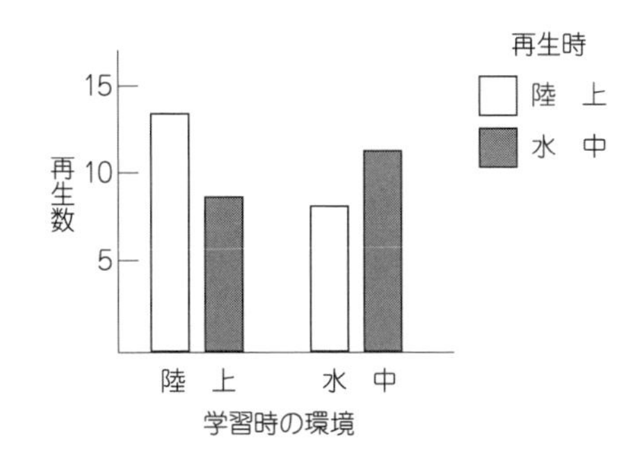

図 5-1　陸上と水中で学習した単語の再生

（出所）　Godden & Baddeley（1975）；図は，森（1995）より引用

そのことを端的に示す実験を紹介しましょう。ゴドンとバッドリー（Godden & Baddeley, 1975）はスキューバ・ダイビングのクラブの学生に，陸上と水中という二つの環境的文脈のもとで，いくつかの単語を学習してもらった後に，それぞれの環境的文脈で学習した単語の半分ずつを，「同じ文脈（例：陸上で学習→陸上で再生）」か「異なる文脈（例：陸上で学習→水中で再生）」で思い出してもらいました（図 5-1）。再生というのは，手がかりなしで思い出す記憶テストのことです。結果は一目瞭然で，陸上と水中のどちらで学習したとしても，思い出す文脈が一致している場合に成績がよいというものでした。このように，単語とは直接関係ない「環境的文脈」も記憶成績に影響を与えるということは知っておいた方がよいでしょう。

1-3　文脈効果の応用

以上のことを踏まえると，学習指導においてもいくつかの明確なアドバイスができるようになります。まず，勉強中に音楽をかけていたり，TV をつけっぱなしにしている人はいないでしょうか。自分の好きな音楽をかけていた方が気分が「のる」から，リラックスできるからなどの理由でそうする人がいたとしたら，要注意です。話を単純化するために，試験と試験勉強の関係を前提に説明します。試験中には，当然のことながら音楽はかかっていません。リラックスしている人よりは，適度に緊張している人の方が多いはずです。そのような「文脈状態」で効率よく思い出すためには，どういった文脈のもとで試験勉強すればよいのかは明白ですね。静かで，適度に緊張感をもった文脈で学習したことの方が，試験のときには思い出しやすいのです。スポーツでも，「試合は練習のときのことを思い出し，練習のときには試合のことを想定しろ」とよく言われますが，言い得て妙だと思います。

1-4 「書けば覚える」は本当か？

文脈効果は肝心の学習内容にも関連します。試験の形式（思い出し方）と学習の形式（覚え方）は，やはり似ているほど効果的です。論述形式で出題される場合と記号選択の場合とでは，効果的な勉強方法が異なるということは，経験的にも気づいている人は多いでしょう。ただしそれでも「誤った記憶法」を正しいと信じて用いている人も少なくありません。その代表格が「書いて覚える」という方法です。

表5-1は，さまざまな記銘材料を「見て覚えた」場合と「書いて覚えた」場合とで比較し，書いた場合にプラスの効果が見られた場合に○を付けたものです。×がついている場合，書くことがマイナスの効果をもたらしたというわけではありませんが，とくに効果的ではなかったのですから，言ってみれば「無駄な努力」をしていたことになります。表5-1を見てわかることは，あとで「書いて思い出すことが重要なもの」，すなわちアラビア文字や図形など，書くことの練習をしないと後で再現できないものは，「書いて覚えることに効果がある」ということです。それに対して，後で頭のなかで音や意味，概念などを思い出しさえすれば，それを筆記して報告すること自体には練習が不要なもの，たとえば，ひらがなや（平易な）漢字で構成された単語は，「それが何なのか」

表５-１　書いて覚えることにプラスの効果があるものとないもの

実験で用いた材料の種類	例			書くことの効果
漢字	委員	価格	目標	×
単語	そら	あみ	うた	×
無意味つづり	エウ	クケ	スセ	×
英単語	key	red	way	×
発音可能な英無意味つづり	wom	rul	jid	×
発音困難な英無意味つづり	jzp	ndx	vft	×
ハングル文字風の無意味図形	[illegible]	[illegible]	[illegible]	○
漢字風の無意味図形	[illegible]	[illegible]	[illegible]	○
アルファベット風の無意味図形	[illegible]	[illegible]	[illegible]	○
アラビア文字	ز	ش	ص	○
アラビア文字の読み方	ザール	シーン	サーダ	×

（出所）仲（1997）

を思い出すこと自体に難しさがあるのであって，思い出した単語を，ひらがなや漢字で表現すること自体には難しさはありません。このような場合には，書いて覚えるよりも，単語から具体的な対象をイメージしたり，ゴロ合わせをしたり，他の単語と組み合わせるなど，効果的な「符号化」の仕方は他にあります。ここで注意しておきたいのは，「漢字」「英単語」ならすべて書いて覚えても無駄というわけではないことです。まだ書き方を習得していない難しい漢字（例：薔薇，醤油）や，不規則な綴り方をする英単語などは，書いて再現できるようにするためには，書いて覚えることが有効でしょう。整理しますと，「書くパターン」の手続記憶を獲得すべき場合と，エピソード記憶・意味記憶として概念を覚えるべき場合とでは，効果的な学習方法が異なるということです。

では次に，効果的な符号化の方法について代表的なものを紹介していきましょう。

2　情報を豊富にし，関連付ける

2-1　エピソード記憶獲得に効果的な符号化とは

第４章でも述べたように，「丸暗記では，覚えられない」というのが記憶の

鉄則です。ここで言う丸暗記とは，理解を伴わない機械的な反復学習のことです。覚えるべき情報に，何度もくり返し接する（読む，見る）ことは覚えるための基本ですが，機械的・表面的な反復のみでは効果は上がらず，時間と体力の無駄づかいです。重要なのは，覚えるべき情報に対してどのような符号化を行うかです。符号化とは情報を「生」のままではなく，後から思い出しやすいように「料理」することです。たとえばゴロ合わせも符号化の一種なのです。符号化の仕方にはいろいろありますが，ここでは心理学の記憶実験を通じてエピソード記憶の獲得に効果があると実証されている「精緻化（情報をより豊富にし，学習者の既有知識に関連付けること）」について，代表的なものをいくつか紹介します。

2-2　既有知識の活性化

学習材料と関連する包括的・一般的文章のことを先行オーガナイザーと言います。先行オーガナイザーをあらかじめ提示しておくと，学習材料を精緻化するのに必要な既有知識（学習者が学習以前にもっていた知識）が活性化され記憶しやすくなります。先行オーガナイザーはかならずしも学習材料の要約でなくても，学習する内容に関連した日常体験や教訓，たとえ話でもよいのです。新しい情報を「理解する」というのは「自分の既有知識と結びつく」ということとも言えます。先行オーガナイザーを先に提示してもらうと，その後に続く新規な情報を「どのように理解すべきか」「自分の知っているどの領域の知識に関連付ければよいか」の構えができるので，速やかに適切に新規の知識が獲得できるのです。

このことは，とくに授業の導入に応用可能です。授業開始時に授業内容に関連した教師自身の体験談を話すなど，適切な方向付けをすれば，学習者に「自分の既有知識・体験とどう結びつけるのか」の枠組みを提供することになります。先行オーガナイザーを提示することは「答え」を教えることではありませんから，それによって学習者の興味や知的好奇心が損なわれるわけではありません。むしろ児童・生徒たちの興味・関心を収れんさせ，より深く考えたり高密度な議論を行うための観点を導入することができるのです。

お気づきだと思いますが，この教科書では，各章の冒頭に，その章で解説されていることの概要と，「どういった問題意識をもって読んでもらいたいか」を囲み記事として書いています。いきなり専門的な話題から読み始めるよりも，読者の皆さんにある程度の心構えをもっていただいて，理解を促進してもらおうという意図があります。

2-3　画像・イメージを利用する

たとえば記憶実験において具体的な対象物の名称を言語的に提示する（つまり，単語として提示する）場合と，同じ対象物の画像を提示する場合とを比べると，画像で提示した場合の方が成績がよくなります。この現象を画像優位性効果と言います。このとき用いる画像はかならずしも詳細な写真である必要はなく，単純な線画でも効果があることが報告されています。また，教師の側から画像を提示するだけでなく，学習者自身がイメージを描くことも同様の効果があります。こうしたイメージ化は記憶に限らず，文章読解上でも効果があることが知られています。

実際に学習者に新しい情報を教える場合には，学習者が十分にイメージしたり，そのイメージを操作できる（第８章参照）のであれば，「イメージしなさい」と指示するだけでも効果が期待できますが，相手が言語的な情報から自発的にイメージを描くことが困難な低学年の学習者であれば，教師側から具体的なイメージを提示することが重要になります。

2-4　豊富で深い処理を行うこと

上記の画像やイメージを利用する方法は，実際に目で見ることができる対象物を覚えるときには有効ですが，抽象的な理論であったり，論理規則を覚えるのには向きません。抽象的な情報にも応用可能なのが，覚えるべき情報に，たとえば因果関係などの豊富な言語的情報を付加し，論理的に安定させるやり方です。

たとえば「お腹がすいた男がネクタイをしめた」という文を覚える場合のことを考えてみましょう。この，ちょっと意味不明な文をそのまま「丸暗記」しようと思えばできないことはないでしょうが，似たような文を同時に複数覚えなくてはならなかったとしたら，ちょっと骨が折れそうだと想像できると思います。しかし，この文を「お腹がすいた男が（レストランに行くために）ネクタイをしめた」と，自分で内容を補えば，文も理解可能になり，上記の「イメージ化」も適用できるようになります。安定した情報になるので，後で思い出すことも容易になります。

このように，有益な情報を追加するやり方は他にもいくつかあります。

処理水準効果

情報は，表面的・形態的な浅い処理より，意味的・概念的な深い処理をされるほうが，よく覚えられます。表5-2に，単語を学習する記憶実験において，学習者に表面的な浅い処理をするよう方向付ける場合の質問と，意味的な深い処理をするように方向付ける場合の質問の例を示しました。

表 5-2　記憶実験において処理水準を操作する質問の例

処理のタイプ	単語例	質問例	処理の深さ
形態的・表面的	ツクエ	カタカナ表記ですか？	浅い
音韻的	インコ	キンコと同じ韻を踏みますか？	⇕
意味的・概念的	ミカン	食べられるものですか？	深い

同じ時間をかけて単語を学習するとしても，表5-2のように，与える質問によって，その単語に対する処理の「深さ」を変えてやると，深い処理を行っている場合ほど，あとから思い出しやすくなるのです。

たとえば，授業中に教科書を読む場合には，児童・生徒が何となくその時間を過ごしてしまうことのないように，あらかじめ「質問」しておくことが効果的です。しかし，その質問は何でもいいわけではありません。国語で物語を読む場合なら，「カタカナで書かれた単語に線を引きなさい」と指示したら，これは形態的・表面的な処理だけでできる，浅い処理になります。一方，「主人公の心の動きを表すことばに線を引きなさい」と指示するのであれば，意味的・概念的な深い処理を促します。見た目は同じ「線を引く」ですが，期待できる効果は異なります。

生成効果

他者から与えられた情報よりも，自分自身が生成した（考え出した）情報のほうが記憶に優れ，これを生成効果と言います。生成効果は経験に合致した現象でしょうが，間違った使い方をされることも多いので注意が必要です。授業でよく「穴埋めプリント」を使うと思いますが，これを活かすも殺すも使い方次第です。せっかくの穴埋めプリントも，教師が答えを言い，学習者がそれをただ書き込むだけでは無意味です（書くこと自体は記憶の獲得には貢献しないことは前述の通りです）。学習者自身に答えを生成させるプロセスを踏まなくては効果はないのです。仮に答えが間違っていても，きちんと正誤のフィードバックを行えば，答えを間違ったというエピソード自体がしっかり記憶され，結果として正しい答えも定着しやすいので安心してください。

ただし，学習者が小学校低学年であったり，学習者の既有知識が乏しい，新しい分野の知識を獲得する場面では，学習者自身が適切な答えを生成できないかもしれません。その場合には，「穴埋めプリント」の答えをいくつかの選択肢として提示し，そのなかから適切だとおもう答えを選んでもらうという「自己選択精緻化」を使うことができます。

いずれにしても，「与えられる情報を，何も考えずにそのまま暗記する」というやり方は，もっとも効率が悪いのです。学習者自身に考えさせるプロセスを経ることで，自然と学習者の既有知識と新しい情報とが関連付けられ，後から思い出しやすい記憶となるのです。

2-5　くり返すなら時間を空けて

一回だけ学習した情報よりも，何度かくり返し学習した情報のほうが記憶されやすいのは当然だと思うでしょう。ただし，同じ回数くり返して学習するのであれば，短期集中で連続してくり返す「集中学習」よりも，時間を空けてくり返す「分散学習」のほうが，より記憶しやすいのです。一般的に信じられているのとは逆の効果ですね。これは分散効果と呼ばれています。

短期間に集中して学習すると，たしかに充実感は得られますし，一度目の学習の直後にくり返して学習をするので，知識が定着しているような気になりますが，重要なのは，その記憶が長期の保持に耐えうるものになったかどうかです。いくら学習直後に達成感が高くても，忘却が早くては意味がないです。分散提示された情報の場合，二回目・三回目……の学習の機会に，以前に学習した情報の定着の程度について確認することが可能になります。「さっき覚えたはずなのに意外と忘れている」ことに気づけますから，反復提示されている間にも積極的な学習を行うことにつながるのです。

これを実際の学習場面に当てはめるなら，予習・授業・復習というサイクルでの学習習慣をつけることが効果的であると言えます。まず予習によって一回目の学習を行い，そこで理解し覚えたことを，時間が経過してから授業で確認し，さらに時間をおいて復習して定着を図るのです。

どのくらいの時間を空ければよいのかは，覚えようとしている情報の質や量，それぞれの学習の機会にどの程度の獲得がなされているかにもよりますから，一概には言えません。しかし，「完全に忘れる前に，もう一度」学び直すことが重要であることは間違いありません。中学・高校の定期テスト（中間・期末テスト）のとき，試験直前に一夜づけで覚えたことは，試験当日までは覚えていたとしても，その後に復習しないために，「今では」すっかり忘れている……そんな実体験をもっている人は少なくないのでは。

2-6　ここまでのまとめ

以上，主なもののみ紹介しましたが，他にもさまざまな精緻化があります。これらに対して「どの方法がもっとも効果的か」と問いたくなる気持ちはわかりますが，その問いは適切ではありません。学習しようとしている情報の質や，学習者の認知的能力によって，最適な精緻化は異なるのです。一本調子の授業に陥らぬよう，教師が学習指導上の方略として種々使いこなすことが重要です。

3　どの記憶を使うかで，教え方を工夫する

3-1　何を教えるか＝どの記憶を利用するのか

授業計画を立てる際に，単元あるいは一回の授業内で「何を」教えるのかを「どの記憶を利用して教えるのか」という発想で見直すことは，具体的な教え方を考案したり選択するうえで有益だと思います。

見かけ上は同様に「理科の実験」を行う場合のことを例に挙げて考えてみましょう。大事なのは，まず自分自身の授業の教育目標を明確に意識することです。「実験手続きを習得させたい」のなら，手続記憶の獲得のためには学習者自身の実演が不可欠です。一方，「実験結果を見せて授業の導入としたい」のであれば，教員による演示でも十分です。授業の教育目標が実験手続き自体の習得ではなく「実験結果から導かれる法則を知識として習得させたい」のであれば，その法則をきちんと言語的に定義して提示することが大事です。この場合，あくまでも記憶への効果という点に限って言うなら，児童自身の実験の実演は不要で，最終的に意味記憶として正しく定着するような教え方が望まれます（子どもの授業への参加を促すために実験を実演させるというのは，記憶の効果とはまた別の話です）。

3-2　記憶の種類にあった教え方を選ぶ

これまでに述べてきたことを，学習指導場面に当てはめて考えてみましょう。習得したい記憶と教授方法との関連を整理したものが，表5-3です。

授業内で教えたい内容が，法則や定義などの命題的なものであれば，それは意味記憶として獲得することが目標ということになります（表中の1）。体験や実験，観察などを通じてその内容についての理解を深めることはもちろん有効ですが，きちんと言語的に表現した形で整理して伝えないと，正確な命題として獲得することは困難かもしれません。すなわち，教科書やプリントなどの正確な言語記述に注意を向けさせることをおろそかにしないほうがよいでしょう。どんなによい体験的な授業をしても，体験させっぱなしで終わったのでは，

表 5-3　さまざまな記憶の習得と教授方法の例との関係

教授方法の例	記憶の種類		
	手続	意味	エピソード
1. 教科書・プリントの言語的記述によって説明	×	○	△
2. 教科書・プリントの図表によって説明	×	◎	○
3. 教員による操作のデモンストレーション	○	○	○
4. 教員の説明どおりに学習者が実習	◎	○	△
5. 学習者のペースで自由に実習	○	△	○
6. 教員が例題を出して学習者が実習	◎	○	◎
7. 学習者同士に教え合いをさせる	○	○	◎

（注）表中の記号は，それぞれの教授方法が，◎はかなり有効，○は有効，△は無意味ではないが他の手段のほうが有効，×はあまり効果が期待できない，ということを示す。
（出所）藤田（2006）を改変

学習者たちが各々勝手な解釈をしている危険性もあります。

さらに，法則・定義などを抽象的なままで伝達するよりは，具体的なイメージ（図表）と組み合わせて提示するほうが，記憶の定着に優れます（2）。記憶以前に，図表によって内容の理解も促され，一石二鳥です。このように書くと「当たり前ではないか」と思われるかもしれませんが，その「当たり前のこと」を教師がきちんと認知しておくべき，と言いたいのです。多忙のため教材準備がおろそかになりがちななかでも，「学習効果が上がる」という理論的な裏付けがあれば，「がんばって教材を作成しよう」という気持ちを喚起できるでしょうが，効果があるのかないのかわからない教材作成に労力をつぎ込むことは難しいからです。

一方，教えたい内容が実験手順や運動技能などの「手続き」であれば，いく

コラム　教師の責任

教える立場の人間がその責任を果たすためには，記憶の理論に通じておくことが重要だと考えます。なぜなら，成人である教師と子どもの間には発達的な段階差（第８章以降参照）があり，記憶に関しても同様だからです。言い換えれば，教師が自分の「記憶力」を基準に指導法を工夫しても，とくに小学生には適合しないことがあるのです。

我々大人は，何かを覚えるときに，方略という効率よく覚えるための戦略を使います（第６章参照）。もっとも基本的なのはリハーサル方略です。大人にとって使うのが当たり前の方略でも，５歳以前に使われることはほとんどなく，７歳を過ぎる頃から使用されるようになります。逆に言えば，小学校低学年ではリハーサルを自発的に行わない子がいるわけですが，簡単な訓練（覚えたいものをくり返し声に出す訓練）を行うだけで，リハーサルを行えるようになり，それに伴って記憶成績も向上します。

訓練前には記憶成績が悪かった「リハーサルを行わない子どもたち」が，簡単なリハーサルの訓練をするだけで，はじめからリハーサルを行っていた子どもたちとほぼ同等の成績を示すことができるようになったという研究があります（キーニー他，1967；ケイル，1993中に引用)。このことから読み取れることは「成績の悪い子のすべてが，生まれつき記憶能力で劣るわけではない」し，不幸にして「方略を獲得する機会に恵まれなかっただけ」ということです。教師が「記憶方略を意識した教え方をしてこなかったため」かもしれません。

強調したいのは，「リハーサル」という概念を知らない教師は上記のことに気づかない点です。教師が記憶の理論に通じていなければ，能力に見合った記憶力を発揮できない子どもが大勢出てくることになります。そのような事態を避けるためにも，記憶の理論について学ぶことは教師の責任だと考えています。

ら手続きを言語化（マニュアル化）したり，図解しても，学習者自身の実演抜きには確実な習得は望めません。言い換えれば，「多忙のなか，苦労して実験手続きの図解プリントを作成した」としても，その教材の学習効果は低いということです。「どれだけ熱心に教材を作成したのか」が教育効果に直結するわけではなく，やはり「学習効果の上がる教材を作ったかどうか」が問われるべきだと思います（念のために言っておきますが，熱心に教材を作ること自体は好ましいことだと思います)。その意味でも，記憶の理論を頭におきつつ，自分の伝えたい内容が，どの記憶にかかわるのかを意識することで，最適な教材や授業展開を「効率よく」選ぶことができるはずです。

引用文献

藤田哲也（2006)．心理学を活かした教育実践のために　井上智義（編）視聴覚メディアと教育方法 ver. 2　認知心理学とコンピュータ科学の応用実践のために　8章　北大路書房，pp. 135-155.

⇒本章の第3節で述べていることを，もっと詳しく知りたいという方はぜひお読みください。

Godden, D. R. & Baddeley, A. D. (1975). Context-dependent memory in two natural environments: On land and under water. *British Journal of Psychology*, **66**, 325-331.

ケイル，R.　高橋雅延・清水寛之（訳）(1993)．子どもの記憶――おぼえること・わすれること　サイエンス社（Kail, R. (1990). *The Development of Memory in Children.* 3rd ed. New York: W. H. Freeman.)

森敏昭（1995)．情報の検索と忘却　森敏昭・井上毅・松井孝雄（共著）グラフィック認知心理学　第2章　サイエンス社，pp. 35-56.

⇒本章で取り上げた以外にも，さまざまな記憶研究に関して図解つきで解説しています。入門者にお薦めです。

仲真紀子（1997)．記憶の方法――書くとよく覚えられるか？　遺伝，**51**，25-29.

もっと詳しく知りたい人のための文献紹介

本章の内容についてさらに詳しく知りたいという方には，第4章で紹介している記憶に関する本がお薦めです。その他，コラムで取り上げたような記憶の発達については，上記のケイル（1993）のほか，次の文献がわかりやすく，詳しいです。

高橋雅延（1992)．認知の発達　記憶の発達　多鹿秀継・鈴木眞雄（編著）発達と学習の基礎　4章　2節　福村出版，pp. 50-55.

第6章　学習方略
——子どもの自律的な学習を目指して

「学習方略」とは何を意味したことばでしょうか。「方略」は strategy の訳で，もともとは「戦略」というような意味です。すなわち，学習方略とは，「勉強をするための戦略」であり，よりわかりやすいことばで言うと「勉強を効果的に進めていくための方法」です。教育現場では，「勉強法」とか「学習スキル」という表現がよく使われますが，それとかなり似ているものです。実際のところ，「勉強法」や「学習スキル」と「学習方略」の違いは，それほどはっきりしていないように思います。区別している人もいるようですが，その区別が多くの人に受け入れられているわけではありません。ただ，同じ「勉強をするための方法」でも，心理学のモデルや理論に関連づけられるとき，「学習方略」と呼ばれることが多いように思います。この章では，「心理学」の観点から「勉強を効果的に進めていくための方法」を考えますので，基本的に「学習方略」という名称を使っていきたいと思います。

1　学習方略のタイプ

学習方略にはどのようなものがあるのでしょうか。学習方略にはいくつかの分類方法があります（表6-1)。これからそれぞれを見ていきましょう。

表6-1　学習方略のタイプ

認知方略	メタ認知方略	外的リソース方略
深い処理の方略：意味理解中心 浅い処理の方略：単純反復中心	自分の認知状態の把握や調整など	図書館・インターネットの活用や援助要請など

1-1 浅い処理と深い処理

もっともよく使われるのは，「浅い処理の学習方略」と「深い処理の学習方略」とを対比させた分類です。浅い処理の学習方略とは，単純な反復作業（リハーサル；第4章参照）などを中心とした学習の方法です。英語の勉強をするとき，意味も分からないままくり返し読んで，英文や日本語訳を丸覚えする学習者をよく見かけます。そういう学習者は浅い処理の学習方略を使用していると言えるでしょう。記憶の処理水準説（第5章参照）の観点から考えると，浅い処理の学習方略とは，形態や音韻レベルの処理しかしない勉強方法だと考えることができると思います。

一方，深い処理の学習方略とは，既有知識と関連づけて，意味を理解することに重点を置いた学習の方法です。英語の学習をするとき，英文を丸覚えするのではなく，その英文がどういう文法構造になっているのかをしっかりと理解しながら読み進めていく学習者もいると思います。そういう学習者は深い処理の学習方略を使用していると言えるでしょう。処理水準の理論で再び考えると，深い処理の学習方略とは，意味レベルの処理をする学習方略だと考えることができます。

マートンとセルジェ（Marton & Säljö, 1976）は，大学生を対象にしたインタビューの中で，学習方略にこの二つの種類があることを見出しました。以降，この分類に基づいて多くの研究がなされました。そして，とくに深い処理の学習方略を使用している人は，学業成績が高いことが分かっています。表6-2は歴史の勉強に関して，深い処理の学習方略を調べるための質問項目です。筆者が中学2年生を対象に授業を実施したとき，テストの直前にこの質問に回答してもらいました。そして，そのときの回答と，そのあとのテスト成績との関係を調べてみました。結果を図6-1に示しています。ここでは深い処理の方略①（表6-2参照）に関した結果を載せています。テストは2種類実施しましたが，いずれのテスト成績に関しても，深い処理の学習方略をとっていた人ほど高かったことが分かるでしょう。

一方，浅い処理の学習方略はあまりよくない学習方略だと思われがちです。

表6-2　歴史を勉強するときの深い処理の学習方略に関する質問項目

深い処理の学習方略①
- ・細かいことを覚えるより，大きな流れをつかもうとした
- ・「どうしてそのようになるのか」を常に考えた
- ・まず全体的な流れをつかんでから，細かい語句を覚えた
- ・できごととできごとの関係を理解することに重点をおいた

深い処理の学習方略②
- ・授業ででてきた事件や戦争について，その内容を理解しようとした
- ・ことばの意味が本当に分かっているかをチェックした
- ・語句は，それがどのようなことかを頭で確認してから覚えるようにした
- ・人名が出てきたとき，その人がどのような人で何をした人なのかを考えながら見直しをした

（出所）　村山（2003b）

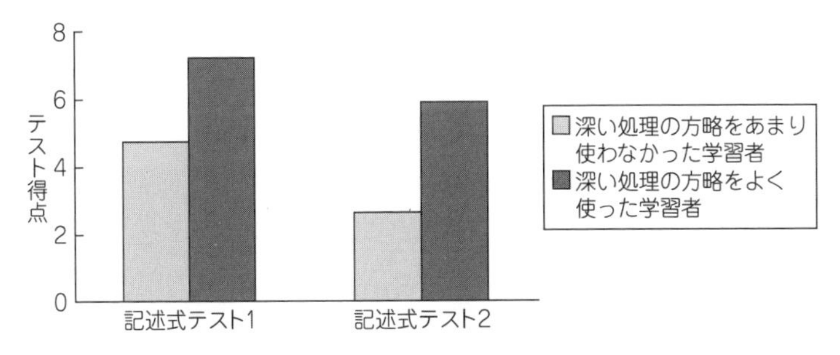

図6-1　深い処理の方略の使用の程度と，テスト成績との関係
（出所）　村山（2003b）のデータを再分析

しかし，そう単純でもありません。あとでもう少し踏み込んで考えてみましょう。

1-2　認知方略とメタ認知方略

浅い処理と深い処理の学習方略は認知的な活動に基づいた学習方略なので，「認知方略」と呼ばれることがあります。一方で，「自分が分かっているかどうかを確認してみる」ことや「分かっていないところを重点的に勉強する」ことのように，自分の認知的な状態を把握し（モニタリングし），それに基づいて自分の学習行動を調整する（コントロールする）ことも重要な学習方略です。こ

表6-3 メタ認知方略に関する質問項目

柔軟な方略使用
・勉強でわからないところがあったら，勉強のやり方をいろいろ変えてみる
・勉強をするときは，その日の用事を考えて勉強のやり方を変える
プランニング
・勉強するときは，最初に計画を立ててからはじめる
・勉強を始める前に，これから何をどうやって勉強するかを考える

（出所） 佐藤（1998）で使用した尺度の一部

れをメタ認知方略と呼びます。質問紙の項目の具体例を表6-3に載せます。メタ認知については第7章で詳しく紹介しているので，そちらもあわせて読んでください。

1-3 外的リソース方略

以上述べてきた認知方略やメタ認知方略は自分一人だけでも実施できる学習方略です。一方で，自分の周りにあるものや人を積極的に活用して学習することも，一つの学習方略です。たとえば，分からないところがあったら図書館やインターネットで調べてみたり，友人や先生に尋ねてみたりすることなどです。こうした学習方略は，「外的リソース方略」と呼ばれることがあります。外的リソース方略の中でもとくに，友人や先生に分からないところを質問したりすることを，援助要請行動と言います。

学習は一人だけで成し遂げられるものではありません。自分の周りにあるリソースを積極的に活用する外的リソース方略は，熟達した学習者になるために欠かせないものです。しかし一方で，外的なリソースに頼りすぎてしまうと，自分一人で考えることがおろそかになってしまい，学習者としての成長を妨げることもあります。実際，他者にただ質問をするだけで自分では考えようとしない援助要請行動は「依存的な援助要請」と呼ばれ，自律的な学習を阻害することが明らかになっています（Newman, 1994)。

1-4 学習は量だけでなく質だ！

学習方略にはいくつかの種類があることを見てきました。こうしたことを知ることで，教育実践にはどうした示唆があるでしょうか。ここで筆者が発したい一つの大切なメッセージは「学習は量だけでなく質が大切」ということです。たくさん努力をしているのに，なかなか成績が伸びない学習者を見かけることがよくあります。そういった人は，学習の量が足りないのではなく，適切な学習方略を使えていない可能性があります。たとえば，意味理解が大切な課題なのに浅い処理の学習方略しか使用していなかったり，一人だけではとても理解できないような課題なのに外的なリソースをうまく使いこなせていなかったりしていることが考えられます。そのようなときに，「もっと勉強しなさい」と勉強の「量」だけ強調しても，あまり意味がありません。「どういった学習方略をとっているのか」という学習の「質」に着目して，学習指導をしていく必要があるでしょう。もちろん学習の量が大切でないと言っているわけではありません。当然ですが学習の量は大切です。ただ，質を考慮しないで，量だけを強調するのは，学習者の成長のためにあまりいいこととは思えません。

2　学習方略の使用を支える要因

学習方略を使いこなせるようになるためには，学習方略を支えている要因を知ることが大切です。この節では，それを見ていきましょう。

2-1　方略知識

そもそもどういった学習方略があるのかを知らなければ，その方略を使いこなせるはずがありません。こうした学習方略に関する知識のことを，方略知識と呼びます。方略知識は，学習方略の使用を支えるもっとも基本的な要因です。ここで大切なのは，学習者はかならずしも自分で方略知識を発見して獲得できるとは限らないということです。私たち大人は，つい自分たちを基準にして，「これくらいの方略知識は子どもでも持っているだろう」と考えてしまいがちです。しかし，とくに小中学生くらいの学習者は，私たちが想像する以上に方略知識に乏しいことがよくあります。たとえば単純なリハーサル方略でさえ知らない子がいます（第5章のコラム（p. 83）参照）。方略知識は，もっと積極的に教えていく必要があるように思います。

2-2　手続き的知識

「こういう学習方略がある」と知っていても，それをうまく使いこなすことができなければ意味がありません。すなわち，学習方略を使用するためには，方略知識だけでなく，それを使いこなすためのスキルが必要になります。たとえば，「教科書を読むときには要点をまとめて書き出す」という学習方略が大切だと知っていても，いきなりはうまくできないのではないでしょうか。ある程度，くり返し体験してみて，その方略を使いこなすスキルを獲得する必要があります。このスキルを方略の手続き的知識と呼びます。ただし，すべての学習方略に手続き的知識が必要だとも限りません。ごく初歩的な学習方略（「単語を繰り返し読むことで覚える」など）には，手続き的知識が不要なものもあると思われます。

手続き的知識はただ教えるだけでは身につきません。実際に体験させることが大切になります（第 4 章の「手続記憶」と同じ性質です）。筆者たちは以前，高校生を対象に「学習法講座」という授業を実施しました（石川，2005）。その名前の通り，高校生に学習方略を身につけてもらおうという試みです。この講座では，学習方略を実際に使ってもらって，学習方略の手続き的知識を獲得してもらうことも，目的の一つでした。「実際に学習方略を使ってみる」という経験は，高校生にも新鮮で有効だったようで，講座が終わったあとの追跡調査でも，学習方略をしっかりと定着させている学習者が見られました。

2-3　有効性の認知とコスト感

いくら方略知識があって，手続き的知識を身につけていても，その学習方略が学習に有効だと感じられなければ，使ってみる気にはならないでしょう。このように，学習方略の使用には，その方略の「有効性の認知」が重要な役割を果たしています。一方，いくら有効だと感じている学習方略であっても，使うのが大変な場合には，結果としてあまり使われないままになってしまう可能性もあります。こうした「使うのが大変だ」という感覚を，学習方略のコスト感と言います。

これまでの研究で，有効性の認知が高い方略ほど使用され，コスト感が高い方略ほど使用されないことが明らかになっています。筆者は，ある学校で17個の学習方略に関して，「どの程度有効だと思っているのか」ということと「どの程度使用しているのか」という二つの質問をしました。その結果を散布図にしたのが図6-2です。一つひとつの点は，それぞれの学習方略を意味しています。明らかに，有効だと思われている（横軸の数値が大きい）学習方略ほどよく使用されている（縦軸の数値が大きい）ことが分かると思います。

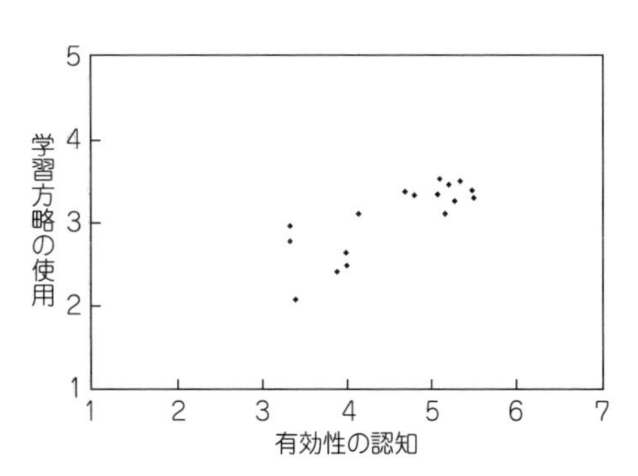

図6-2　学習方略の有効性の認知と使用との関係
（出所）　村山（2003a）のデータを再分析

それでは，学習方略の有効性の認知を高め，コスト感を低めるためにはどのような学習指導を行えばよいのでしょうか。学習方略の有効性の認知を高めるためには，「この学習方略を使ったら学習がうまくいった！」という実感を学習者にもってもらうことが何よりも大切だと思います。こうした有効性の実感は学習方略のコスト感も減らすことでしょう。つまり，学習方略のよさを学習者に体験し味わってもらうことが，学習方略の定着には重要だと考えられます。実際，市川（1993）は認知カウンセリング（第7章参照）という個別学習相談の事例の中で，学習方略の有効性を実感させることが，学習方略の定着に繋がったことを示しています。

2-4　条件知識

パリスら（Paris et al., 1983）は，学習方略を支える要因の一つとして条件知識というものを挙げています。条件知識とは，「その学習方略が，いつ，どのようなときに使えるか」ということに関する知識です。つまり，学習方略が効

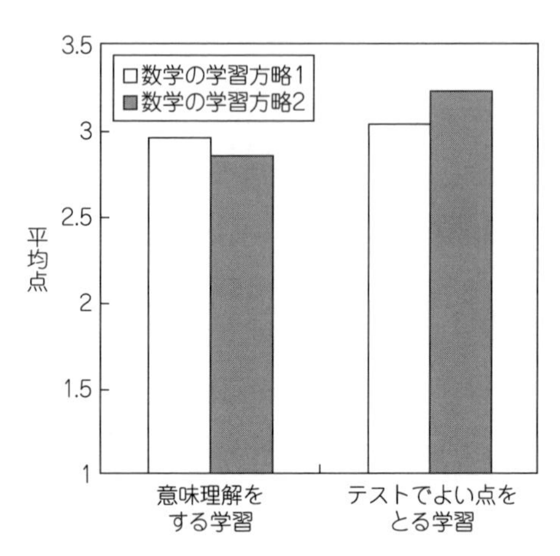

図6-3 「意味理解をする学習」の場合と，「テストでよい点をとる学習」の場合における，学習方略の有効性の認知の違い

（注）「数学の学習方略１」とは，「教科書や問題集の問題を解いてみて，わからなかったとき，すぐに答えを見ずに，時間がかかってもなるべく自分で解こうとする」という項目。「数学の学習方略２」とは，「教科書や問題集の問題を解いてみて，わからなかったときには，すぐに答えを見る」という項目。グラフは，それぞれの学習方略が「意味理解をする学習に有効」だと思われている程度の平均点（左側）と「テストでよい点をとるための学習に有効」だと思われている程度の平均点（右側）。取りうる得点の範囲は１点～５点。

果的に使える条件を示した知識です。

先ほど学習方略の使用を支える要因として，有効性の認知を取り上げました。条件知識という考えは，学習者が置かれている場面によって，学習方略の有効性が変わってくるのではないかということを示しています。有効性の認知という考え方を発展させたと考えることもできるでしょう。どのような場面にも有効な学習方略というものはありません。深い処理の学習方略はとても大切ですが，テキストがあまりにも理解できないような場合には，浅い処理の学習方略の方がむしろ有効なときもあります。わからない単語を調べるときも，インターネットで調べた方がいいときもあれば，辞書を引いてみた方がいいときもあるでしょう。どの学習方略にも，方略が有効に機能するための条件があるのです。このことは実証的なデータによっても支持されています。筆者は，学校の教師に，いくつかの学習方略に関して，「意味理解をする学習で有効かどうか」ということと「テストでよい点をとるための学習で有効かどうか」ということを質問紙で尋ねました[1]。その結果の一部が図6-3です。何のために学習するのかということによって，学習方略の有効性の認知が，異なっていることがわかると思います。

条件知識をつけることで，学習の過程で行き詰まったとき，どういった学習方略を使用すればいいのかを，学習者自身が適切に選び取ることができるようになるでしょう。また，まったく新しい学習場面に出くわしてもスムーズに適応することができるようになると思います。自律的な学習者になるために，条件知識は非常に重要な要因です。

条件知識を獲得するためには，学習方略をさまざまな場面で使ってみるトレーニングなどが必要だと思われます。実際の学習の文脈の中で，学習方略を使わせることも大切でしょう。このことは，他の要因に比べてかなり時間を要する作業だと思います。ガズリーら（Guthrie et al., 1998）は小学生を対象にした１年にわたる長期的な介入プログラムの中で，文章を読解し，そこから意味のある情報を見つけ出す方略を獲得・定着させることに成功しました。方略知識を直接教えると同時に，方略を使っている場面を観察学習（第１章参照）させるなど，とても多彩な活動を通して，学習方略の定着を狙ったプログラムでした。この研究は方略の条件知識に焦点を当てた研究ではありません。また，そもそも学習方略だけをターゲットとした研究でもありません。しかし，こうした多面的な介入を通して，学習者に豊かな学習方略の条件知識が獲得されたことは容易に想像がつきます。

2-5　効果的な方略指導は原因を見つけることからはじまる！

以上のように，方略使用を支える要因はたくさんのものがあります。学習方略を子どもに指導するときには，こうした要因を知ることが重要です。なかなかうまく学習方略を使うことができない学習者に出会ったときは，これらの要因のうちどれに問題があるのかをまず考慮する必要があるでしょう。ひとくちに「学習方略が定着しない学習者」と言っても，その背後にある原因には，さまざまなものが考えられるのです。

➔1　兵庫教育大学教育・社会調査研究センター「学習方略の問題を中心にした教科教育の在り方に関する調査」（研究代表者・吉田寿夫，未公刊）のデータです。筆者も，この調査の企画・実施に研究分担者として参加しています。

そして，たとえば方略知識の問題だと分かったならば，方略知識をしっかり教えます。条件知識に問題があると分かったならば，さまざまな学習場面の中で学習方略を使ってみるトレーニングをします。このように，原因をみつけ，その原因にあった学習指導をすることが大切だと思います。

3 学習方略の熟達

どのような学習者も，最初から学習方略を身につけているわけではありません。勉強の仕方について，誰もが最初は素人です。学習者として熟達していくにつれて，徐々に洗練された学習方略を使えるようになっていきます。こうした学習方略の熟達の過程を知ることは，学習方略の指導実践にも大きな意味があると思います。この節では，学習方略以外の分野の研究知見も援用しながら，学習方略がどのように熟達していくのかを見ていくことにしましょう。

3-1 使うように促すと使えるようになる：産出欠如

モーリィら（Moely et al., 1969）は，幼児が記銘方略（絵や言葉を覚えるために使用する方法）をどのように使用するかについて研究を行いました。そして，幼児の中に，自発的には言語的ラベリング（絵に言葉で名前をつけて覚えようとすること）といった記銘方略を使わないにもかかわらず，使うように促すとその記銘方略を使えるようになる子どもがいることを発見しました。こうした「自発的には方略を使用しないが，使うように促すと使えるようになる」段階を，産出欠如の段階と呼びます。

産出欠如は，記銘方略の発達に関する研究で提出された概念です。しかし，学習方略の熟達の初期にもよく見られる段階だと考えられます。この状態は，手続き的知識が必要ないくらい初歩的な学習方略であっても，方略知識やその学習方略に対する有効性の認知がなければ，自発的には使用されにくいということを示しているでしょう。この段階の学習者に対しては，方略知識や学習方略の有効性の認知を積極的に教示することが大切になってくると思われます。

3-2 使えるけれどもうまくいかない：利用欠如

記銘方略の研究では，産出欠如の次の発達段階として利用欠如の段階があると言われています。利用欠如とは，学習方略を自発的に使用するのですが，その方略をあまりうまく使用することができず，記憶成績に結びつかないような段階のことです。つまり，自分で使おうという意思はあるのだけれど，それをうまく使いこなせていない状態です（Miller, 1994）。

利用欠如は，産出欠如と同じように，記銘方略だけでなく学習方略でも見られる熟達の段階だと思われます。ここまで習ってきた言葉を使えば，「方略知識はあるけれども，手続き的知識がまだ十分に獲得されていない状態」だと考えることができるでしょう。学習方略の中には，使いこなすのが最初は大変なものがあります。たとえば，「どこがわからないかをチェックしながら勉強する」といったメタ認知方略を考えてみましょう。自分がどこを理解していないかをチェックすることは，そう簡単にできるわけではありません。その結果，「どこがわからないかチェックする」ことに気をとられすぎてしまい，一時的には学習の効率が落ちることが考えられます。これがまさに利用欠如の状態です。しかし，こうした作業をくり返しながら学習をすることで，徐々に「どこがわからないか」を的確にチェックできるようになり（手続き的知識の獲得），最終的に学習の質が高まることが考えられます。利用欠如の状態に陥っていると思われる学習者には，積極的に手続き的知識を教授していくことが大切でしょう。

3-3 複数の学習方略を場面に応じて使い分ける：柔軟な方略使用

利用欠如の状態も克服して，ある学習方略を効果的に使えるようになったら，学習者としての熟達はもう終わりでしょうか。けっしてそうではありません。学習者には次のステップアップの段階があります。それが「柔軟な方略使用」の段階です（Schunn et al., 2001）。

条件知識のところで少し述べましたが，場面によって有効な学習方略というものは違います。また，学習者自身の理解の程度などによっても有効な方略と

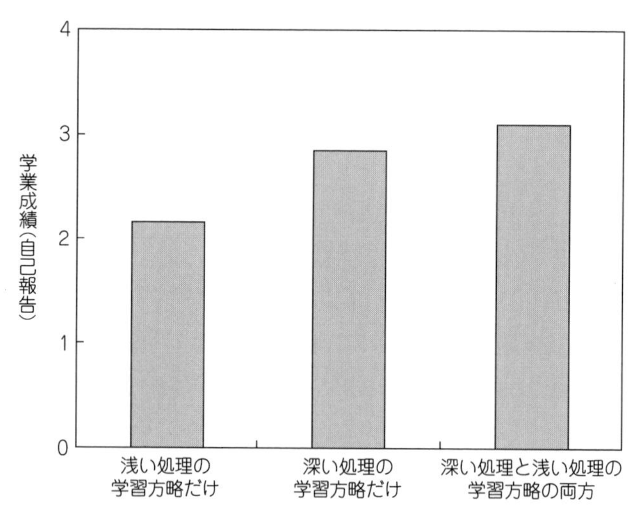

図 6-4　学業成績と学習方略使用のパターンとの関係

（注）　生徒を「浅い処理の学習方略だけを中心的に使っている人」「深い処理の学習方略だけを中心的に使っている人」「深い処理と浅い処理の学習方略の両方をよく使っている人」の 3 グループに分け，その人の学業成績（自己報告）を比較している。

いうのは違うでしょう。ある程度ついていけそうな授業のときには深い処理の学習方略が有効です。しかし，いくら聞いてもぜんぜんわからないような授業のときには，深い処理にこだわらず，とりあえずは浅い処理の学習方略を使用することも大切だと思います。まずは暗記から入っていって，そのあと意味理解に繋げていくのです。このように，熟達した学習者は，一つの学習方略に固執しません。いくつもの学習方略をレパートリとして持ったうえで，状況や必要に応じてうまく使い分けることが求められます。柔軟に方略を使用する人は，方略知識や手続き的知識を，条件知識とうまく組み合わせて活用していると言うことができると思います。

ここで大切なのは，柔軟に学習方略を使用する学習者にとっては，一般的にあまりよくないとされている浅い処理の学習方略なども，大切な学習方略のレパートリの一つになっていることがあるという点です。実際，筆者自身のデータでは，ある程度成績の高い人の中には，深い処理の学習方略だけでなく，浅い処理の学習方略も同時によく使用している人がいることが明らかになっています（図6-4）。教師が学習方略を指導するとき，「いい方略だけを教える」ということに目が向かいがちです。もちろん，そのような方略指導も大きな意味があると思います。しかし，「柔軟な方略使用」という視点に立つと，また別の方略指導のあり方も考えることができます。すなわち，「さまざまな学習方略のレパートリと条件知識（いつ，どういったときにこれらの学習方略が有効なのか）を積極的に教えていく」というものです。学習者の熟達化の段階によっては，こちらの学習方略指導の方が，効果的な場合もあるように思います。

3-4　目標を自分で管理して学習する：自己制御学習

現在，教育心理学の研究では「自己制御学習」ができる人こそが，もっとも理想的な学習者だとされています。自己制御学習とは，自分自身で学習の計画や目標を管理しながら，状況に応じて柔軟に活動を調整していく学習のことです。自己制御学習では，柔軟な学習方略の使用は大切な要素になります。また，それに加えてメタ認知方略のような，自分の認知的な状態を把握し計画を立てていくことがとても重要になってきます。さらに，学習への動機づけをうまく管理する（自分自身のやる気をうまく引き出して勉強をする）ことも，自己制御学習の大切な要素です（第2，3章も参照してください）。

このように，自己制御学習には，学習方略，メタ認知，動機づけというさまざまな要素が複合しています。したがって，学習者の自己制御学習を支援する場合に大切なのは，ただ学習方略の指導に留まらず，メタ認知や動機づけといった観点にまで気を配りながら指導をしていくことだと思います。

3-5　熟達化の段階を見定めて指導することが大切！

以上，学習方略の熟達化の段階を見てきました。この節で筆者がとくに伝えたいのは，「学習者の熟達化の段階を見定めて指導することが大切」だということです。たとえば，英単語がうまく覚えられなくて困っている学習者がいた

コラム　テストの形式によって学習方略が変わる

学習方略の有効性の認知を高めるために大切な要因として「テスト」が挙げられます。いくら教師が「意味理解をすること（深い処理の学習方略）が大切だ」と強調しても，テストが空所補充型問題のような浅い処理の学習方略で対処できるものだったら，深い処理の方略は学習者には定着しないでしょう。

筆者はテスト形式の違いが学習方略に与える影響を検討してみました（村山，2003b）。この研究では，中学２年生を対象にした社会科の授業の中で，毎授業後に小テストを実施しました。小テストの形式は，クラスによって違いました。あるクラスでは空所補充型テストを実施しました。もう一つのクラスでは記述式テストを実施しました。五回目の授業のあと，学習者が使用している学習方略を調べたところ，空所補充型テストを実施したクラスに比べて，記述式テストを実施したクラスでは深い処理の学習方略をより多く使っていることが分かりました。このことは，学習方略の使用には，その人が評価される「テスト」も影響を与えていることを示しています。学習方略を定着させたいと考えるならば，その学習者を評価するテストにも気を配る必要があるでしょう。

とします。そういった学習者にはつい英単語を効果的に覚えるための学習方略（語幹などを使って覚える）を教えたくなります。しかし，その学習者は利用欠如の段階であって，その学習方略をとっくに知っていて，うまく使いこなせていないだけかもしれません。逆に，利用欠如の段階はクリアして，柔軟な学習方略の使用が課題になっている学習者に，学習方略の手続き的知識だけを教えてもあまり意味がないでしょう。学習者に学習方略を身につけさせたい場合には，まず学習者がどの段階にいるのかを，しっかりと見極めてから，計画を立てることが重要になってくると思います。

引用文献

Guthrie, J. T., Van Meter, P., Hancock, G. R., McCann, A., Anderson, E. & Alao, S. (1998). Does concept-oriented reading instruction increase strategy-use and conceptual learning from text? *Journal of Educational Psychology*, **90**, 261-278.

市川伸一（編）(1993)．学習を支える認知カウンセリング――心理学と教育の新たな接点　ブレーン出版

⇨教育心理学や認知心理学の知見を，個別の学習指導場面で活かしていくための方法について記しています。具体的な学習指導のケースが豊富に描かれているため，とてもイメージが湧きやすく，教育実践に活かすには格好の書です。

石川将（2005)．「総合的な学習の時間」を利用した学習法講座　日本教育心理学会第47回総会発表論文集（市川伸一・藤澤伸介・植阪友理・石川将・山口由美子　自主シンポジウム「認知カウンセリングから提案する新しい授業のあり方」話題提供）

Marton, F. & Säljö, R. (1976). On qualitative differences in learning I: Outcome and process. *British Journal of Educational Psychology*, **46**, 4-11.

Miller, P. H. (1994). Individual differences in children's strategic behavior: Utilization deficiencies. *Learning and Individual Differences*, **6**, 285-307.

Moely B. E., Olson, F. A., Halwes, T. & Flavell, J. (1969). Production deficiency in young children's clustered recall. *Developmental Psychology*, **1**, 26-34.

村山航（2003a)．学習方略の使用と短期的・長期的な有効性の認知との関係　教育心理学研究，**51**，130-140.

村山航（2003b)．テスト形式が学習方略に与える影響　教育心理学研究，**51**，1-12.

Newman, R. S. (1994). Adaptive help seeking: A strategy of self-regulated learning. In D. Schunk & B. Zimmerman (Eds.), *Self-Regulation of Learning and Performance: Issues and Educational Applications*. Hillsdale, NJ: Lawrence Erlbaum Associates. pp. 283-301.

Paris, S. G., Lipson, M. Y. & Wixson, K. K. (1983). Becoming a strategic reader. *Contemporary Educational Psychology*, **8**, 293-316.

佐藤純（1998)．学習方略の有効性の認知・コストの認知・好みが学習方略の使用に及ぼす影響　教育心理学研究，**46**，367-376.

Schunn, C. D., Lovett, M. C. & Reder, L. M. (2001). Awareness and working memory in strategy adaptivity. *Memory & Cognition*, **29**, 254-266.

もっと詳しく知りたい人のための文献紹介

辰野千寿（1997）．学習方略の心理学　図書文化社

⇒学習方略についてのさまざまな知見を体系的にまとめてくれています。学習方略の分類から，その指導方法まで，とても分かりやすく書いているので，初学者にも読みやすいと思います。

市川伸一（2004）．学ぶ意欲とスキルを育てる――いま求められる学力向上策　小学館

⇒教育実践のなかで，学習方略や学習意欲といった考え方を実際に活かすためにはどうすればいいのかを分かりやすく記しています。本章で少し触れた「学習法講座」の出発点となった取り組みも紹介されています。

ガニエ, E. D.　赤堀侃司・岸学（監訳）（1989）．学習指導と認知心理学　パーソナルメディア（Gagne, E. D. (1985). *The Cognitive Psychology of School Learning*. Boston, MA: Little, Brown, and Company.）

⇒より基礎的な認知心理学の知見から，学習のメカニズムについて丹念に記している本。学習方略についての章もあり，本章とはまた違った観点で学習方略について考察をしています。

第7章　メタ認知と学習観
——学習を振り返り，コントロールする意義

大学で講義をしていると次のような現象に遭遇することがあります。いつも授業では一番前に座り熱心に聞いている学生がいます。こちらの言うことにいちいちうなずき，ノートもこまめに取っているようです。教える方としては，とてもありがたい学生です。ところが，いざ試験をしてみるとこのまじめな学生さん，とても悲惨な成績なことがあるのです。その一方で，最低限の回数しか授業には出てこないし，出席しても，それほどまじめに聞いている様子もないという学生がいます。ところが，いざ試験となると，かなりよい成績を取ってしまうのです。まじめに勉強しているけれども，成績のよくない学生。まじめに勉強している様子ではないけれども，よい成績を取ってしまう学生。この対照的な二人の違いはどこにあるのでしょうか？

この章では，「メタ認知」と「学習観」という考え方について解説します。おそらく皆さんが聞いたことのない言葉だと思います。聞き慣れないからといってあまり重要ではないんだろう，なんて速断しないでください。実は，先ほどの対照的な二人の学生の違いを明らかにする鍵は，この「メタ認知」と「学習観」という考え方にあるのです。せっかく一生懸命努力しているのに，いつも不本意な成績しか上げられない。こんなことが続けば，どんな学生でもいずれはやる気を失ってしまいますよね。「メタ認知」と「学習観」は，学業不振で悩んでいる学生にどのような指導をすればよいかを教えてくれる重要な考え方なのです。

1　メタ認知と学習

1-1　ボケとツッコミとメタ認知

テレビではお笑い番組が人気を集めています。最近は，一人だけの芸人（ピン芸人）が人気のようですが，オーソドックスなのは，二人の芸人がペアを組み，片方がボケ役，もう片方がツッコミ役を果たすケースです。ひとつ古典的な例を出しましょう。

ボケ　　：「あんた聞いた？　山田さん家のお嬢さん，空飛んじゃったらしいで！」

ツッコミ：「そやそや，アメリカまで飛んでってしもうたんやてなあ……って，あんたそりゃ，非行少女の間違いやろ！！！」

ボケ役は明らかな間違いや勘違いなど，おもしろいことを言ったり，笑いを誘うような所作を行ったりする役割です（この例がおもしろいかどうかはさておき）。この例では，ボケは「非行少女」を「飛行少女」と勘違いしたわけですね。一方，ツッコミ役はボケ役の間違いや勘違いなどを素早く指摘することで，ここが笑いどころですよということをお客さんに提示する役割を担っています。つまり，ツッコミ役はボケ役の言動を上からの視点で監視し，その間違いを指摘しているわけです。もしその監視がうまくできず，ボケ役の発言が勘違いであることに気づけなければ，ツッコミではなくて，ボケにボケで返すことになってしまい，笑いどころが不明瞭になります。

ボケ１：「あんた聞いた？　山田さん家のお嬢さん，空飛んじゃったらしいで！」

ボケ２：「えっ！ホンマ？　飛行機でか，それとも人力でか？」

このツッコミ役に似た働きが，私たち自身の心のなかにも存在します。自分自身の言動や思考を観察し，それにコメントしたり，必要があれば，それを軌道修正したりする部分です。たとえば，難しい本を読んでいるときに，「あれ？　ここは難しくて，自分はよく理解していないよなあ……。少し前の部分に戻って読み返してみよう」などと，自分自身の現状を把握したうえで，自分自身をコントロールしようとする働きです。こうした，自分自身を監視し，コントロールしようとする心の働きを，メタ認知と呼びます。

メタという言葉は「一段高い階層の」という意味ですから，メタ認知とは，「認知についての認知」，つまり自分自身の認知過程について認知することを意味します。ここで言う「認知」とは，知覚，記憶，学習，思考などを含む人間の知的活動全般を指します。

1-2　メタ認知はなぜ必要か？

ユーセンとレビー（Yusen & Levy，1975）の幼児の記憶についての研究は，学習においてなぜメタ認知が必要かを示した研究です。４歳児に10個の事物を覚えるようにお願いします。すると，半数の子どもが全てを覚えることができたよと回答していました。ところが記憶テストを行ってみると，実際に覚えていたのは，約３個に過ぎなかったのです。しかも，この結果を伝えても，子どもの自分の記憶力に対する自信は揺るぎません。ほとんどの子どもが，「別のやつでもう一度やって！　そうしたら全部覚えられるから」と言うのです。そして，実際にもう一度やってみても，やはり約３個しか覚えられないのです。

この研究の４歳児の状態は，メタ認知がまるで働いていない状態です。自分がどの程度記憶できているかを正しく評価できていませんし，そのために，別のよりよい記憶方法を試すこともしません。ですから，成績を改善することもできません。メタ認知が正しく働いていれば，「自分はあまりよく覚えることができていないし，今のやり方ではダメだから，別の方法を試してみよう」と考えることができます。

この章の冒頭で，一生懸命努力しているけれども成績があまりよくない学生と，努力しているように見えないけれども成績のよい学生という対照的な二人を取り上げましたね。むろん，なぜこうした違いが生じたのかについては，いろいろな可能性があります。その可能性の一つが，メタ認知が適切に働いているかいないか，にあるのです。メタ認知が適切に働いていれば，あるやり方で上手くいかない場合，別のよりよい学習のやり方に切り替えることができます。

そして，課題の要求に合った学習を効率的に行うことができるでしょう。ところが，メタ認知が適切に働かない場合，あまり学習が上手く進んでいなくても，その学習のやり方を他のやり方に切り替えることができません。あまり効率的でない学習法にしがみついたままであるため，努力をしているのに成績がよくないという効率の悪い状態に陥るのです。学習不振の原因にはいろいろなものがありますが，その原因の一つがメタ認知の欠如なのです。

1-3　メタ認知の仕組み

メタ認知の仕組みをもう少し詳しく見ることにしましょう。図7-1を見てください。この図7-1では，ある問題を与えられたときの認知やメタ認知の働きを示しています。図7-1を下から見ていきましょう。まず，「1＋1＝？」という問題・課題があります。これを見て，「1＋1は……2だ！」と答えを出します。問題を見て，回答を出すという心の働きが認知です。この認知活動を，一段上から監視し，コントロールするのが，メタ認知の役割です。

モニタリングとは，メタ認知が認知の状態を監視することです。監視した上で，「これは簡単にできたな」「ここは難しいな」「このままのやり方じゃダメだ」など，現状を評価することも含まれます。コントロールとは，モニタリングの結果をもとに，メタ認知が認知をコントロールすることです。たとえば，本を読んでいて難しい場所があった場合，「少し前に戻って，ゆっくり読む」ということをしたり，数学の問題などで，ある解法で上手くいかない場合に，別の解法で試したりするなど，メタ認知が，認知活動の目標や計画を変更することです。メタ認知によるモニタリングとコントロールをあわせて，メタ認知活動と呼びます。図7-1に示した情報の流れは一往復で終わるのではなく，コントロールした結果が上手くいっているのかをまたモニタリングして……というように，たえず循環しているのです。

適切なメタ認知活動を行えるためには，さまざまな知識も必要になります。読書の例で言えば，「難しいところをそのまま読んでも理解しにくい」，「難しいところがある場合，少しゆっくり読んだ方が理解しやすい」，「理解しにくい部分がある場合，少し戻って読み返すことも必要である」などの知識が必要ですね。メタ認知活動を適切に行うために必要な知識をメタ認知知識と呼びます。

メタ認知が有効に働くためには，メタ認知活動とメタ認知知識の両方が必要となります。このように，メタ認知とは，自分自身の学習プロセスを自覚的に振り返り，自らの力で改善していくことなのです。

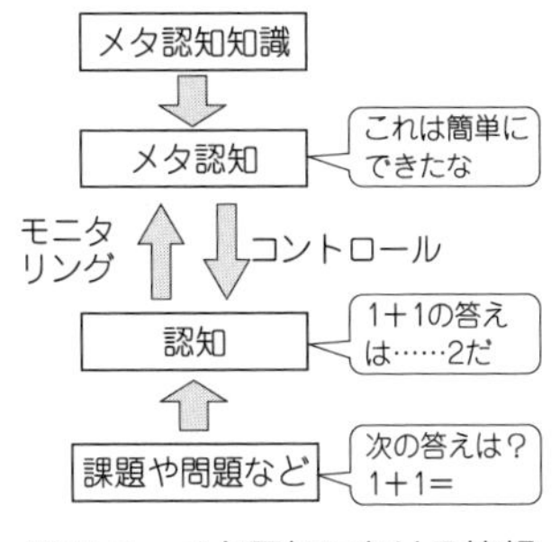

図7-1　メタ認知における情報の流れ

1-4　メタ認知の効果

このメタ認知を身につけることで，学習者の学習を改善したり，促進したりすることが，実際にできるのでしょうか？　メタ認知が学習を改善・促進することを多くの研究が示しています。カッツとボルコスキー（Kurz & Borkowski, 1987）の研究は，メタ認知の訓練を行うことで，文章の要約活動が改善されることを示しています。

小学校4～6年生の児童を三つのグループに分けて訓練を行いました。

a．文章要約訓練群：文章の題目の見つけ方など，文章の要約文を書く訓練を行ったグループです。通常の学校での教育方法と同じですね。

b．メタ認知訓練群：このグループでも文章の要約文の書き方は教えます。それに加えて，メタ認知の訓練も行いました。心の働きについて講義し，じっくり考えることが大事であることについて議論しました。また，自分の認知過程をモニタリングするやり方，より有効な方法を判断するやり方などメタ認知活動の訓練を行いました。

c．統制群：統制群とは，要は特別な訓練を行わないグループです。文章要約訓練群やメタ認知訓練群の効果を見るためにあるグループです。文章を読ませた上で，要約文を書かせるだけで，特別な訓練は行いませんでした。

統制群と比べ，文章要約訓練群やメタ認知訓練群の方が，訓練後の成績が改善されていることは，容易に予測がついたと思います。重要なのは，メタ認知訓練群は，文章要約訓練群以上に成績が伸びていたことです。つまり，たんに文章要約の訓練を行うだけでなく，メタ認知の訓練を行うことが，文章要約の成績を改善するのに有効だったということです。文章読解，作文，英文読解，数学，問題解決など，さまざまな領域でメタ認知訓練が有効なのがわかっています。

また，学業不振の改善という意味でも，メタ認知は有益です。メタ認知によって，いわゆる一般的な認知能力や基礎学力の不足を補うことができるようです。スワンソン（Swanson, 1990）は，小学 4， 5 年生を対象に，認知能力検査と基礎学力検査を行い，高能力群と低能力群に分けました。さらに，メタ認知知識のテストも行い高メタ認知知識群と低メタ認知知識群に分けました。そうすると，能力の高／低で 2 グループ×メタ認知知識高／低で 2 グループですので，合計四つのグループに分けたことになります。この子どもらに，以下の二つの問題を解かせました。一つは，いろいろな液体を組み合わせ，ある色の液体を作り出すという組み合わせ課題です。もう一つは，振り子の速さを変える原因を，糸の長さや重りの重さの中から見つけるという振り子課題です。

その結果，高能力・高メタ認知知識のグループの成績がもっともよいのは，予想通りなのですが，低能力・高メタ認知知識群もそれに劣らずよい成績をおさめていました。高能力・低メタ認知群の成績は，この二つのグループよりは悪いもので，低能力・低メタ認知群の成績に近いものでした。つまり，認知能力や基礎学力に問題がある学習者であっても，メタ認知のある学習者は，新しい問題に対する解決力が高いということです。基礎学力をしっかり身につけることが重要なのは言うまでもありませんが，メタ認知を教育することが学力不振を改善するための突破口になる可能性があるわけです。

1-5　メタ認知の教育

メタ認知を実際に教育するには，どうすればいいのでしょうか？　ここではスロー（Schraw, 1998）に基づき，三つの方法を紹介します。

メタ認知の重要性とモデルを教示する

学習者本人が自分の認知のプロセスを反省的に監視し，改善しようという意識がなければ，メタ認知を有効に使いこなすことはできません。ですから，第一に必要なのは，学習者自身がメタ認知の重要性を理解し，自分自身の認知過程を意識するようになることです。学習者にメタ認知の重要性を理解させるには，この章でこれまで扱ってきたことをレクチャーすることは欠かせません。メタ認知というものの定義やその仕組み，有効性などについて解説することが必要でしょう。

学習者が自分自身のメタ認知を意識的に使いこなせるようになるには，教師がメタ認知の使い方のモデルを示すことも必要です。心理学の研究方法の一つにシンキングアラウド法（thinking aloud method）というものがあります（原田，1999）。この方法では，学習者は，自分がそのときに考えていることを全てことばにして話します。メタ認知の使い方を教えるとき，教師は学習者の前でシンキングアラウド法を実演するのです。文章の読み方についてのメタ認知のモデルを示すのであれば，実際に文章を読みながら，「ここの部分は少し意味がわかりにくいなあ。なんとなく抽象的なんだよな……。でも，重要なことを書いてある部分だから抽象的な表現になってて，わかりにくいんだろうなあ……。この節はこれまで何について書いてあったんだっけ？　よし，少し前の部分に戻って読み直してみよう」とシンキングアラウド法を学習者の前で実演するのです。

メタ認知のモデルを示すのが，教師である必要はありません。学習者を小グループに分けた上で，学習者がお互いにシンキングアラウド法を使ってメタ認知のモデルを見せあうのも非常によいやり方です。学習者にとっては，自分とはかなりレベルのかけ離れた教師のモデルを見るよりも，自分自身と近いレベルにある学習者のモデルを見る方がより参考になることも多いからです。

いずれにしても，認知過程（どうやってその問題を解くか）だけでなく，メタ認知（自分の問題解決過程をどうモニタリングし，コントロールしているか）のモデルを示す必要があります。

表 7-1　文章読解におけるメタ認知知識

コントロール	どう使うのか？	いつ使うのか？	なぜ使うのか？
全体像をつかむ	見出し，強調されている単語，前書き，まとめを探す	長い文章を読み始める前	全体像をつかみ，注意配分に役立つ
ペースを落とす	立ち止まって，読み返し，情報の内容について考える	重要な情報が書いてあると思ったとき	注意配分をうまく行う
既有知識を活性化する	立ち止まって，自分がすでに知っていることについて考える。自分が知らないことは何かを問う	あまりなじみのない課題を読み始める前	新しい情報がより学習しやすくなる
情報の統合	主要なアイディアを関連付ける。そして，テーマや結論を理解するのに利用する	複雑な情報を学習したり，深い理解が必要なとき	記憶の負荷を低減する。深いレベルの理解を促進する
図式化する	主要なアイディアはどれかを見いだし，関連付け，主要なアイディアを支える細かい情報をリストし，主要なアイディアと細かい情報を関連付ける	お互いに関連する事実情報がたくさん羅列されているとき	主要なアイディアがどれか見いだすのを助け，記憶負荷を低減する

（出所）　Schraw（1998）

メタ認知知識を教える

メタ認知を教育するためには，メタ認知知識を教えることも必要です。教えるべきメタ認知知識は，教科や領域による違いのない領域一般的な内容もありますが，教科や領域によって異なる領域固有の部分も少なくありません。つまり，文章読解なら文章読解向けのメタ認知知識，作文なら作文向けのメタ認知知識，数学なら数学向けのメタ認知知識もあることになります。ここでは，文章読解におけるメタ認知知識について紹介しましょう。文章を読み，その内容を理解することは，ほとんどの教科の基本だからです。

表 7-1に，文章読解で利用するメタ認知知識を示します（Schraw, 1998）。この表 7-1は，文章を読んで理解するのを助けるメタ認知コントロールを，いつ，

なぜ，どのように使用すべきなのかを示しています。「いつ使うのか」は，メタ認知モニタリングと関連しています。モニタリングの結果，「これから長い文章を読む必要がある」場合には，「全体像をつかむ」というコントロールを行うことが望ましいですし，「重要な部分が書いてある」と思ったときには，「ペースを落とす」というコントロールを行うことが有効です。「どう使うのか」は，実際に具体的なコントロールの行い方を，「なぜ使うのか」は，そのコントロールが有効である理由を示しています。

実際に教育現場で利用する場合，一度にこの表7-1を覚えるように学習者に求めても，難しいでしょう。ですから，少しずつ新しいメタ認知コントロールの方法を教示し，この表を徐々に完成させていくのがよいでしょう。たとえば，最初の週にまずこの表の意味について解説します。そして，１か月ごとに新しいメタ認知コントロールの方法を教示し，実際に授業などのなかで使わせてみるとよいでしょう。毎週，メタ認知コントロールの実施について個人で内省したり，小グループで話し合ったりする時間を設けるのもよいですね。この内省の時間では，いつ，どこで方略を使うべきかなどについて，他の学習者と話し合いをさせることも有効です。

メタ認知活動を活性化させる

メタ認知の重要性を理解させ，メタ認知知識について教示したうえで，さらにメタ認知活動を活性化する方法があります。表7-2に示すような，メタ認知活動チェックリストを活用することです(Schraw, 1998)。

この表7-2では，計画，モニタリング，評価といったメタ認知活動について，どの程度自分ができているかを自分自身で評価するよ

表 7-2　メタ認知活動チェックリスト

計画
１．課題の性質は？
２．私の目標は？
３．どんな種類の情報や方略が必要か？
４．どのくらいの時間や努力が必要か？
モニタリング
１．自分がしていることを明確に理解しているか？
２．課題の意味がわかるか？
３．私は目標に近づきつつあるか？
４．私は今の状態を変更した方がよいか？
評価
１．目標を達成したか？
２．何が効果的だったか？
３．何に効果がなかったか？
４．次回は別のやり方をした方がよいか？

（出所）　Schraw（1998）

うになっています。計画は，何か課題を始める前に実行します。やみくもに課題に取り組むのでなく，課題を始める前に，課題の難易度を評価したり，方針を立てたりしておくことは，効率的な課題解決には欠かせません。モニタリングは，文字通り，課題解決中のチェック項目です。課題に取り組んでいる最中に，自分が行っていることを理解しているか，目標に近づきつつあるかを問い，もし問題がある場合に軌道修正すればよいわけです。評価では，課題に取り組んだ後，今回の課題解決がどうであったかを自己評価します。得られた教訓を，次の課題の解決に活かすわけです。

最初のうちは，このチェックリストを見ながら，「自分は今目標に近づいているか？」だとか「何が効果的だったか？」などを問うとよいでしょう。そのうちに，このチェックリストに頼らずに，自然にメタ認知活動ができるようになることが目標です。

とは言っても，学習者，とくに学習不振に陥っている学習者が，このチェックリストを自分で使えるようになるのは，難しいことかもしれません。認知カウンセリングと呼ばれる教育方法があります。認知カウンセリングとは，市川（1989）が提案している実践的教育研究活動です。学習や理解の問題で困難を感じている人に，面接や個別指導を行うことを通して，教育研究を深めるのが趣旨です。ただたんにわからないことをわかりやすく教えるだけではありません。学習者のつまずきの原因を探り，学習者の自立を促すことを目指しています。そして，この目的を達成するために，学習者の動機づけや知識構造，メタ認知などに着目します。

詳しくは市川（1993）などを参照していただきたいと思いますが，学習者の自立，つまり学習者の自己学習力を育てることが目的である以上，認知カウンセリングでは，メタ認知が非常に重要な要素です。自己学習が成立するためには，自分の理解度・到達度を自分で確認し，把握する力，すなわちメタ認知が不可欠だからです。認知カウンセリングでは，学習者がメタ認知を自然に身につけられるような支援も行います。たとえば，一回の学習相談活動が終了する直前に，何を学んだかを学習者自身に考えさせ，言葉で表現する活動を行わせます。認知カウンセリングでは，この活動を「教訓帰納」と呼んでいますが，先ほどのメタ認知チェックリストでいう「評価」と同じです。

つまり，認知カウンセリングでは，最初，認知カウンセラーがクライエント（相談者）のメタ認知の代わりをしてあげるわけです。そして，徐々にクライエントが，認知カウンセラーに頼らず，自分でメタ認知を活用できるように指導していくわけです。むろん，認知カウンセリングの目的は，メタ認知の育成だけではありませんが，こうした個別指導を通じて，学習不振に悩む学習者のメタ認知を育成し，学習不振改善の突破口とすることは十分に可能なのです。

2　学習観

2-1　学習観とは？

本節では，メタ認知と同様に，自分自身の学習を振り返るのに重要な考え方である学習観について解説していきます。

学習に対する態度や信念を学習観と呼びます。何かを学習するというのはそもそもどういうことなんだろうか，どのようなやり方がよい学習なんだろうか，どうすればもっと効果的に学習することができるのだろうか，といった個々人が学習というものに対して持っている態度や信念です。学習に対する信念や態度の何が問題になるんだろうか，と不思議に思う人もいるでしょうね。実は，学習観は，その人が実際にどのような学習の仕方をするのかと関連があり，結果として，学力に影響を与えてしまうものなのです。そうした意味では，自分自身の学習観がどのようなものであるかを知り，もし問題のある学習観を持っているのなら，それを修正するのが望ましいと言えます。

まずは，学習観をどのように分類するかについて考えてみましょう。学習観をどのように分類するかについては，さまざまな考え方がありますが，ここでは，植木（2002）による学習観の分類を紹介します。植木は，高校生の学習観を分析し，「方略志向」，「学習量志向」，「環境志向」の三つの学習観に分類できることを示しています（表7-3）。

学習量志向がともかく時間や量をかければ勉強はできるようになるという考

表7-3　三つの学習観

学習観	概　要
方略志向	学習とは自分でその方法について試行錯誤し，あれこれと工夫しながら進めていくもの
学習量志向	学習の量や時間を重んじ，反復練習によって学習は成立する
環境志向	効果的な学習環境に身を置くことで，勉強はいつの間にか身についてくる

（出所）植木（2002）

え方であるのに対し，方略志向と環境志向は，何らかの勉強のやり方が大事であるという考え方です。すでに死語かもしれませんが，いわゆる「ガリ勉」タイプの考え方が，学習量志向と言えるでしょう。方略志向と環境志向の相違点は，方略志向の高い学習者が，自らの試行錯誤を通して学習方法を身につけようとするのに対して，環境志向の高い学習者は，塾や教室といった「効果的な学習環境」に身を置けば，勉強はできるようになるという考え方です。

以上，学習観は大まかに三種類に分けることができます。時間をかけて沢山勉強すれば勉強はできるようになるという「ガリ勉」的な考え方の「学習量志向」，自分でいろいろと工夫して，なるべく効率的な勉強のやり方を探そうとする「方略志向」，よい塾やよい学校にいれば，そこの先生に効率的なやり方は教えてもらえるのだから，よい環境を探すのが大事と考える「環境志向」の三種類です。自分自身は，どの学習観が一番優勢だと思いますか？　また，周囲の人についても，この人はこの学習観，あの人はあの学習観などと観察してみるとよいでしょう。

2-2　学習観，学習方略，メタ認知

さて，ではこの学習観はどのようにその人の学習の仕方と関係してくるのでしょうか？　学習における効果的な学習方法を学習方略と呼びます（第6章を参照）。植木（2002）は，学習観が学習方略の使用とどのように関連するかを調べています。具体的には，記憶を行う際，ただ丸暗記するのではなく，自分がすでに持っている知識と関連づけながら覚えようとする「精緻化方略」と自分の理解状態をメタ的に自己監視する「モニタリング方略」を取りあげています。

精緻化については第5章で詳しく説明していますね。精緻化方略は，「有意

味化方略」と言い換えてもよいと思います。何かを覚えるとき，ただ丸暗記するのではなく，自分がすでに持っている知識などを応用しながら，意味づけをして情報を豊富にして覚えることです。たとえば，歴史年号のゴロ合わせが典型的な例です。難しい言葉が出てきたときに，自分自身でも分かるような言葉に置き換えるのも，有意味化ですね（「精緻化」方略を「有意味化」方略と言い換えたり，第5章で学んだ内容に関連づけたりするのも，その一種です）。

「モニタリング方略」は，前節で扱ったメタ認知活動のモニタリングそのものです。「問題を解いていて分からなくなったとき，自分はどこでつまずいているのか一度考えてみる」，「読んでいるときに，一度中断して，読んだ内容を確認しながら読み進める」といったやり方です。この二つの学習方略を使いこなせる学習者の方が，よい成績をあげられる傾向があることは言うまでもないことです。

植木（2002）は，三つの学習観とこの二つの学習方略の使用がどのように関連するかを，英語の長文読解を素材に調べました。その結果，学習量志向が高い学習者ほど，精緻化方略とモニタリング方略の両者を使用せず，方略志向の高い学習者は，逆に精緻化方略とモニタリング方略の両者を使用する傾向がありました。環境志向の学習者は，精緻化方略は利用するのですが，モニタリング方略は利用しない傾向がありました。

時間をかけてたくさん勉強しさえすればよいという考えの「学習量志向」が強い学習者は，精緻化方略やモニタリング方略といった学習方略を使わないわけです。それでも時間をかけてたくさん勉強していれば，ある程度成果は上がるかもしれません。しかし，勉強にたくさんの時間や努力をかけ続けることがいつまでもできるとは限りません。どこかでつまずいてしまえば，膨大な努力をかけているにもかかわらず，成果が上がらない状態がいやになってしまい，勉強そのものがいやになってしまうかもしれません。努力を続けることが可能だとしても，効率的な学習方略を使いこなしている「方略志向」の学習者に比べるとかなり効率の悪い勉強のやり方をしているわけです。せっかくの労力の一部を，学習方略の獲得にも向ければ，もっと成果は上げられるはずなのです。

興味深いのは，環境志向の学習者です。環境志向の学習者が，精緻化方略は利用しても，モニタリング方略は用いないということは，自らの学習過程をモニタリングし，コントロールするというメタ認知の働きを自らの外部の環境にゆだねてしまっているとも解釈できます。たしかに一般的な意味でのよい塾やよい予備校は，模試やテストという形で，児童や生徒がどういった段階にあり，何が弱点で，これから何をすればよいのかを懇切丁寧に教えてくれます。しかし，塾や予備校は一生面倒を見てくれるわけではありません。実際に，大学には何をどうやって勉強したらよいのかわからないという学生が少なくありません。そうした意味でも，自分自身の学習観について考えてみることは，学習者自身にも有益なことと言えるでしょう。

問題になるのは，学習者本人の学習観だけではありません。教師の学習観も問題になるでしょう。学習量志向の強い教師が，ただ時間をかけてたくさんの勉強をしさえすればよいというメッセージを学生に与え続ければ，当然，学習量志向の学生が再生産されることになります。学習者本人だけでなく，教師側も自らの学習観を見直し，メタ認知や学習方略の指導に習熟することが望ましいのです。

引用文献

原田悦子（1999）. プロトコル分析　海保博之・加藤隆（編）　認知研究の技法　福村出版　pp. 79-84.

市川伸一（1989）. 認知カウンセリングの構想と展開　心理学評論, **32**, 421-437.

市川伸一（編）（1993）. 学習を支える認知カウンセリング——心理学と教育の新たな接点　ブレーン出版

Kurz, B. E. & Borkowski, J. G. (1987). Development of strategic skill in impulsive and reflective children: A longitudinal study of metacognition. *Journal of Experimental Child Psychology*, **43**, 129-148.

Schraw, G. (1998). Promoting general metacognitive awareness. *Instructional Science*, **26**, 113-125.

Swanson, H. L. (1990). Influence of metacognitive knowledge and aptitude on problem solving. *Journal of Educational Psycholgy*, **82**, 306-314.

植木理恵（2002）．高校生の学習観の構造　教育心理学研究，**50**，301-310．

Yusen, S. R. & Levy, V. M. (1975). Development changes in predicting one's own span of short-term memory. *Journal of Experimental Child Psychology*, **19**, 502-508.

もっと詳しく知りたい人のための文献紹介

三宮真智子（1996）．思考におけるメタ認知と注意　市川伸一（編）認知心理学4　思考　東京大学出版会　pp. 157-180．

第8章　発達の理論
――発達を見つめる枠組み

みなさんは，「発達」というと，どのようなことが思い浮かびますか？　生まれたばかりの赤ちゃんが，だんだんと成長していき，大人となっていく様子がイメージされるかもしれません。しかし，何歳頃にどのようなことができるようになるのかを，すらすらと説明できる人はあまりいないのではないでしょうか？　説明できたとしても，それらが教育的にどのような意味をもつのかまでは，考えたことはないのでは？

この章では，教育心理学で扱われる発達の理論のエッセンスを紹介します。人間の発達過程は，いくつかのまとまった発達段階としてとらえることができ，何歳頃にどんなことが可能になっていくのかという一般的な体系を知ることができるはずです。これらの知識は，この章はもちろん，次の第9章以降を理解するうえでの基礎にもなります。

次に，こうした発達の理論が，教育実践の場面でどのように役立つのか，その際に教師はどのような点に注意を払えばよいのかを見ていきましょう。また，発達の理論は，応用場面が広いですので，自分でもいろいろな可能性が考えられることでしょう。

1　教育心理学における発達

1-1　なぜ教育心理学で「発達」について学ぶのか

一般に我々は，自分自身の経験や身近な人間の様子など限られた事例のみで発達の過程を理解しています。このことは，教職志望の学生や経験の浅い教師にとっても同様で，人間の発達の機序をよくわかっていない，もしくは誤って理解していることが多いようです。このままでは，実際に教壇に立つことができたとしても，生徒に「自分たちのことを理解してくれない教師」といった負の印象を抱かれるかもしれません。したがって，適切な教育を行うには，教育の対象である子どもの発達過程や年齢に応じた心理的な特性を詳細に知っておく必要があるのです。このような理由から，「教育心理学」で発達の理論を学ぶことが要求され，学生は，何歳頃にどのような物事の認識が可能になるのかを基本的な知識として得られます。すなわち，子どもたちを理解するための視点や枠組みを豊富にすることができます。それらを教育実践の場面に応用することで，教授学習場面で有効な教材は何か，どうすればわかりやすくなるのかといった具体的な問題に対しても，多様な視点を得ることができるのです。

もちろん，発達の理論を体系的に学ばなくとも，実際に教壇に立って経験を積んでいくことで，このような知識を獲得することも可能かもしれませんが，そこに至るまでに，経験だけではかなりの時間と試行錯誤をすることが予想されます。また，意図的ではないにせよ，試行錯誤の過程では，多くの子どもに何らかの不利益な影響を与えてしまう危険性もあります。発達の理論を知ることで，たんに子どもを見る目が豊かになるだけでなく，このような時間と試行錯誤の過程のかなりの部分を避けることができ，現場の経験が少なくても，より適切な教育を行うことができるのです。

1-2　心理学における発達段階の区分

発達過程には，連続する量的変化をとらえる方法と，ある時期に特有の質的変化をとらえる方法があります。前者は，横軸に年齢，縦軸に目的とする発達の指標を取り，年齢の関数としてグラフにした「発達曲線」で表現されることが一般的です。後者は，ある視点に基づいて顕著な特徴や機能の変化に注目し，段階設定します。発達過程を段階としてとらえる場合，どのような文化や社会でも発達段階の出現順序は一定であり，どの領域においても同様の質的変化が起こると仮定されます。

ここでは，顕著な特徴のまとまりを理解しやすいという点で，教育現場でより有用と思われる質的変化に注目してみましょう。一般に発達心理学では，発達段階の区分として，「出生前期」，「新生児期」，「乳児期」，「幼児期」，「児童期」，「青年期」，「成人期」，「老年期」を想定しています。

出生前期は，受精卵が子宮内膜に着床してから新生児として出生するまでの約280日間とされ，胎児期（厳密には，受精後9週から出生まで）と同義に用いられる場合もあります。人間の基本構造が作り上げられる時期です。

新生児期は，出生後4週間までとされ，母親の胎内から出て，自力で呼吸，体温調節，消化などを行い，外界に適応していく時期です。発達的には，特定の刺激に対して体の一部が定型的に反応する「反射」が重要とされています。

乳児期は，生後1歳半頃までとされ，身体的には，ハイハイを経て，歩行へとつながる時期です。心理的には，ことばの基本となる発声が発達する時期と言えます（詳細は，第9章を参照）。

幼児期は，1歳半頃から小学校に入学する6歳頃までとされ，身体的には，走る，跳ぶ，投げるなど基本動作が確立していく時期です。心理的には，話しことばの基礎が確立され，言語による基本的なコミュニケーションが可能になる時期といえます（詳細は，第9章を参照）。

児童期は，小学校に通う時期で，6歳頃から12歳頃までとされています。身体的には，幼児期に続き運動能力がますます発達していく時期です。心理的には，さまざまな論理的な思考が可能になるとともに，就学により，読み書き能力や計算能力の基礎を形成していく時期といえます（詳細は，第10，12章を参照）。

青年期は，中学校に通い始める12歳頃から始まります。身体的には，第二次性徴が発現します。心理的には，自己の適性が発見され，性意識が目覚めていく時期です。その終わりは，就職と結婚が決まる頃を重視する見方もありますが，ライフスタイルの多様化により，おおむね20代後半頃とされています（詳細は，第13章を参照）。

成人期は，青年期に続くもので，個人が社会から一人前だと認定される段階以降であり，20代後半から60代頃までとされています。配偶者を得て，家族を形成し，子どもの教育や仕事を経て，社会的責任を全うしていく時期です。

老年期は，成人期に続く人間の生涯の最後の時期です。これまでは心身ともに衰退していく時期と考えられていましたが，知能や記憶も種類によっては高齢まで維持されることがわかってきています。

2 ピアジェの認知発達の理論

2-1 ピアジェ理論の基本概念

前節では発達心理学における一般的な発達段階の区分を紹介しましたが，本節では，あらゆる教育場面の根幹をなす「物事の認識」に関する発達過程に重点を置いた発達段階を考えてみましょう。認知発達を包括的に捉えた研究者としてピアジェ（Piaget, J.）がいます。

基本概念

ピアジェの発達理論は，非常に広範かつ深遠な理論なのですが，その基礎を理解するには，「シェマ」，「同化」，「調節」，「均衡化」，「表象」，「操作」といった概念を頭に入れておく必要があります。シェマとは，物事を認識するうえでの行動や思考の枠組みのようなものを指します。同化とは，すでにもっているシェマに基づいて新たな情報を取り入れていくことを指し，調節とは，すでにもっているシェマでは対応できず，新しいシェマに変えることで情報を取り入れていくことを指します。これらの用語を，具体例を挙げて説明しましょう。

たとえば，表象的なシェマに注目してみます。ある子どもが「水中でヒレを使って泳ぐ動物は魚類である」というシェマを持っているとしましょう。そのときに，はじめてサメを見たとすると，サメはシェマに合致しますので，「サメは魚類である」と認識されます。これが同化です。次に，その子がはじめてマンボウを見たとしましょう。一般的な魚と比較すると，マンボウは前半分の体しかないように見え，違和感が生じると思いますが，水中に生息し，えらで呼吸を行い，手足はなくてヒレを使って移動することから，その子の持つシェマに合致し，「マンボウも魚類である」と認識されるはずです。これも同化といえるでしょう。

これに対して，その子がはじめてイルカを見たとしましょう。イルカは水中に生息し，ヒレを使って移動することから，外見上は魚類と類似しており，「イルカも魚類だ」という誤った認識をするかもしれません。しかし，イルカは，肺で呼吸を行い，乳で子どもを育てる「哺乳類」であることがわかれば，「水中でヒレを使って泳ぐ動物は魚類である」というシェマでは矛盾が生じ，対応できなくなります。そこで，このシェマを「水中でヒレを使って泳ぐ動物は魚類だけでなく，哺乳類もいる」と変化させることになります。これが調節です。

外界に対する知覚が既存のシェマに適合するときはバランスがとれた状態ですが，既存のシェマでは対応できないときはバランスがとれていない状態です。このままでは「認知的な葛藤」により不快になりますので，外界を理解するため，調節によって新しいシェマを生み出し，認知的なバランスを取ろうとするはずです。これが均衡化です。

次に，操作とは，「行為が内化されて表象されたもの」を指します。ここで，「表象」とは，ある対象に対する心のなかのイメージのようなものです。たとえば，「りんご」ということばを聞いたときに，リンゴの実物に近い映像的なものか，それとも言語的なものかはさておき，みなさんは心の中にリンゴに対する何らかのイメージが生じることでしょう。これが表象なのです。それでは，その心のなかの，すなわち表象上のリンゴの皮をむいてみてください。できましたか？　これは，実際の行為ではなく，表象上での行為です。これが「行為が内化する」ということであり，操作となるのです。他にも，たとえば，リンゴを二つ持っているときに，さらに三つのリンゴをもらうと，何個になるかを考えるとしましょう。幼い頃は，指でさしたりして数えるはずですが，やがて指でさすという外的な行為に頼らなくても，頭のなかで暗算ができるようになります。このような暗算も，行為が内化されたものであり，操作の一つと言えるでしょう。

2-2 ピアジェの発達段階

ピアジェは，表象が可能になる時期やどのような操作が可能になるかの水準をもとに，「感覚運動期」，「前操作期」，「具体的操作期」，「形式的操作期」という大きく四つの段階から構成される発達段階を提唱しました。

感覚運動期

感覚運動期は，０～２歳頃とされ，見るや聞くなどの感覚を通して事物を認識し，それらの事物に運動動作によって直接働きかけていく時期です。発達心理学の区分で言えば，主として新生児期と乳児期に相当します。

この時期での外界の認識は，感覚と運動のシェマに依存しており，目で見たり耳で聞いた刺激に対して，手足を使って直接的に反応します。すなわち，最初のうちは刺激と反応が，言語や表象をほとんど介さずに結びついています。しかし，しだいに表象が成立していく時期でもあります。表象できるようになれば，目の前に存在しないものについても心のなかで思い浮かべられるようになります。この表象の成立は，「対象の永続性」を子どもがどれだけ理解しているかによって判断することができます。

対象の永続性とは，対象が視界から消えても存在し続け，同一の特性を保持することを指します。たとえば，目の前にあるおもちゃに布をかぶせられて見えなくなったとしても，我々はそのおもちゃが布の下に存在し続けていることを理解しています。ところが，感覚運動期の初期の赤ちゃんは，布で隠されておもちゃが視界から消えると，そのおもちゃが存在しなくなったかのような反応をするのです。これは，心の中に（おもちゃの）表象を完全には形成できていないからであると考えられます。発達が進むにつれて，部分的に隠されたものであれば布を取り払っておもちゃを手にすることができるようになり，最終的には１歳半頃から，自分が見ていないときに完全に隠されたものでも「布で見えないけど，そこにおもちゃがあるはずだ」と認識できるようになるため，探索行動が現れるようになります。すなわち，対象の永続性の理解が達成され，一般的な表象が成立します。

前操作期

前操作期は，２～７歳頃とされ，感覚や身体運動を通じてのみ外界を認識する状態から，表象を使って外界を認識する力が発達してきます。すなわち，表象上でシェマが使われ，発達するようになります（前述の魚類のシェマの例は，表象的なシェマの例といえます)。ただし，具体的な対象であっても，「操作」がまだあまりできず，論理的な思考が不十分な時期です。発達心理学の区分でいえば，主として幼児期に相当します。

この時期の第一の特徴は，さまざまな表象が可能になり，あるもので別のものを表す「象徴機能」が出現することです。たとえば，ままごとなどの「ごっこ遊び」は，目の前のもの（枝，砂）を使って，別のもの（箸，ごはん）を表す象徴機能によって成立します。この象徴機能が備わってくることで，ことばを使うことができるようになるのです。また，「りんご」ということば（音や文字の組み合わせ）は「リンゴ」そのものではありませんが，「リンゴ」を表したものである，ということが理解できるようになります。このような発達が顕著である前操作期の前半の２～４歳頃を，「象徴的思考段階」と呼びます。

第二の特徴は，ある程度の論理的判断が可能になってくるものの，直観的な判断にとどまり，対象の一番目立つ特徴によって判断を誤りやすいということです。そのため，「保存課題」で間違う傾向があります。「保存」とは，対象のみかけが変わっても対象の性質は変化しないという概念のことです。「数の保存課題」を例に説明しましょう。おはじきを等間隔に２列に並べて同じ数であることを確認させた後に，子どもの見ている前で，一方の列の間隔を広げるとします（図8-1)。ここで，「どちらのほうが多いかな，それとも同じかな？」と聞くと，前操作期の子どもは，間隔を広げた列のほうが，端から端までの距離が長くなった点にのみ注目してしまい，間隔を広げた列のほうが多いと答えるか，おはじきの密度にのみ着目してしまい，元の短い列のほうが多い，と答えてしまうのです。我々にとっては「間隔を元に戻せば最初の状態に戻る（可逆性の論理)」ので，同じ数であることは明白です。あるいは，「途中でおはじきを足しても引いてもいない（同一性の論理)」とか，「間隔は広がったが密度

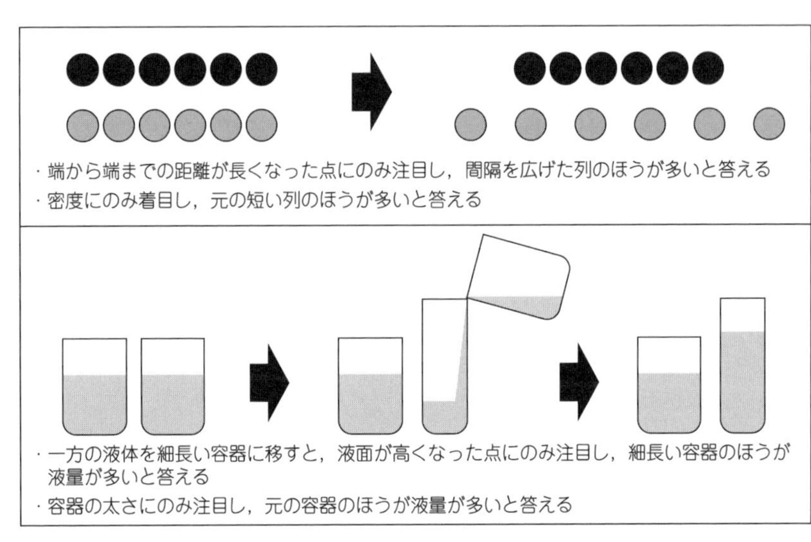

図 8-1　保存課題の例（上；数の保存，下；液量の保存）と典型的な誤答例

は疎になった（相補性の論理）」などの論理規則によって，正しい回答を自信を持って述べることができます。前操作期の子どもは論理的に判断しようとし始めますが十分ではなく，このような単純に見える課題でも間違えてしまうのです。このような発達が顕著である前操作期の後半の 4 〜 7 歳頃を，「直観的思考段階」と呼びます。

第三の特徴は，他者の視点から物事をとらえない「自己中心性」の影響で誤った見方をしてしまう傾向です。第二の特徴で述べた「目立った特徴にのみ注目してしまう」ことも，この「中心化」に関連します。たとえば，三つの山の立体模型を子どもに見せるとします（図 8-2）。その後，子どもが見ている位置（例：A）とは別のところに人形が置かれ，その人形の位置（例：B）から見える眺めの絵を何枚かの候補から選択させると，前操作期の子どもは自分自身の見えと他者の見えを区別できず，自分の位置から見える眺めの絵を選ぶ傾向が強いのです。さらに，この時期の子どもの思考には，「アニミズム」（無生物にも生命や意識があるかのように思うこと），「実在論」（自分が考えたことや夢のなかの出来事が実在するかのように思うこと）といった特徴も見られますが，これらも自分の視点から離れることが困難なために生じるとされ，自己中心性の現れと考えられます。ただし，ここでいう自己中心性とは，子どもが利己的であるという意味ではなく，まだ「操作」が不十分なために，自分以外の視点に立って考えるのが困難であるということを意味するのです。

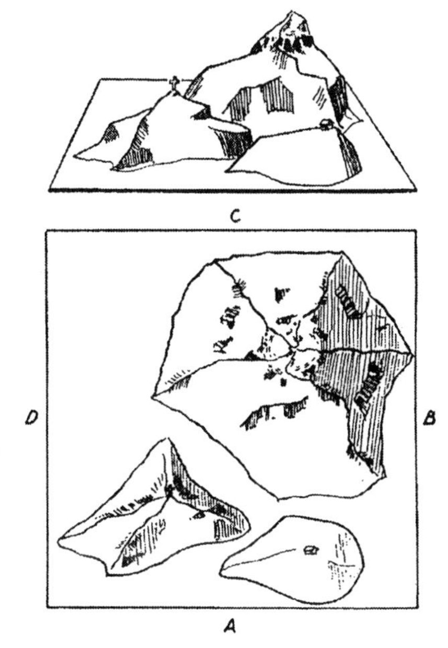

図8-2　三つの山問題
（出所）　Piaget & Inhelder (1956)

具体的操作期

具体的操作期は，7～11歳頃とされ，直接，見たり触ったりできるような具体的な対象については論理的な操作が行える時期です。表象が自在になり，具体性をもつ概念的なシェマが発達してきます。発達心理学の区分でいえば，主として児童期に相当します。

具体的操作期になると，自分の論理的操作を逆戻りすることが容易になり，「広げる⇔狭める」など関係を可逆的にとらえられるようにもなります。その結果，前操作期では難しかった保存課題を解決できるようになります。また，この時期には，二つの視点から物事を見られるようになり，自己中心性から脱却（脱中心化）します。その結果，前操作期では難しかった三つの山問題も解決できるようになります。

さらに，「系列化」や「分類（クラス包含）」といった操作が可能になります。たとえば，系列化としては，長さの違う10本の棒を，相互に比較しながら長さの順に並べることが可能になります。また，クラス包含としては，花が10本あって，赤い花が6本，白い花が4本あるとき，「赤い花」より「花」の方が多いと考えることができるようになり，「全体」と「部分」との関係を理解します（図8-3）。しかし，この時期の子どもは，思考の対象が「具体物に限られ

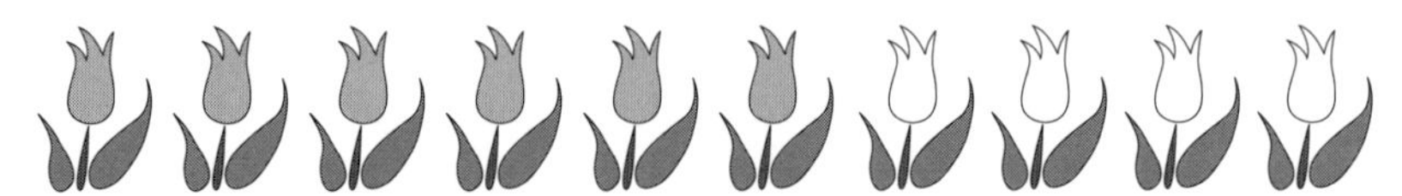

赤い花が６本，白い花が４本あります。
それでは，花と赤い花だと，どちらがたくさんありますか？

図 8-3　クラス包含の問題例

る」という点で限界があるといえます。

形式的操作期

形式的操作期は，11歳頃から始まり，14，15歳頃に成立するとされ，具体物や時間の方向性に縛られることなく，問題全体のなかであらゆる可能性のある組み合わせを考え，仮説的・抽象的な状況においても論理的な思考が可能になる時期です。高度な概念的シェマが発達してきます。

この時期には，思考の「内容」と「形式」を分離し，形式にしたがって抽象的に思考できるようになります。たとえば，「推移律」を考えてみましょう。これは，既知の順序関係を未知の場合にも適用する推論であり，「ネコはヒトよりも大きい」と「ヒトはゾウよりも大きい」という二つの仮説的な前提をもとに，「ネコはゾウよりも大きい」という判断を正しく下せることです。現実には，ネコはゾウより小さいので，具体的操作期の子どもは，問題が仮説的な状況で与えられると解決が困難です。しかし，形式的操作期の子どもは，このような現実にはありえない仮説的な状況でも，たとえば「ネコ＝Ａ」，「ヒト＝Ｂ」，「ゾウ＝Ｃ」と記号に置き換え，「Ａ＞Ｂ」かつ「Ｂ＞Ｃ」ならば「Ａ＞Ｃ」であるというように思考の内容と形式を分離し，形式にしたがって解決することができるのです。具体的操作期の子どもは，具体物から離れてこのように形式的に考えることが難しいのです。

さらに，「組み合わせ的思考」や「比例概念」といった形式的操作が可能になります。たとえば，組み合わせ的思考としては，四つの無色の液体のいくつかを使って色が変化することを見せると，組み合わせを系統的に変えることで色の変化を再現することに成功します。比例概念としては，天秤のつりあいを

コラム　ピアジェの偉大さ

本章では，発達の重要な基礎理論として，ピアジェの理論を詳細に紹介しましたが，ピアジェの真の偉大さはどこにあるといえるでしょうか。

たとえば，「心の理論」（第9章参照）を提唱した霊長類学者のプレマック（Premack, D.）は，「ピアジェはなぜ偉いかというと，子どもの認識の発達にかんする説明をしたから偉いのではない。子どもの認識の発達にかんする問いを出した。だから偉いのだ」（松沢，2000）と述べたそうです。ピアジェの提唱した知見は，その後の新しい技術や方法により，否定される結果も得られていますが，ピアジェの問いかけにより，多くの研究者が知的挑戦欲を鼓舞され，人間の発達に関する研究が開花しました。だからピアジェは偉いというわけです。

一般に，誰かに与えられた「すでに存在する問い」を解決するのは，それほど難しくありませんが，オリジナリティのある「問いそのもの」を立てるのはとても難しいものです。多くの大学生が卒業論文の研究で苦戦したり，中学生や高校生などが探究（課題研究）を難しく感じる一つの理由は，適切な問いが立てられないからではないでしょうか。

とるような課題があり，支点からの距離を変えて，さまざまな重さの重りをつるすと，支点からの距離と重さが反比例することを見出します。

以上で述べた各段階の年齢は，あくまで目安であり，実際は個人差が大きいです。しかし，ピアジェは，各段階の順序は一定であり，すべての人間が遅かれ早かれ，これらの段階を同じ順序でたどると考えました。また，各段階はそれ以前の段階とは質的に異なる複雑な思考法を伴い，ある段階を飛ばして次の段階に進むことはないと考えました。形式的操作期が14，15歳頃までとされているのは，ピアジェがこの年齢頃に人間の思考が完成すると考えたからでした。

2-3　実践場面への応用

本節で説明した発達の理論を，教育場面に当てはめるとともに，注意点を考えてみましょう。

年齢の考慮

まず，前操作期の子どもの多くが保存課題に失敗する例からも明らかなように，前操作期の子どもが比較的多いと考えられる小学校低学年では，表象は明確に有していますが，操作に柔軟性がないといえます。すなわち，教科書や黒板の「図」を認識できたとしても，それを頭のなかで動かしたり，変形させたりすることが困難であるといえます。したがって，低学年の子どもには実際に自分の手で触れるような教材を用いたり，教壇で教師が実演できるような教材を用意することが必要です。たとえば，「３＋８＝？」という足し算を教えるとき，児童におはじきを使わせるか，黒板上に「おはじき」を三つと八つ張り付け，教師がそれを一か所に移動させるといった工夫が重要になるのです。

次に，小学校の中学年，高学年では具体的操作期の子どもが中心となります。思考は論理性をもつようになり，さまざまな操作が可能になってきますが，とくに中学年では「具体的な対象」に限定されると考えておく必要があります。すなわち，個人差はあるものの，抽象度の高い理論的な話は，一般的に理解が困難といえます。算数や理科などの授業では，一般法則や公式の説明が必要になる場合がありますが，それら自体では理解しにくいので，「具体例」を示していく必要があります。

さらに，中学校以降では，形式的操作期の子どもが多くなりますが，個人差も大きく，全員が形式的に思考できるとは限りませんので注意が必要です。一般的には，抽象度の高い理論的な話や仮説的なことも言語的に説明可能となりますので，知的好奇心を促進するためにも，こうした説明を積極的に行いたいものです。しかし，そのままでは理解が難しい子もいるでしょうから，具体例を挙げることも怠らないようにしましょう。「形式的操作期の子どもには，形式的・抽象的に説明しなくてはならない」わけではなく，この段階の子どもにとっても，具体的な対象のほうが理解しやすいことにかわりはありません。本書の読者のみなさんも形式的操作期に至っていると思いますが，理論的な話だけよりも，具体例があることで，理解の助けになっていることと思います。

教材の準備

教材を準備するにあたっては，(a)「子ども自身が触ることができるもの」，(b)「教師が実演して見せるもの」，(c)「動的な視聴覚教材（ビデオやパソコンの映像など）を利用して提示するもの」，(d)「静的な図版や黒板での図示によるもの」，(e)「言語的に説明されるもの」，(f)「公式や法則によるもの」というようにさまざまなレベルで用意することが可能ですが，どれを用いるべきかは，教師が「意識的に」決定すべきです（図8-4；藤田，2006)。基本的には，上に書いてあるもの（(a）に近づく）ほど，低年齢の子どもでも理解可能であり，同時に高年齢の子どもにも理解が容易です。また，複数の教材を組み合わせることも有効です。たとえば，理科の授業で，抽象度の高い法則（f）を理解してもらうために実験をする（(a）と（b)）ことが可能です。この場合，実験後に抽象度の高い法則を説明するというように，認識の発達の順序に合わせることも有益です。

(a) 子ども自身の接触
(b) 教師の実演
(c) 動的な映像（ビデオなど）
(d) 静的な図示（黒板の図など）
(e) 言語的な説明
(f) 公式や法則の教示

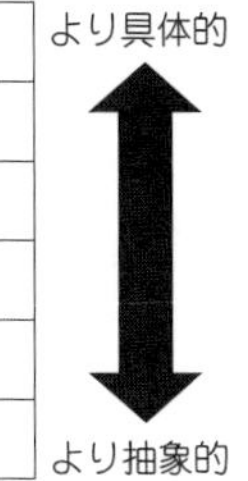

図8-4　教材の種類

（出所）　藤田（2006）を参考に作成

ただし，必ずしも（a）に近づくものが，「子どもの関心」を引き起こすとは限りません。たとえば，子どもの授業参加を促すという理由で，(a）や（b）ばかりを用いていたら，授業がなかなか先に進みませんし，本質的な知的好奇心を育むとは限りません。逆に言えば，このような方法で問題ないとすれば，それは小手先の技術で授業を成立させているだけかも知れず，真の教育にはつながらない危険性もあると言えます。

また，どの年齢においても，新しい学習内容を教示するときには，子どもがすでに獲得しているシェマ（「既有知識」とも言います）を利用できるようにすることが重要です。既有知識に一致する情報を与えて同化を生じさせるだけでなく，適度にズレのある情報を意図的に与えて，「認知的な葛藤」を引き起こすことも有益です。葛藤状態は不快なため，調節によって新しいシェマを生み

コラム　発達の最近接領域という考え方

ピアジェは，人間が発達する過程において，子どもは能動的であり，自分なりに外界の理解を構築していくものであると考えました。これに対して，発達過程において，文化や社会性の影響を重視し，教示のような「他者からの働きかけ」の必要性に注目したのがヴィゴツキー（Vygotsky, L. S.）です。ヴィゴツキーは，自力で問題解決を達成できる水準と，他者からの援助や共同によって達成が可能になる水準に分け，二つの水準のズレの範囲を「発達の最近接領域」としました。そして，発達の最近接領域に対して働きかけるものであるときに，教育は発達に対して本質的な寄与をすると考えました。

ここから導き出されることは，子どもの現在の発達の一歩先を教育することも重要であるということです。すなわち，授業を構成していくうえで，少しレベルの高い目標を与えることも有効でしょう。ただし，発達の最近接領域を見誤り，自力で課題を解決できる水準に比べて，他者からの援助や共同によって達成できる水準を高く見積もりすぎることがくり返されると，子ども自身がいつまでたっても課題を解決できず，何をしても無駄だというあきらめの境地に至る「学習性無力感」に陥る危険があります。教師が適切な発達の最近接領域を考慮するには，一般的な発達理論の基礎を把握するとともに，個人差も念頭において，当該の子どもに適した水準を見積もる必要があります。

さらに，教師が客観的に適切な発達の最近接領域を考慮しても，子ども自身が，「今は何がわかっていないのか」「学習の目標と自分の現在の認知状態のズレはどの程度か」といったことがわからないと効果がありません。そこで，発達の最近接領域がうまく機能するには，子ども自身の「メタ認知」を適切に育成する（第７章を参照）ことも重要です。これには，問題を解くときに多様な見方や方略があることを教示したり，解いている過程や誤答に至った過程を言語化させ，適切な方法とのズレを「フィードバックする」といったことが有効でしょう。

出し，認知的なバランスを取ろうとするはずです。このような均衡化の過程で，学習内容への注意と動機づけも高まり，学習の効果がより上昇するのです。

コラム　運動発達

本章では，心身の発達について，認知という心理面を中心に発達の理論を紹介しました。ここでは，身体に関わる運動発達の様子も紹介したいと思います。

スキャモン（Scammon, R.E.）は，身体の器官を，一般型，リンパ型，神経型，生殖型の四つに分類しました。その上で，それぞれ20歳での重量を100とした場合の各年齢での重量比を発達曲線で示しました（Scammon, 1930）（図8-5）。一般型は，筋肉，骨格，内臓諸器官など全体的な身体組織に関連します。リンパ型は，扁桃腺，リンパ節など免疫機能に関連します。神経型は，脳，脊髄などの神経組織に関連します。生殖型は，睾丸，卵巣，子宮など生殖器官に関連します。

図8-5のように，身体の発育は，各器官が均等に発達するわけではありません。運動発達ともっとも関係が深い神経型は，小学校中学年頃（8～9歳頃）までに，大人に近い水準まで発達することがわかります。そこで，この時期までに神経発達を促すことが，運動発達にとって大切といえます。ここで重要なことは，「動きの多様化」と「動きの洗練化」（中野，2020）です。子どもは，日常生活や遊びを通じて，立つ，跳ぶ，転がるといった基本的な動作をたくさん身につけていく過程（動きの多様化）で，これらの動作に対応した神経回路が形成されます。最初はぎこちない動作も，繰り返しにより，目的に合った動作に使う神経回路のみが残され，動作が巧みになり（動きの洗練化），運動発達が進むのです。

さらに，運動動作は，立つ，跳ぶ，転がるといった身体全体を使う「粗大運動」だけではありません。つかむ，握るなど手指を使った細かな調整を必要とする「微細運動」もあります。このような微細運動も，神経を発達させます。また，手指の巧緻性は，細かな作業を可能にするだけでなく，計算能力とも関係することも知られています（浅川・杉村，2009）。

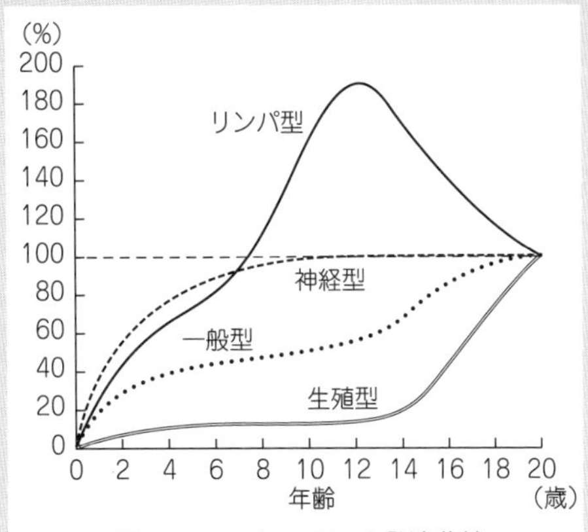

図8-5　スキャモンの発達曲線

（出所）　Scammon（1930）をもとに作成（浅川・山田（2019）より転載）

このように，児童期までを中心とした子どもの運動発達は重要です。たとえば，幼稚園教育要領（文部科学省，2017）では，幼児の遊びが重視され，遊びを通じて心身の調和のとれた全体的な発達の基礎を築いていくとされます。遊びには何らかの動作を伴うことが多いことを考えると，幼児，児童及び生徒の心身の発達を学ぶ上で，運動発達は欠かせないものなのです。

引用文献

浅川淳司・杉村伸一郎（2009）．幼児における手指の巧緻性と計算能力の関係　発達心理学研究，**20**，243-250．

浅川淳司・山田真世（2019）．言葉と思考をめぐる発達　林 創（編著）発達心理学（公認心理師スタンダードテキストシリーズ12）　ミネルヴァ書房　pp. 104-117．

藤田哲也（2006）．有効な教材・わかりやすい例示とは――ピアジェの認知発達理論　初等理科教育（８月号），**40**，56-57．

松沢哲郎（2000）．チンパンジーの心　岩波現代文庫（岩波書店）

文部科学省（2017）．幼稚園教育要領

中野貴博（2020）．運動発達　糸井尚子・上淵寿（編著）　教育心理学（教師のための教育学シリーズ５）学文社　pp. 68-82．

Piaget, J. & Inhelder, B. (1956). *The Child's Conception of Space.* London: Routledge and Kegan Paul.

Scammon, R. E. (1930). The measurement of the body in childhood. In J. A. Harris, C. M. Jackson & R. E. Scammon (Eds.), *The Measurement of Man.* University of Minnesota Press. pp. 173-215.

もっと詳しく知りたい人のための文献紹介

バターワース，G.・ハリス，M.　村井潤一（監訳）　小山正・神土陽子・松下淑（訳）（1997）．発達心理学の基本を学ぶ　ミネルヴァ書房

⇨ピアジェやヴィゴツキーの理論を踏まえながら，発達心理学の広範囲の基本事項がわかりやすくまとめられています。訳も日本語らしくて，読みやすいので，発達心理学を学ぶ入門書の一つとして使えるでしょう。

子安増生（編）（2016）．よくわかる認知発達とその支援　第２版　ミネルヴァ書房

⇨認知発達の学問的体系が，実践現場での発達支援と関係づけられ，詳細に解説されています。臨床発達心理士の指定科目「認知発達とその支援に関する科目」のキーワード項目の多くを収録しているため，臨床発達心理士をはじめとした各種資格の参考書としても使用できることでしょう。

外山紀子・中島伸子（2013）．乳幼児は世界をどう理解しているか――実験で読みとく赤ちゃんと幼児の心　新曜社

⇨乳幼児が中心ですが，実験研究で得られたデータに基づいて，認知発達のさまざまな知識を身につけることができます。本書を読むことで，心理学研究のおもしろさを知ることもできます。卒業論文のテーマ探しなどにも有益です。

ゴスワミ，U.　岩男卓実・上淵寿・富山尚子・中島伸子（訳）（2003）．子どもの認知発達　新曜社

⇨ピアジェの理論を踏まえながら，認知発達の膨大な研究がまとめられています。専門的な内容ですので，認知発達を学ぶ最初の一冊というよりは，学び始めてから事典のように使える本です。

第9章　乳・幼児期の発達
——心の芽生え

人間は誕生時には未成熟で，自分で歩いたり，話したりできません。そのため，乳・幼児期には食事や排泄にも大人の手助けが必要です。この大人による長期にわたる全面的な養育が人間の発達の特徴の一つであり，人間の親子関係を生み出しています。さらに生物学的基盤と養育者を中心とした社会的かかわりから，言語や知能が発達してきます。

乳・幼児期には最小限の経験（社会的かかわり）が与えられるだけで，ほとんどの子どもは同じくらいの時期に同じようなことが同じくらいできるようになります。これは乳・幼児期の発達が生物学的な基盤に大きく規定されているためです。そこで，本章では，まず発達の生物学的基盤を考えます。しかし，人の発達は生物学的なものだけでなく，大人からの愛情のある全面的な養育が必要です。このことについて養育者と子どもの間の心理的な絆（愛着）として紹介します。

また人間の特徴の一つはことばをしゃべることです。そして乳児期は言語の獲得，幼児期は言語の洗練が発達的な課題です。本章では，ことばの発達について乳児期から幼児期にかけてたどっていきます。さらに，言語とともに人間の特徴である高い知能に関して，本章では，現在発達心理学が考えている「知能」を説明するとともに言語と知能の出会い（4歳）について紹介します。

1　育児の生物学的基盤と乳・幼児期の経験

1-1　赤ちゃんはなぜ生まれてすぐに立てないのか？

15～49歳の一人の女性が一生に産む子どもの人数を示す合計特殊出生率は2005年度と2022年度には1.26と戦後最低になりました。少子化の原因にはいろいろありますが，その一つに子育ての大変さがあります。たしかに子育ては多くの体力・時間・金銭が必要で，心配の種もつきません。では，なぜ私たち人間の子育てはこれほど長期間で大変なのでしょうか？　この節では，まず，生物学的な原因に人間の育児の特徴を探ります。そのうえで，次節では，事故や事件をはじめとした不快な経験が子どもの発達に及ぼす影響を見ていきます。

皆さんはテレビで牛や馬の出産を見たことがあるのではないでしょうか。牛や馬の赤ちゃんは生まれて数時間もすると自分ひとりで立ち上がり，親の後をついて歩くようになります。動物（哺乳類）の場合，生まれたときに毛が生えそろっていて親に似た姿で，すぐに立つことができる動物（離巣性の動物）と生まれたときには毛があまり生えておらず目も閉じており，立てず親に温めてもらわないと生きていけない動物（就巣性の動物）がいます。おおよそ進化上高等な動物（地球上に現れたのが遅い動物）ほど，生まれてすぐに立つことができます。では，人間はどうでしょう？　人間は哺乳類のなかではかなり高等なはずなのに，１歳頃まで歩くことも話すこともできません。

その理由は人間の脳が大きいことにあります。人間の新生児は大きな脳（約400グラム）をもっていますが，さらに大人になるまでに３倍以上重くなります。脳の大きさは，生後１年半で約1000グラムに増加します。生後６か月から１歳半までの間に脳の内部構造も大人に似てきます。逆に言えば，誕生時には歩行などの運動を含めた行動をコントロールできるほど脳が成熟していないのです。それでも単純に脳のサイズ（400グラム）に身体のサイズを合わせてしまうと胎児が大きすぎて出産が困難になります。そこで，通常，離巣性の動物は大人に似た体型をしていますが，人間の新生児は頭部に比べて胴，腕，脚が小さく，運動に必要な器官（骨格や筋肉）が未熟な状態で生まれてきます（高橋他，1993）。こうして出産を可能にする代わりに人間の赤ちゃんは自分で立つ（動く）ことができないのです（そのため，人間の出生の状態は二次的就巣性もしくは生理的早産と呼ばれます）。

脳は大きいのに体は小さい子どもを産むという人間の生物学的な特徴のために，人間の新生児は誕生時には生存に必要な機能以外が少なく，その後の学習に多くを依存します。そして，このことが他の動物と比べて複雑で膨大な学習を可能にしました。複雑で膨大な学習のためには多くの学習の機会が必要です。人間は無力な状態で誕生するために長期間にわたり大人による養育を必要とします。これが多くの学習の機会を生み出し，環境についての知識をたくわえながら，それに合わせてゆっくりと柔軟に行動を形成していく人間の発達や学習の基礎になっています。そして環境に合わせた柔軟で莫大な学習が人類の文化や文明を生み出してきました。私たち人間の育児は単に一人の子どもを育てるだけではなく，人類の文明や文化を生み出し，発展させていく行為の一部なのです。ですから，親だけではなく，社会全体が子育てを支えていく義務と必要を負うのです。

1-2 幼い頃の外傷経験（トラウマ）は発達に悪影響を及ぼすのか？

子どもの発達には，さまざまな経験が必要です。しかし，すべての経験が幸せなものとは限りません。精神分析学という心理療法を提案したフロイト（Freud, S.）は，当初，大人の神経症の原因を幼児期のネガティブな経験（幼児期外傷）によるものと考えました。現在も小さな子どもが犠牲になる事故や事件は跡を絶たず，そうした事故や事件の後にその影響を心配して「心のケア」が叫ばれます。もちろん事故や事件を未然に防ぐ努力は必要ですが，不幸にもそうした状況に直面してしまった子どもは本当に発達への悪影響から逃れられないのでしょうか？

このことを確かめるために動物を対象とした研究が行われました。具体的には生後間もないネズミに対して電撃や急に体温を下げるなどの刺激――フロイトのいう外傷体験に当たります――を与えます。そして，そのネズミが成長したときの行動（活動性・情動反応性・学習・母親行動・生理的反応）が調べられました。その結果，幼い時期にネガティブな経験をしたネズミが神経症のような症状を示すことはありませんでした。といっても何の影響もなかったわけではありません。主に表9-1のような影響がありました。つまり，さまざまな出来事に対し冷静（表9-1の項目1）で，賢く（項目2），早熟（項目3）で，スト

表9-1　初期刺激作用の効果

1．情動反応性を低下させる
2．特に不快な場面・刺激から逃れる方法の学習を促進する
3．発達を加速する
4．成熟後のストレスへの生理的反応を変化させる

（出所）Daly（1973）（高橋他（1993）より引用）

レスへの感受性が通常と異なり（項目4）ました。少なくとも単純に発達に悪影響が及ぶというわけではありません。人間の場合にも，幼い頃の一度や二度の経験が直接発達に影響するわけではなさそうです。

もちろん子どもが犠牲になる事故や事件を防ぐことは大人（社会）の義務ですし，努力すべきです。しかし，それほど深刻ではないケガや経験――お化けの話を聞いて怖くて夜トイレに行けなくなる，迷子になる，養育者との別離など――はなくすことはできませんし，多くの場合なくす必要もありません。また，そうした経験を乗り越える力が子どもには本来備わっています。親（大人）や社会は子どもが成長のなかで直面するさまざまな経験とその影響に過敏になる必要はありません。

少なくとも，一時的な経験はそれが不快なものだったとしてもそれほど発達に影響しません。一方で，長期間の過酷な環境は発達に影響します。とくに乳・幼児期の子どもにとって「過酷」な環境の一つは，愛着を形成することができないような環境です。次の項では，愛着についてお話していきましょう。

1-3　愛着の形成

母性的養育の剝奪（マターナル・デプリヴェーション）

ボウルビィ（Bowlby, J.）は，乳幼児期に特定の養育者からあやしてもらうといったかかわりをほとんど与えられなかった子どもは身体や知能・言語発達の遅れを示すことを1951年に WHO に報告しました。乳・幼児の発育・発達には，たんに栄養や良好な衛生状態が満たされるだけではなく，特定の養育者による情緒的なかかわりが必要であることが提起されたのです。

表 9-2　愛着の発達の四つの段階

時期	愛着に関する行動の特徴
誕生〜3か月頃	人に関心を示すが，人を区別した行動はみられない
3〜6か月頃	母親（養育者）に対する分化した反応。ただし，母親の不在に対して泣くというような行動はまだみられない
6か月〜3歳頃	明らかに愛着が形成され，愛着行動がきわめて活発
3歳以降	愛着対象との身体的接近を必ずしも必要としなくなる

（出所）　高橋他（1993）を改変

愛着の形成過程

生後6～8か月頃になると多くの赤ちゃんが，見知らぬ人があやそうとすると顔を背けたり，泣いたりします。いわゆる「人見知り」です。そして，他の人がいくらあやしても泣きやまないのに，養育者が受け取るとぴたりと泣きやんだりします。これは赤ちゃんが養育者という特定の人物に他の人とは異なる特別の感情を抱くようになったからです。こうした特定の人物への特別な情緒的結びつきをボウルビィ（Bowlby, 1969, 1971, 1973）は愛着（attachment）と名づけました。

愛着はおよそ表 9-2の四つの段階を経て発達し，その間に養育者以外の人へも愛着の輪を広げていきます。なお，通常，子どもは複数の愛着対象を同時にもちます。発達の基礎として必要なのは1歳前後に少なくとも一人の愛着対象を持っていることで，愛着対象は母親に限定されるわけではありません。

安全基地

母親を愛着の対象にした子どもは，当初は母親への接近・接触を激しく求めます。しかし，次第にいつも接触していなくても安全を感じることができることを発見します。すると，母親をいわば安全基地（secure base）としながら母親から離れて探索活動に熱中するようになります。安定した愛着関係を形成できていない子どもは，安全基地を持てていません。そのため，安心して十分に外界を探索する行動や経験を積むことができず，そうした経験の不足が発達や学習に影響する可能性があると考えられています。

ストレンジ・シチュエーション法

安定した愛着関係とはどのようなものでしょうか？　愛着の質を測るためにエインズワースら（Ainsworth et al., 1978）はストレンジ・シチュエーション法（表9-3）を考案しました。この方法は形成されている愛着により乳児を次の三つのタイプに分類します。

A群（回避型）：分離で泣かず，再会でも母を避けるなど母親との結びつきの薄い行動を示す。

B群（安定型）：分離で泣き，再会で母に身体的接触を強く求め，その結びつきの強さを示すとともに，安心すると活動を再開するといった母親への信頼感を内包する行動を示す。

C群（抵抗型）：分離で激しく泣き，再会場面では身体接触を求めるが，同時に叩くなど怒りの感情も示し，十分な信頼感をもてないでいる。

愛着の形成は他者との関係および自分自身へのもっとも基本的な信頼感の獲得へとつながります。この基本的信頼感は，将来，多くの人との関係を築くための基礎となります。乳幼児期に形成された愛着は次第に実際に他者との身体的接触や物理的接近に頼らなくても，ある種のイメージや確信のような形で他者との関係において働く枠組み（内的ワーキングモデル：internal working model）となるという主張もされています。

一方で，日本では欧米のように子どもを預けて夫婦だけで外出するといった乳児期の親子の分離がほとんどありません。そうした社会・文化でストレンジ・シチュエーション法を用いた場合，安定型に分類される子どもは比較的少ないことが知られています。だからといって日本の親子の愛着が欧米に比べて劣るわけではありません。そのため，そもそも上記の三つの分類が愛着の質を適切に表しているのかに疑問が示されています。また，乳児期に測定された愛着の質と青年期や成人期における愛着もしくは対人コミュニケーション能力や人間関係とのつながりが明確でないことから，乳・幼児期の愛着が長期的な発達に，とくに内的ワーキングモデル理論をはじめとした人格発達に，どのような影響をおよぼすのかは十分にわかっていません。

表9-3　ストレンジ・シチュエーション法の8場面

場面	エピソードの内容	時間
1	母親は子どもを抱いてプレイルーム（観察室）に入室し，子どもを床におろす。実験者は退室。	30秒
2	母親はいすに座って本を読んでいる。子どもが要求したことには応じる。	3分
3	ストレンジャー（子どもとは初対面の人物）が入室。1分間は黙っている。次に母親と話し，2分経過後，子どもに近づき玩具で遊びに誘う。	3分
4	母親は退室。ストレンジャーは子どもが遊んでいたら見守る。	3分
5	母親が入室し，ストレンジャーは退室。	3分
6	母親も退室して，子どもは一人残される。	3分
7	ストレンジャーが入室して，子どもが遊べば見守り，混乱していたら慰める。	3分
8	母親が入室し，ストレンジャーは退室。	3分

（出所）　木下（2005）p. 73の表10を改変

2　ことばの発達

2-1　ことばの生得的な基礎

多くの子どもは1歳頃に話し始め，4歳頃には日常会話で困らなくなります。しかし，人は生まれたときから多くの言語獲得のための能力をもっています。たとえば，新生児の聴覚能力は大人と同等（高い音は大人以上）で，物の音より人の声に注意が向きます。また，生後数時間の新生児でさえ，大人の表情を模倣することができます。大人が赤ちゃんの顔を覗き込んでゆっくりと舌を出し入れします。しばらくすると赤ちゃんも舌を出し入れし始めます。赤ちゃんは意識して真似るわけではなく，自然と相手の表情を写してしまうのです。この現象は新生児模倣（原初模倣もしくは共鳴動作）と呼ばれます。

2-2　ことばの準備

喃　語

赤ちゃんはことばを話し始める前から泣き声とは異なる乳児特有の発声をします。これを喃語と呼びます。マンガでしばしば「バブバブ」などと示される赤ちゃんの声のことです。ただし，赤ちゃんは生まれてすぐに「バブバブ」といったはっきりした音（喃語）は出せません。というのは，新生児は咽喉や口の構造上大人やより年長の子どものように声を出すことができず，出せるのは泣き声だけだからです。生後3，4か月頃には喉や口の構造が大人に近づき，喉の奥でクークーという音を作れるようになります（クーイング)。生後5か月頃から「アーアー」といった音（過渡的喃語）を出し始め，6～8か月には「バブバブ」という音に近い喃語（基準喃語）が出現します。その後，さまざまな音声を出す経験（構音の練習）を積んだ後にはじめて話し始めます。ただし，複雑な音が出せても喃語は意味のあることばではありません。言語の獲得は三項関係の理解や延滞模倣と深く関係しています。

三項関係の理解と延滞模倣

自分（子ども）と相手，自分と物という二者関係に対して，三項関係とは，自分・物（対象）・相手の三者の間で行うやり取りを指します（図9-1)。たとえば，散歩中に見つけた犬をお母さんが指さし，子どもがその犬を見ます（指さしの理解)。これは犬（対象）を含んだ子ども（自分）と母親（相手）との三項関係です。指さしの理解以外にも相手に見て欲しいものを指さす（指さしの産出)，自分の行動やおもちゃなどを相手に見せる行動が三項関係の成立・理解を示します。図9-1の「対象」をことば，例えば「イヌ」，に置き換えると「イヌ」ということばを媒介して，「イヌ」という意味（情報）が子どもと相手との間でやり取りされます。このようにことばは音声（記号）を媒介とした三項関係と考えられます。したがって，ことばの獲得のためには，その前に三項関係の理解・成立――指さしなどで表現されます――が必要なのです。

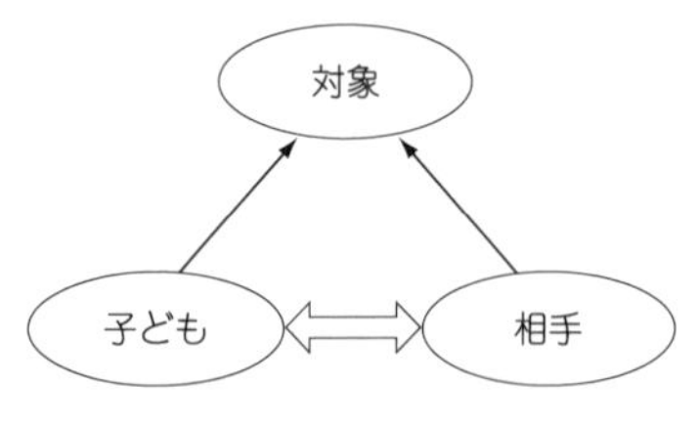

図9-1　三項関係の概略図

（注）各矢印は注意が向けられている様子を示す

また，ことばの理解のためには，表象を形成できる必要があります。たとえば，「イヌ」ということばに対して，目の前に本物の犬がいなくても犬をイメージする，すなわち，ある音声（記号）が意味するものを自分の脳内で再現できなければなりません。1歳半頃には，保育園で見たものを家で再現するといった目の前にない対象の模倣（延滞模倣）を行うようになります。これは子どもが心（脳）のなかで表象を形成していることを示しています（第8章参照）。

2-3　ことばの発達

はじめてのことば

多くの子どもで1歳前後にはじめてのことば（初語，始語）が出現します。発達には個人差があるため，初語が遅い子もいます。そのため，1歳半頃にことばが出ていない子どもに対して「ことばの遅い子もいるので，もうしばらく様子を見ましょう」といった安易なアドバイスがなされる例は少なくありません。しかし，1歳半頃まで（臨床的には1歳3か月までが正常範囲）にしゃべり始めない子どもは全体の約5％に過ぎません（西村，2001）。そのうち4割（全体の2％）は3歳までにしゃべり始め，ことばの遅れの影響をほとんど残しませんが，5割強（全体の2.7%）は5歳までにしゃべり始めるものの何らかの障害（学習障害など）を残します。また，全体の0.3%の子どもは重度の言語発達障害を示します。1歳半頃までにしゃべり始めない子どもは，半分以上が（その多くは軽度とはいえ）何らかの問題を抱えることになります。したがって，初語の遅れは，個人差として見過ごすことなく早期からの発達支援へ結び付けていくべき指標であるといえます。

文法の発達

初語の出現から1歳半ないしは2歳頃までは，「マンマ」という一語が「ご飯を食べたい」だったり「ご飯があるよ」だったりと場面によってさまざまに用いられ，文章の役割を果たす1語文の時期です。次に2語発話が出現し，文法能力の獲得の始まりを示します。日本語の場合，「イヤイヤッテ（イヤだって言ってるよ）」「ミークンノ（みー君のものだよ）」といった自立語（名詞や動詞）＋付属語（助詞）の発話が出現した後，「オサンポ，イク」「ジュース，ノム」といった自立語＋自立語の2語文が出現します。また，1歳半頃から2，3歳にかけて急速な語彙の拡大が起こります。そして，4歳頃には日常会話で困らないくらいの文法能力と語彙を獲得します。そうした文法獲得の過程で子どもは間違い――「きれい」の否定形を「キレクナイ」と言うなど――を犯します。子どもの文法的なミスの多くは，子どもの言語使用がたんなる大人のことばの模倣ではなく，子どもなりの文法ルールに従っていることを示しています。言語や認知の発達に遅れがない子どもの場合，文法的な間違いや意味の間違いはいずれ自分で修正するので，大人が神経質になる必要はありません。

コミュニケーションから思考へ

話しことばは幼児期に一応の完成を見ます。しかし，幼児はことばをコミュニケーションの道具としてのみ使います。その後，児童期を通して，文字の読み書きの獲得とともに，言語についてのより高次な知識や言語による思考様式を獲得し，発達させていきます。児童期は言語発達にとって，たんに読み書きを習得するだけではなく，認知発達と影響しあいながら，言語や思考活動を豊かにしていく重要な時期です（第12章参照）。

3　領域固有な知能の発達と統合

3-1　ことばと思考の統合

ことばはもともと他者とのコミュニケーションの道具として獲得されます。幼児期を通して伝達手段として洗練されていく一方，思考の道具として，自分自身とのコミュニケーションを展開し，次第に内在化されていきます。音声言語をともない他者とのコミュニケーションの道具となっている言語を外言，音声言語をともなわず思考のために自分自身とのコミュニケーションの道具となっている言語を内言と呼びます（木下，2005）。発達的にはまず外言を獲得し，のちに外言と内言が分化していきます。分化の過程では自己中心的言語（集団的独語）が見られます。これは幼稚園の自由遊び場面などでよく見られる他者との社会的コミュニケーションを意図しない独り言で，外言が内化する（内言になっていく）過程だと考えられます。

私たち大人は，「考える＝ことばで考える」というのがあたりまえになってしまっているので，幼児にとって「話すこと」と「考えること」とが分離していると言われてもなかなか想像できません。しかし，現在では人間の認知・知能は，ことば以外にもいくつかの領域に分かれており，それぞれの領域は比較的独立して働いているのではないかと考えられています。

3-2　領域固有な知能

代表的な発達段階説（第8章参照）の提唱者であるピアジェ（Piaget, J.）は，知能を総合的で全体的なもの，いうなれば一台の万能コンピュータのように考えていました。そのため，子どもの認知発達はある世代のコンピュータが次世代型へと取り替えられるように，全体的・普遍的に思考の方法が変化するような発達段階説を考えました。しかし，子どもでも興味や関心のある分野では大人以上の力を示します。たとえば，恐竜についてよく知っている子どもは大人と同様の適切な推論をします（Chi et al., 1989；木下（2005）より引用）。一方，得意な分野以外では，彼らは他の同年齢の子どもたちと同程度の知識や能力しか示しません。現在では知能や認知は総合的で唯一のものではなく，いくつかの領域に分かれておりそれぞれの領域ごとに発達するという考え方（領域固有性）が有力です。

領域固有という場合の領域がどんなもので，いくつぐらいに分けられるのかは，まだ十分に議論が定まっていません。たとえば，ガードナー（Gardner, H.）は，個人内知能・言語的知能・論理－数学的知能・音楽的知能・身体－運動的知能・空間的知能・対人的知能の7つの領域からなる多重知能理論を提唱していますが，これらの知能の存在が実証されたわけではありません。現在，発達心理学の研究のなかでは，素朴心理学（心の理論），素朴物理学，素朴生物学と呼ばれる三つの領域が比較的詳細に検討されてきています。ここでは素朴心理学（心の理論）と素朴物理学を簡単に紹介します。

素朴心理学（心の理論）

“出張の多いセールスマンが，たまたま出張がキャンセルになった夜，妻と家で過ごしていた。二人が寝ていると，誰かが夜中に玄関のドアを大きな音でノックした。妻は飛び起きて「大変。夫だわ！」と叫んだ。夫はベッドから飛び起き部屋を横切って窓から飛び出した(Schank&Abelson,1977, p. 59; Wimmer & Perner (1983) より引用)。” この話のおもしろさはどこにあるのでしょうか？　妻と夫それぞれが考えたことを読み取れなければ，おもしろくも何ともありません。私たちは，他者の行動を理解・予測するため，その人の心——意図，知識，信念，思考，好みなど——を日常的に推測し続けています。また，自分自身の行動を制御したり，理由づけたりするために自分自身の心も推測の対象とします。

体系的な教育や訓練を受けなくても，通常の社会的経験を通して，子どもたちは自他の心の理解を獲得し，さらに，ゲームや日常生活のなかで「あざむき」によって他者の心の状態を変えることすらできるようになります。こうした自他の心の理解は「心の理論（theory of mind)」と呼ばれています。

心の理論の発達

3歳児は他者の欲求（欲しいもの）を推測することはできますが，自分とは異なる他者の認識については理解できません。図 9-2は心の理論研究で用いられる誤信念課題の一つでサリーとアンの課題です。誤信念課題に共通するのは，「最初，ある人物が経験した状況が，その人物が不在の間に変化する。そのとき，その人物は現在の世界（ものごと）がどんな状況だと考えているか」を子どもは問われる，ということです。誤信念課題では，3～4歳児は「ビー玉は箱のなか」と自分の知っていることを答えてしまいます。そして，これは自分の知識（信念）と他者の知識が異なっており，人は自らの信念に従って行動するということが予測できないことを示しています。なお，誤信念課題には4～7歳にかけて正答できるようになり，障害等がない限り小学校に入学後には全ての子どもが正答します。

また，多くの自閉症児が知的な発達の状態としては4歳をはるかに超えているにもかかわらず，誤信念課題を通過できません。そのため，自閉症と心の理論の発達の関連についての研究が進められています。

素朴物理学

素朴物理学とは物や物の運動に関する法則（物理法則）についての理解の体

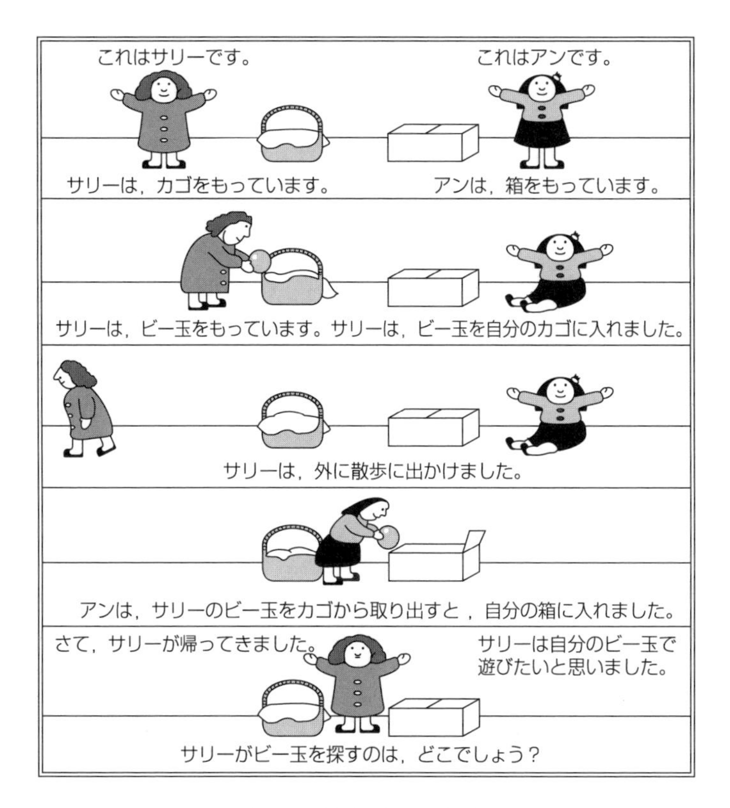

図 9-2　サリーとアンの課題

（出所）　フリス，冨田・清水（訳）（1991）p. 271.

系です。子どもはかなり早くから物理学的な直感的知識をもっています。固さや形（かたまり）については生後２か月半頃には推理でき，その知識をもとに生後６か月頃には重力や慣性の概念を直感的に理解します。この早期からの素朴物理学領域の認知によって，子どもは物を持ったり，投げたりといった日常生活に必要な物理法則を身につけることができるのです。しかし，この素朴物理学が非常に強力であるための問題も起こります。たとえば，高いところから同時に大きな鉄の玉と小さな鉄の玉を落とすと，どちらが早く地面に着くでしょうか？　科学的な物理学は大きさや重さにかかわらず落下速度（加速度）は同じであり，同時に地面に着くことを示しています。しかし，私たちの素朴物理学的な感覚では小さな玉より大きな玉が早く地面に着くと考えてしまいます。素朴物理学による知識や体系が科学的な物理学と矛盾するとわかっても，科学理論を受け入れるのはなかなか困難です。このように科学的な理論と素朴物理学的感覚が一致しないため，学校で習う物理学（やその他の自然科学）がなかなか理解できないといった問題が生じてきます。

3-3　領域固有な知能の統合

知能や認知がそれぞれの領域で独立して発達すると考える領域固有な知能観からのみ人間の認知を考えると，ごっこ遊びで人形に話しかけるという子どもの行動——人形という物体に対して素朴物理学的な知能ではなく心の理論（素朴心理学）的な知能を用いた行為を行う——が理解できません。しかも，無理に努力してそうしているのではなく，自然とそれができています。

領域固有な知能は，その領域に関しては優れた能力を発揮します。しかし，人の認知や思考の特徴は，ごっこ遊びの中で物体である人形を人の手で支えたり，動かしたり（素朴物理学的な知能の適用）しながら，まるで本物の人間であるかのように見立て，ふるまう（心の理論の適用）というように複数の領域間の知識をつなぎ合わせ，利用するところにあります。領域固有な知能観を主張するガードナーも複数の領域の知能が継目なく一体化して機能すること，またそれができるようにすることが教育の目標であると強調しています。

複数の領域固有な知能がどう関連しているのかについては，ほとんどわかっていません。しかし，人間の認知・知能の大きな特徴は，自分が何をしているのか（行動のモニター），自分の行動がどんな結果をもたらすのか（結果の予測），予想どおりになったか（結果のチェック）といったプランを含めた自分自身の行動を認識すること（メタ認知）です。このメタ認知の能力こそが，人の認知を領域固有な知識のたんなる寄せ集めにせず，複数の領域の認知をつなぎ合わせ，統一する役割を担っていると考えられ始めています。

メタ認知は4歳前後から可能になり，少なくとも思春期までは（もしかすると生涯を通じて）発達していきますが，一方で領域固有な認知・知能に比べて非常に個人差や文化・教育の影響が大きいと考えられています。

4　教師や親にとって発達について知ることの意義

この章で見てきたように，私たち人間の発達には生物学的な基盤があります。そのため，最小限の経験で，ほとんどの子どもはほぼ同じ時期に同じようなことが同じくらいできるようになります。実際，障害もなくごく一般的な家庭で育つ子どもの場合，乳・幼児期の発達について何らかの問題を意識することは少ないように思います。一方，子どもが障害，すなわち生物学的基盤に何らかの問題を抱えていた場合，できるだけ早く発見し，発達的な支援を行うことが望まれます。乳・幼児期に発達の遅れや問題（もしくはその兆候）が感じられる場合，「個人差」として先送り――「子どもの発達には個人差があるから，しばらく様子を見ましょう」――することは避けねばなりません。そして，発達の遅れや問題を感じ取るために，将来親となる人や教育・保育にたずさわる人には，通常の発達とそのメカニズムについて知っておいていただけたらと願います。また，通常の発達やそのメカニズムを知ることにより，過剰な早期教育や育児の商業主義化に踊らされることなく，子どもにとって真に必要な経験や教育を判断する手がかりを得られるのではないかと思います。

さらに現在，発達障害の子どもたちに対する特別支援教育の充実が叫ばれています（第14章も参照してください）。発達障害の子どもは通常の40人学級に少なくとも二人はいると言われています。したがって，教育にたずさわる人は障害児教育が専門でなくても発達障害に対応できなければなりません。ところで，発達障害は何らかの生物学的な障害を原因として発達的に生じる問題です。しかし，発達障害ということばが広まるにつれ，子どもの学習や行動の問題の原因をとりあえず発達障害で説明してしまうということも耳にします。少なくともこうした過ちを犯さないためにも，また本当に発達障害の子どもたちに必要な支援を行うためにも，教職につこうと考えている人には本章の内容を足がかりとして，もう少し詳しい発達心理学の教科書を読んでいただけたらと思います。

引用文献

Ainsworth, M. D. S., Blehar, M. C., Waters, E. & Wall, S. (1978). *Patterns of Attachment: A Psychological Study of the Strange Situation.* Hillsdale, N. J.: Lawrence Erlbaum Associates.

Bowlby, J. (1969, 1971, 1973). *Attachment and loss.* Vol. 1-3. New York: Basic Books.（黒田実郎他（訳）(1976，1976，1981)．母子関係の理論　全3巻　岩崎学術出版）

フリス，U.　冨田真紀・清水康夫（訳）(1991)．自閉症の謎を解き明かす　東京書籍（Frith, U. (1989). *Autism: Explaining the Enigma.* UK: Blackwell.）

⇨心の理論と自閉症のかかわりについてわかりやすくまとめられています。自閉症について関心のある方は是非読んでみて下さい。

木下孝司（2016)．発達段階――連続か非連続か，愛着――人と人の絆，外言／内言――言語の2つのはたらき　子安増生（編）　よくわかる認知発達とその支援　第2版　ミネルヴァ書房　pp. 6-7, 72-73, 90-91.

⇨認知発達と発達支援の諸問題について体系的に示されています。認知発達領域中心ですが，最新の知見が多く含まれています。臨床発達心理士などの心理専門職のみならず，発達障害に興味がある教員にとっても役に立ちます。

西村辨作（2001)．言語発達障害総論　西村辨作（編）　ことばの障害入門　第1章　大修館書店　pp. 3-30.

高橋道子・藤崎眞知代・仲真紀子・野田幸江（1993)．子どもの発達心理学　新曜社

⇨発達心理学の教科書です。誕生から年齢に沿って発達を追っていくので，発達の全体像を理解できます。心の理論など最近の研究結果は反映されていませんが，バランスの取れた内容ですので，資格試験の対策などにも使えます。

Wimmer,H. & Perner, J. (1983). Beliefs about beliefs: Representations and constraining function of wrong beliefs in young children's understanding of deception. *Cognition*, **13**, 103-128.

もっと詳しく知りたい人のための文献紹介

子安増生（1997)．子どもが心を理解するとき　金子書房

⇨心の理論に関する一般向けの概論書は数多くありますが，この本は心の理論だけでなく，ガードナーの多重知能理論についてもわかりやすくまとめられ

ており，領域固有な知能の一つとしての心の理論の位置づけが理解できます。

第10章　社会性・道徳性の発達
――社会への適応

思いどおりにならない，我慢する，譲り合う，などの経験から，子どもは他人とのかかわり方を学びます。自己を確立しながら，相手との円滑な対人関係を築き，能動的・協調的に社会的活動に参加できること，具体的には，社会の基準，価値，ルール，ふるまい方を獲得していくことを，社会性の発達と言います。

社会性は，親，祖父母，友だち，先生，地域の人々とかかわるなかで，少しずつ培われていきます。自然に身につくものではありません。近年，自分の思いや予定と違うことがあると「キレる」子どもや，友人関係を上手く築けない子どもが増加しています。その一因として，子どもたちの社会性の弱さが指摘されています。実は，社会性にも，身体能力・認知能力と同様に発達順序があり，発達段階に応じたかかわり方があります。

この章では，学齢期の子どもが社会性を発達させていく過程について紹介します。社会性が発達するためには，他者の存在が重要です。とくに，仲間の存在は絶大です。そこで，はじめに児童期の仲間関係の特徴についてお話しします。次に，社会性の諸側面のうち，道徳性を取り上げ，それらがどのように獲得されていくのか，また学校現場ではそれらをどのように育成しているのかについてお話します。最後に，子どもの社会性の発達を促す生活集団である学級集団の特徴をおさえながら，そこで発生しやすい問題とその対応について考えてみましょう。

1 仲間関係を通じて養われる社会性

1-1 子どもを取り巻く人間関係：対大人から対子どもへ

人は，人とのかかわりのなかで社会性を育みます。社会性とは，個人が社会に適応するために必要な能力のことで，社会でのルール，ふるまい方，価値観，道徳を身につけながら，対人関係や社会的状況に主体的に対処していく能力のことです。他者とのやりとりを通じながら，望ましい行動傾向は承認され，助長され，望ましくない行動傾向は制限を受け，修正するよう求められ，やがて，社会で適切とされる行動様式，つまり社会性を身につけていきます。この過程を社会化と言います。家庭や保育園・幼稚園，学校などは，重要な社会化の場であり，親や教師や仲間の果たす役割は大きいとされています。幼児期・児童期の子どもは，しつけや教育を通じて大人から価値やルールが伝達されることが多いのですが，子どもは受動的にそれらを享受しているのではなく，積極的にみずから他者とかかわりあいながらみずからの行動様式を獲得していると考えられています。児童期になると，仲間とのかかわりが多くなり，自己の判断や行動の拠り所が大人から友だちへと移ってきます。子どもたちは仲間とのかかわりを通じて，自分の主張を相手に伝えると同時に相手の主張にも耳を傾けるバランスを学んだり，友だちの行動をモデルとして自分の行動を修正したり，また，友だちと対等にぶつかりあったりして相互に影響しあいながら，社会のルールを学んでいくとされています。

1-2 児童期の仲間関係の特徴

友だちの選び方

上述したように，年齢が高くなるにつれて，仲間関係の比重は増してきます。では，子どもたちは，どのようにして仲間を作っていくのでしょうか。

小学校低学年では，帰る方向が同じだから，出席番号が近いから，クラスが同じだからなど物理的な距離の近さ（近接性）によって，友だちを選ぶことが多いでしょう。小学校中学年になると，近接性に加えて，外交的，楽観的，内向的，神経質といったその人に特徴的な行動や思考傾向が似ている相手，つまり，パーソナリティが類似する相手に魅力を感じるようになり，類同性も友人関係成立にとって重要になってきます。高学年になると，近接性より類同性がさらに重要になります。同じ意見をもつ人や同じ趣味をもつ人と一緒にいると楽しく，楽しいこともおこります。それを通じて親密性を深めていくのです。

このように，友だちを選ぶ基準は年齢によって異なります。年齢が低いと物理的な要因が重要になるので，席替えやクラス替えがあると，それまで仲良くしていた子と疎遠になることがあります。つまり，児童期初期の仲間関係は不安定で変化しやすいのが特徴です。しかし，年齢が高くなるにつれて他者の内面的な要因に着目するようになり，より持続的な関係が形成されるようになります。

仲間集団の発達

年齢によって，仲間集団の特質も異なります。小学校中学年から高学年にかけては，同性・同年齢の友だちを選び，たえず行動をともにするような結束力の強い仲間集団を作るようになります。このような集団をギャング・グループといいます。同一行動をとり，仲間だけに通用する約束事を決め，親の言うことよりも仲間との約束を大切にし，仲間との情緒的な結びつきがきわめて強くなります。その一方で，仲間以外に対しては排他的であり閉鎖性が強く，権威（親・教師）や社会規範に反抗するような行動をとったりします。仲間集団内にはリーダーなどの役割も生まれます。こうした緊密な仲間関係と，権威に対する反抗的な価値観により，子どもたちは集団で生活するための技術や知識を獲得し，そして，親への依存的関係から脱しながら，子どもたち自身の世界を成立させるようになります。このような集団での経験は，子どもの社会性の発達において重要な意味をもつとともに，思春期や青年期の自分探しの時期を生きていく土台となると言われています。

しかし近年では，少子化，塾通い，安心して子どもだけで遊ぶ場所の減少により，ギャング・グループは消えつつあります。子どもは二，三人の室内でゲームをすることが多いようです。このような生活空間や遊びの変化は，子どもが対人的葛藤を経験しない環境や欲求不満耐性が育ちにくい環境を作り，そして仲間関係を作る過程で他人とのかかわり方がわからない子ども，けんかにおいて「それ以上やったらダメだ」というような手加減の仕方がわからない子ども，キレる，いじめといった問題行動の増加を生んでいると言われています。

1-3　よりよい人間関係作り

教師は，子どもたちの「人間関係作り」をどのように指導し援助すればいいのでしょうか。社会性は，他者に対する基本的な信頼感や愛着を基に培われるものです。子どもたちは，信頼できる大人や好きな友達と一緒にいたいから，一緒に遊びたいから自分を抑えて我慢できるし，ルールに従えるのです。信頼関係や愛着は，大人から賞賛，受容される経験を通して築かれます。そして，この信頼感を基盤として，はじめて教師は学校でのルールや善悪の判断等の社会性を教えることができるのです。まずはじめに教師にとって必要なことは，それぞれの子どもとの信頼関係を築くことなのです。

では，信頼関係が築かれた間柄で，一緒に何かを行ったり一緒に遊んだりすれば社会性が育つのかといえばそうではありません。子どもは，年齢によって，友だちの選び方，友だちと遊ぶ内容，獲得する社会性の内容が異なります。教師は，そのような点に留意しながら子どもとかかわる必要があります。たとえば，４歳から小学校低学年までの子どもであれば，身近な友だちと「ごっこ遊び」や「ルール遊び」を行うことを通じて，相手のことを考えながら自分を主張できる力や，友だちの立場を認め他人の良いところを見つける力が育つような機会を作ってあげるとよいでしょう。たとえば，教師の「ここに座ってもいいかな？」「私，このおもちゃを使いたいけど，いいかな？」といったことばかけは，子どもたちにとって，相手の気持ちを考慮しながら自分の気持ちを主張する方法を学ぶ機会となるでしょう。また，「あなたが同じことを言われたりしたら，イヤじゃない？」といった問いかけは，子どもが自分自身で相手の気持ちに気づくきっかけとなるでしょう。小学校中学年の時期，ギャング・エイジと呼ばれる集団性が芽生える時期には，子どもたちが集い遊ぶ場を十分に保障する必要があるでしょう。地域での集団体験が少なくなった今，学校での分担，協力などのグループワーク活動は，自分たちでルールや掟を創造する機会，コミュニケーション能力や問題解決能力を身につける貴重な機会です。また，友だちとのかかわりを最優先させるこの時期，子どもは，親や担任の注意には耳をかさなくても，仲のよい友だちに注意されると納得したり，仲間とかかわることで精神的安定がもたらされることが多くなります。このようなことから，教師は級友どうしがともに注意し合えるような，よりよい風紀が作られるような集団を育成することに留意します。徒党を組むと，帰宅時間を守らなかったり，友だちをかばうためのうそをついたり，あまりよいことをしないのですが，すぐに「○○はだめだよ」「○○しなさい」と言うのではなく，「○○してみたら，どうかな？」といった子どもの考えていることを受け止めながら提案するという配慮も必要となる時期です。徒党の成立を一つの発達過程として理解し，教師のアドバイス通りに行動することは強制せずに，子どもたち自身の世界の成立を見守る姿勢でいたいものです。

2　道徳性の発達

2-1　道徳性の発達段階

子どもたちは，良いことや悪いことの判断，ルールやマナーなどの道徳性をどのように獲得していくのでしょうか。

ピアジェ（Piaget, J.）によれば，子どもの道徳性は8歳前後を境に他律から自律へと移行します。ルールの理解を例にとると，他律的な段階ではルールは外から与えられたもので変えることができないと考えますが，自律的な段階ではルールは相対的なもので皆の合意があれば変えることができると考えます。幼い者にハンディを認めたり，適切と思われる場合には次第に例外や特例を適用するようになり，規則を守ることよりも遊びが成り立つことを重視できるようになります。

コールバーグ（Kohlberg, L.）はピアジェの理論を発展させ，道徳性の発達を役割取得の対象が自己（前慣習的水準）から他者や社会（慣習的水準）へ，さらにあらゆる生き物（脱慣習的水準）へとその尊重の対象が拡大する過程として説明しました。道徳性発達のレベルを決めるにあたっては，二つの選択肢のどちらを選んだらよいかわからないような道徳的葛藤を引き起こす物語を提示し，自分の判断をどのように理由づけるのかを尋ねました。物語の内容は，法や権威に対する服従がその行為をする者や他の人々の福祉と矛盾するようになっています。「山田さんの奥さんは病気で死に瀕しており，医者から最近開発された高価な薬を飲む以外に治癒の見込みはないと言われています。その薬はある薬屋が独自に開発したもので，100万円で作り1000万円で売られています。山田さんは，薬を買うために借金をして回りますが金策がうまくいきません。薬屋に事情を話しますが，薬屋は薬の値段を下げることも，足りないお金をあとで払うことも拒みます。とても困った山田さんは，その後，愛する奥さんを助けるために薬屋の倉庫に入り込み，薬を盗みました。」このような生命と法律のジレンマで揺れ動く道徳葛藤場面において，山田さんはどうすべきだと思うか，その理由を尋ねます。ここで重要なのは，どんな解決策を選んだかよりも，矛盾した場面をどう認識し，どのような理由で善し悪しの判断を下したのかに着目することです。たとえば，山田さんの行為に賛成だと主張しても，その理由づけは異なるかもしれません。奥さんが亡くなると困るからと理由づける人，人の生命は規則を守ることよりも大切だからと理由づける人がいるかもしれません。コールバーグは，理由づけに焦点化して整理することによって，3水準6段階から成る道徳性発達段階を提唱しています（表10-1）。この道徳性の発達段階は，第1段階から第2段階，第3段階へと順に発達していくものであって，途中の段階を飛ばしたり，逆戻りはしないと想定されています。5～6歳までの子どもたちは，主に前慣習的なレベルであるとされ自己中心的な視点しかとれません。児童期の子どもたちは，高くても第3段階程度で他者や権威に対する同調的な判断を行う慣習的レベルであり，他者から「よい子」「よい人」と評価されることを気にし，良いイメージをもたれようとします。青年期には，社会秩序や人権や福祉への志向性をもち，社会全体の観点からの合理性や公正さを求める段階へと進みますが，最終の第6段階に達するものは

表 10-1　コールバーグ理論における道徳性発達段階

レベル		判断の基礎	回答の具体例	
			基本判断	理由
前慣習的水準 自己の行動の結果を重んじる	1：罰と服従への志向	罰を避けることや，権威のある者に従うことが正しいことである。	賛成 反対	「奥さんの親に叱られるから」 「盗みをすれば罰せられるから，山田さんが悪い」
	2：道具的志向	自分自身の欲求を満たす手段（道具）となる行為は正しいことである。	賛成 反対	「奥さんを助ける手段だから盗みは仕方がない」 「薬屋が値引きしなかったのは商売として当然のこと」
慣習的水準 周囲の期待や，社会的によいとされているルールを重視する	3：良い子への志向	他者から非難されないためにルールに従う。ステレオタイプのよいイメージに準拠し，他者から認められたり，他者を助ける行為は正しいことである。	賛成 反対	「奥さんへの愛のための盗みだから良い」 「盗んだ薬で奥さんは喜ばない」
	4：社会秩序への志向	権威（親，教師，神）に対して尊敬を示し，法や秩序を維持しながら，自分の義務や責任を果たすことが正しいことである。	賛成 反対	「彼は奥さんを助ける責任があるので仕方ないが，後で自首しなければならない」 「盗み自体犯罪であり悪いこと」
脱慣習的水準 現実の社会や規範を超えて，普遍性を持つ原則をめざしつつ，自己の良心を重んじる	5：社会契約と違反志向	法もまた人間のためにあるのであって，法が不都合な場合には，合議を経て修正できるという考え方をする。最大多数の最大幸福を志向する。	賛成	「盗みは悪いことだが，生命を守るために正当化される」
	6：普遍的倫理への志向	この段階では，法で定められているかどうかは問題ではない。より一層普遍的な倫理的原理に基づいて道徳的な判断理由づけがなされる。その普遍的な原理の頂点に位置づけられていると考えられるのが正義の原理である。	賛成	「生命の尊重の原理に従ったのだから，盗むことは正しい」

（出所）　荒木（1988）を参考に再構成した

少ないとされています。

学校で行われている教育実践

道徳性の発達を促す教育実践の一つに，モラルジレンマ授業と呼ばれるものがあります。この授業は，それぞれの発達段階に応じた道徳的価値葛藤のある資料（たとえば前述の「山田さん問題」）を用い，議論に参加することを通じて，道徳性の発達段階を1段階高めようとするものです（荒木，1997）。コールバーグの考え方によれば，ある段階で判断する人は，その一つ上の段階の説明を聞けば理解できますが，2段階上の理由づけを理解することはできません。そこで，道徳性を高めるには1段階上の人たちの議論に触れるのがよい，それを仕組んだのがモラルジレンマ授業です。このような子ども同士の相互作用を活用した教育活動は，認知的葛藤が生じるような環境を設定することがポイントです。そのような設定は，相互作用を通じて説明活動を活発にさせ，説明の不明確な点，理論的一貫性にかける点に関する質問が出やすく，思考の精緻化がなされやすいと言われています。

2-2　道徳性の発達を支える要因

道徳性の発達と深い関連がある能力として役割取得能力があげられます。役割取得能力とは，相手がどのように感じ，考え，行動しようとしているかを推測し，その情報に基づいて自分の行動を決定できる能力のことで（Selman, 1976），知的にいくら優れていても役割取得能力が発達していなければ，道徳性の発達は期待できないとされています。セルマン（Selman, R. L.）は，ジレンマを含んだ物語に対する子どもの回答に基づいて，役割取得能力の発達段階を提唱しています。たとえば，木登りをしないと父親と約束した主人公が，木の上で降りられなくなった子猫を助けて欲しいとお願いされ，子猫を助けるかどうかを悩むといった話を子どもに話します。そして，各登場人物がどのように考えているか，それに基づいて自分だったらどのようにするかを尋ねます。5歳くらいまでは，自分と相手の考えや見え方に違いがあることに気づきません。6歳をすぎると自他の視点の区別ができるようになり，8歳をすぎると自

表 10-2　役割取得能力と対人交渉方略との関係

対人交渉方略 他者を変える志向	役割取得能力 発達段階	対人交渉方略 自分を変える志向
	レベル 0 **未分化・自己中心的**	
自分の目標を得るために，非反省的・衝動的に力を使う けんか・たたく 暴力的にたたく	自分と他者の視点を区別することが難しい	自分を守るために非反省的・衝動的に力を使う 泣く・逃げる・隠れる 無視する
	レベル 1 **分化・主観的**	
一方的に命令して他者をコントロールする 命令・脅す・主張する	自分と他者の違いを意識できるようになるが，権威者もしくは自分の考えが正しいという一つの視点しかとれず，視点間の相互関係には気づかない	自分の意思をもつことなく他者の希望に従う 従う・あきらめる・助けを待つ
	レベル 2 **自己内省的・相互返報的**	
他者の気持ちを変えるため心理的影響力を意識的に使う 促してさせる・わいろ 物々交換 はじめにやる理由を言う	自分の視点と他者の視点を区別し，互いの視点から自分や他者の気持ちを推測できるようになるが，自他両方の視点を考慮して関係づけることはできない	相手の希望に心理的に従って，自分の希望は二番目に位置づける 調節・物々交換 二番目にやる・理由を尋ねる
	レベル 3　相互的役割取得	
	自分と他者の両方が，同時に相互の視点を予想することができるということに気づく。第三者の視点から，個々人の視点を想定し，それらの視点間の関係性を考え，複数の視点を同時に調整することができることに気づく 自分と他者の願望を共有し，調節し，葛藤を解く・協力する	

（出所）　セルマンに基づき渡辺（2001）が構成

他の視点を区別し，互いの視点から自分や他者の気持ちを推測できるようになります。さらに12歳をすぎると，自分と他者の視点以外，第三者の視点をとることができるようになります（表 10-2）。

このような役割取得能力の発達に伴い，自分と他者との欲求や意見が対立したときに用いる解決方法，すなわち対人交渉方略も未熟なものからより成熟した方略へと発達します（Selman, 1976)。対人交渉方略には，自分の行動を変えて問題に対処する自己変容志向と，攻撃するあるいは説得するなど他者の行動を変えて問題に対処する他者変容志向の二通りがあり，それぞれ段階的に発達します。たとえば，相手と遊び道具の取り合いになったとき，「相手をたたく」と「泣く」では，行動としては正反対のあり方ですが，役割取得能力の発達レベルは同じ0段階だと考えられています（表10-2)。「命令する」と「従う」のような行動はともに発達段階1です。最後の発達段階3では，自分の行動を変えたり，相手の行動を変えたりして問題に対処するのではなく，自分と他者の願望を共有し，双方が納得できるような解決をするようになります。

学校で行われている教育実践

役割取得能力はさまざまな関係を体験しながら，認知能力の発達とともに徐々に培われていきます。子どもにさまざまな視点を体験させることによって，役割取得能力の向上を目指した教育実践にセルマンが提唱した「愛と自由の声」実践があります（渡辺，2001)。このプログラムは，子どもが自分の感情を表出しコントロールする能力や友だちとの葛藤を解決する能力を発達させることを目的としています。教育実践アプローチは，五つのステップから構成されており，ステップ1は物語を題材にして教師が自分の経験を話す「結びつき」，ステップ2は物語を読み登場人物の気持ちや考えをワークシートやインタビュー等によって考える「話し合い」，ステップ3は自分とは違う（同じ場合もあるが）立場の人物になりきり問題解決を図るロールプレイ（役割演技）を通じ，対人的葛藤の解決方法を考える「実践」，ステップ4は主人公に手紙を書いたり物語の続きを作ることでさまざまな視点から考える練習をする「表現」，ステップ5は学校だけでなく家庭でも葛藤や問題状況を適切に解決することを考える「ホームワーク」となっています。

2-3　道徳性の育成

本節で説明してきたことを踏まえて，道徳性を育成するという観点からまとめます。

発達段階を知る必要性

「万引きは悪いこと」。しかし，その理由が「見つかったら叱られるから（段階1）」の場合と，「法や秩序を乱すから（段階4）」の場合とでは，他者の目が届かない場面での行動は違うかもしれません。段階1のように「罰を受けることは悪いこと」という判断のままだと，「見つからなければやってもよい」という誤った判断に基づいた行為を起こしかねません。そこで，教師はたんに行動の善し悪しを教えるだけでなく，道徳判断能力の育成に力点をおくことが必要でしょう。道徳判断能力自体を育成する上で重要なことは，相手の発達段階を見極め，その段階にあった指導を行うことです。教師がいくらすばらしい説明をしても，子どもたちの発達段階にあった説明でなければ，子どもは理解せず，結局，自分に理解可能な水準で翻訳してしまうでしょう。教師は，子どもの発達状態によって，どのような経験をなしえるかが制約されていることを知っておかなければなりません。もっとも子どもの道徳発達に効果的なのは，「1段階上の」判断による説明だと言われています。子どもの発達段階を理解するために，特別な実験を行う必要はありません。子どもの行動や発話を観察し，他者の欲求や意見と対立したときに，どのような対人交渉方略を用いているか，または，どのような発話を行っているかを見定めることによって，その子どもの道徳性段階や役割取得能力のレベルは推測できます。友だちどうしでおもちゃの取り合いになった場面で，一方の子どもが「そのおもちゃを貸してくれないと，○○ちゃんのこときらい」と発言したとすると，その子どもの役割取得能力はレベル1，道徳性発達段階は1と判断できます。この子は，相手の気持ちを自分から推測できませんから，このような子どもには，「お友だちもそのおもちゃが好きで遊びたかったんだね」と相手の気持ち（視点）を伝え，さらに，その子どもにとって1段階上の道徳判断によることばがけ，たとえば「貸してと言って順番を待てばいいかもね」といったことばがけをするとよいでしょう。

認知的葛藤経験の重要性

道徳性は，年齢とともに勝手に身につくわけではありません。大人から相手の気持ちを考える大切さを教えられることによって，または，友だちとのいざこざを解決することを通じて少しずつ培われていくものです。大人とかかわるなかで，もしくは，子どもどうしのかかわりのなかで，子どもたちは道徳性をどのように身につけていくのかを整理してみます。8歳頃までの子どもたちは，他律的な段階にいます。この時期の子どもたちは，親や教師がどのような行動を叱り，ほめるのか，親や教師自身がどのようにふるまうのかを見て学んでいくことが多いでしょう。いわゆる，観察学習（第1章参照）といわれる学習方法です。

また，8歳以降の子どもたちはより自律的な判断ができるようになっています。子どもたちは，学校や学級やクラブ活動など仲間との相互作用の経験を通じて学ぶことが多くなるでしょう。ただし，重要なのは相互作用すれば道徳性が発達するのではなく，大人や友だちとのやりとりを通じてみずからのなかに葛藤がおき，それを乗り越え，そして，各発達段階に応じた判断を子どもみずからが納得して取り込んでいったときにはじめて，道徳性が子どものなかに育つということです。話を聞いて示された道徳的基準を理解したとしても，認知的葛藤が起きていない場合は身になる道徳にはならず，自分の行動をコントロールすることにつながっていきません。つまり，教師は子どもがみずから考え判断していく過程を大切にしながら，道徳性を育成していくことが重要でしょう。

3　学級集団における行動や発生しやすい問題

3-1　学級集団の特徴

集団規範と同調

教師は，集団のもつ特性と機能を十分に認識して，効果的な学級作りを考えていく必要があります。一般的に，集団には集団規範が存在し，集団圧力が働くと言われています。集団規範とは，一人ひとりが沿うように期待される標準的な考え方や行動のことです。学校では「廊下は走らない」「チャイムが鳴ったら席に着く」など明文化されているものも多いですが，仲間同士で相互に交わるうちに自然発生的に出来上がった暗黙の集団規範も見受けられます。ひとたび集団規範が形成されると，集団のメンバーはその規範に従って行動することを求められます。たとえば，「けんかのことは，先生に言わない」といった暗黙の集団規範を遵守するようにと，周囲の者から直接的，間接的に圧力が加えられることがあります。これが集団圧力です。集団規範に同調できない者，集団の規範からはみ出している者には，批判，無視などが行われ，仲間から排除するような行為やいじめに発展することもあります。集団から外されたり，受け入れられなくなったりしないために同調するということもおこります。

集団の凝集性

「○組は一丸となってまとまる」といった集団のまとまりのよさを凝集性と言います。集団凝集性が高いと，集団に対し高い忠誠心や帰属意識をもつことができ，集団規範が厳密に遵守されるようになります。ここで気をつけたいのが，集団凝集性はつねに望ましい方向に働くのではなく，ときには望ましくない方向へ働くこともあるということです。凝集性が高い集団では，成員の態度や行動を一致させるような圧力が強く働くため，かならずしも正しくない多数派の意見にみんなが同調する傾向が見られることがあります。たとえば，凝集性が高い集団内でいじめが行われると集団圧力が働き，たとえそれが残虐な行為であっても，罪の意識が忘れられ，勢いで行為に加担してしまうことがあります。

3-2　学級集団で発生しやすい問題

子どもは，学級集団のなかで，さまざまな人間関係上のトラブルを体験します。とくに，いじめや学級崩壊は，学校という場面と密接に結びついた問題です。

学級崩壊

学級崩壊とは，子どもたちが教室内で勝手な行動をして，教師の指導に従わず授業が成立しないなど，集団教育という学校の機能が成立しない状況が一定期間継続し，学級担任による通常の手法では問題解決ができない状況に立ち至っている場合です。文部省（2000）の調査によれば，学級が上手く機能しなくなる原因はいくつかあります。低学年で起きやすいケースとしては，小学校での集団生活や学級活動に十分な準備のないまま入学してきて，学校の求める行動や活動になかなかスムーズに応じられない子どもたちの存在が学級崩壊を引き起こすケースです。たとえば，幼児教育では一列に並んだり，イスに座って長時間話を聞くということを重視していませんが，小学校に入ると暗黙の集団規範となっています（小１プロブレム）。また，特別な教育的配慮が必要な子どもへの対応ができていないために，学級がうまく機能しないケースもあります。発達障害のある子どもは通常学級で指導を受けることも多く，彼らの特性を理解していないまま対応すると，彼らを苦しめるだけでなく，周りの級友も混乱します。

教師の子どもへの接し方と子どもとの関係で決まる学級集団の特性（雰囲気）と，学級崩壊との関連も指摘されています。教師の子どもへの接し方・指導スタイルが管理的で柔軟性が少ないと，子どもたちの反発が広がって学級運営が立ち行かなくなる「反抗型」の学級崩壊が生じやすく，教師が子どもの言い分を尊重しすぎると，友だち感覚の優しい先生とのなれ合いの末に秩序が崩れる「なれ合い型」の学級崩壊が生じやすいと言われています。教師の子どもへのかかわり方や指導には，忘れ物をしないように注意したり，校則を守るように指導する目標達成機能（P: performance）と，生徒の話を共感的に聞いたり，子ども同士の人間関係など子どもの集団生活に配慮する集団維持機能（M: maintenance）があります（三隅，1984)。このＰ機能とＭ機能の指導がともに高いレベルの教師，状況に応じてＰ機能とＭ機能を使い分けることができる教師の学級では，子どもどうしの連帯が強く，規則が遵守され，学習意欲も良好だと言われています。

いじめ

いじめとは，自分より弱い者に対して，一方的に身体的・心理的攻撃を継続的に加え，相手が深刻な苦痛を感じている状態です。いじめは，児童期に見られる仲間関係の特徴や，教師の子どもへの接し方と子どもとの関係から成る学級集団の雰囲気と密接な関連があります。たとえば，児童期の子どもたちは仲間意識が強いため，集団のメンバーが集団規範からはみ出すと，いわゆる「仲間はずれ」という制裁を加えたり，社会的スキル不足ゆえに自分たちだけでは集団のまとまり（凝集性）を維持できない場合にスケープゴート（いけにえ）として，特定の対象をいじめることがあります。また，学級集団の雰囲気がいじめを生じやすくさせている場合もあります。教師による管理統制が過度に厳しいと，子どもたちに競争関係を促し，上位にいる者が下位の者に対する差別的行動をとる学級雰囲気を生んでしまうことがあります。逆に，教師が子どもの意見を過度に尊重し過ぎると教師の統率力が弱い学級集団となり，まとまりがない，ルールの遵守が重視されないような学級雰囲気を形成してしまうことがあります。いじめ問題は，加害者対被害者という二者関係がクローズアップされ，加害者側の要因（日常的なストレスを仲間に向ける，人とかかわる社会的スキルの欠如，相手の立場にたつことが困難，自己肯定感が低いこと等）や教師の指導力不足に直接の原因が求められがちです。しかし，いじめの構造として被害者の周囲には加害者，観衆，傍観者がいて，いじめが拡大していくのか，収束していくのかは直接いじめに加わっていない「観衆」や「傍観者」の存在，学級の雰囲気などの学級集団の問題による影響が大きいと言われています（森田・清水，1994）。

3-3　よりよい学級作りへ

学級崩壊やいじめの予防や解決には，個別的な対応とともにクラス全体への働きかけも必要かつ有効です。ここでは，学級崩壊やいじめへの対応を，先に説明した集団規範および集団の凝集性という観点から考えてみます。

学校は集団生活の場なので明白あるいは暗黙裏に守るべき集団規範があり，

子どもたちはそれに従った行動が求められます。そうした集団規範は，教師の子どもへの接し方と子どもとの関係で決まる学級集団の特性（雰囲気），子どもどうしの関係，児童期の仲間関係や道徳性判断等の発達特徴により決まってきます。

仲間関係を重視し，権威に反抗的な態度をとるようになる小学校中学年以降の時期は，「こうすべきだ」というようなＰ機能が強い教師の指導を受け入れない児童が多くなるでしょう。たとえば，学力の低い子どもたちに真正面から勉強することを求めたために，子どもとの間に溝が生じることがあります。教師なりに子どものことを考えた指導内容であっても，子どもにそれが受け入れられない状態が続くと，子どもたちの反発が広がり学級運営が立ち行かなくなってしまいます。しかし，子どもとの良好な関係を作ることに留意するあまりに，教師が子どもの言い分を尊重しすぎるなれ合いの関係になると，ルール遵守がルーズな学級になったり，教師がいじめを見逃してしまう危険性があることも指摘されています。つまり，教師は，子どもの発達段階や集団が置かれた状況によって，Ｐ機能とＭ機能のバランスを使い分けるなど，その集団での有効な指導の在り方を探る柔軟な指導を心掛ける必要があります。

学級崩壊と関連する，小１プロブレム，特別な教育的配慮を必要とする子どもに関する問題，いじめについては，上記に述べた教師の柔軟な指導という側面に加えて，いくつかの留意点が考えられます。小１プロブレムという現象に対しては，教師はあらかじめ就学前教育での集団規範と小学校での集団規範が異なることを理解しておくことが必要でしょう。そして，就学前教育と小学校教育に携わる人々が相互理解を深めるとともに，段差が埋まるような緩やかな移行，たとえば，既存の集団規範を小学校１年生にあてはめるのではなく，子どもたちが遂行可能な集団規範を考える必要があるでしょう。また，特別な教育的配慮を必要とする子どものいる学級では，教師は当該児童への個別教育計画を実施する一方，発達的に問題のある子どもを受け入れるような集団規範を浸透させましょう。たとえば，ADHD の子どもは，不注意な行為や衝動的な行為のために友だちから受け入れられ難くなる可能性をもっています。子どもが学級集団のなかである程度適応的に生活できるように，教師はADHDの子どもを受け入れる価値基準を浸透させましょう。それが集団規範となれば，その子のふるまいは許容範囲内となります（榊原，2000）。いじめを阻止・予防するには，子どもたちの社会的能力を高めることも必要ですが，凝集性を高めながら，いじめにどのような態度で向かうかという暗黙の集団規範や学級の協調的な雰囲気を形成する必要があります。いじめの阻止力を担うのは，当事者の周囲にいる「観衆」や「傍観者」と言われる子どもたちだと言われています。傍観者としていじめを見逃すことは，仲間との親密な関係がもてず，人間関係が希薄になっていることをまさに反映しています。教師は，「観衆」や「傍観者」が「仲裁者」になるような集団のなかでの規範意識を高めるような指導をする必要があります。児童・生徒が所属する集団の意識および人間関係を変えていくことが，いじめの予防につながるのです。

つまり，教師がどのような考え方や方法で集団規範を作り，そして浸透させ，学級の集団をまとめていこうとするかが，学級集団の特性（雰囲気）や集団生活での子どもどうしの関係のあり方に大きな影響を与えていると言えるでしょう。

引用文献

荒木紀幸（編）（1988）．道徳教育はこうすればおもしろい――コールバーグ理論とその実践　北大路書房

荒木紀幸（編）（1997）．続　道徳教育はこうすればおもしろい――コールバーグ理論の発展とモラルジレンマ授業　北大路書房

Kohlberg, L. (1969). 永野重史（監訳）（1987）．道徳性の発達――認知発達アプローチ　新曜社

三隅二不二（1984）．リーダーシップ行動の科学（改訂版）　有斐閣

森田洋司・清水賢二（1994）．新訂版　いじめ――教室の病　金子書房

文部省（2000）．学級経営をめぐる問題の現状とその対応

Piaget, J. (1932). 大伴茂（訳）（1957）．児童の道徳性判断の発達　同文書院

榊原洋一（2000）．集中できない子ども達―― ADHD（注意欠損・多動性障害）なんでもQ＆A　小学館

Selman, R. L. (1976). Social-cognitive development. In Lickona, T. (Ed.), *Moral Development and Behavior.* New York: Academic Press. pp. 305-308.

⇨内容について知りたい人は，文献紹介に記載した堀野・濱口・宮下（2000）を読むとよいでしょう。

Selman, R. L. & Yeats, K. O. (1987). Childhood social regulation of intimacy and autonomy: A developmental-constructionist perspective. In W. M. Kurtines & J. L. Gewirtz (Eds.), *Moral Development Through Social Interaction.* New York: Plenum. pp. 43-101.

⇨内容について知りたい人は，下記の渡辺（2001）を読むとよいでしょう。

渡辺弥生（編著）(2001). VLF による思いやり育成プログラム　図書文化

もっと詳しく知りたい人のための文献紹介

井上健治・久保ゆかり（編著）(1997). 子どもの社会的発達　東京大学出版会

⇨本書は，社会性の発達に関する基本的問題を概説するとともに，社会的発達を研究するとはどういうことか，どうすればいいのかについて書かれています。

堀野緑・濱口佳和・宮下一博（編著）(2000). 子どものパーソナリティと社会性の発達　北大路書房

⇨乳・幼児期から青年期に焦点をあて，子どものパーソナリティと社会性の発達について詳述しています。社会性は，自己意識，動機づけ，価値観，社会的スキル，自己制御，ストレス対処方略などの諸概念と密接に関係しています。本書は，様々な視点から，子どもの社会性を説明しています。

第11章　学級集団づくり
——一人ひとりの変化成長のために

学校生活は学級を単位とした集団活動が中心です。それだけに学年始めのクラス替えは子どもたちのみならず保護者にとっても大きな関心事です。少なくとも１年という長い間，誰と一緒に過ごすのか，誰が学級担任なのか。当事者にとっては大きな問題です。学級が学校生活のみならず家庭生活をも含めた生活全般におよぼす影響の大きさを直感的に理解しているからです。

では，望ましい学級とはどのような集団でしょうか。皆さんが学級担任になった場合，その望ましい学級をどのように実現できるでしょうか。本章では，望ましい学級を子ども一人ひとりの変化成長を促す，子ども中心の主体的な学習集団と捉え，そのような学習集団づくりの基盤は授業づくりにあると考えます。これを前提に，協同学習の観点から，子どもたちが生き生きと学び続けられる望ましい学級集団づくりを検討します。

本章の内容は，大学でのグループ学習やサークル活動，就職活動における集団面接，さらには就職後の職場におけるチームワークなどにも活用できます。

1　教育目標と望ましい学級集団

1-1　教育目標の具現化

教師は最終的な教育目標をつねに意識しながら教育活動に従事すべきです。目標が方法を縛ります。学級集団づくりも同じです。教育目標により，望ましい学級集団の姿も変わってきます。できるだけ抽象度の高い目標を設定し，その実現に向けた学級集団づくりを心がければ，学級における学習指導と生活指導との整合性がとれ，教育目標の達成に向けた望ましい学級集団を育てられま

表 11-1　変化成長できる人の行動特性

①目的意識をもって
②幅広く情報を収集し
③主体的かつ論理的に考え
④自分の言葉で語り
⑤仲間と交流して
⑥根源を問い続け
⑦実践でき
⑧結果に責任をとれる人

（出所）　安永（2019）

す。そこで，本章では抽象度の高い教育目標を具体的な内容や方法に落とし込む具現化の手順を考えることから始めます。この手順を習得すると，教育場面以外の集団づくりやチームビルディングにも応用できます。

安永（2017）は，教育の最終目標をすべての人が平和で幸せに暮らせる社会づくりにむけ，それぞれの「現場で活躍できる人材の育成」と捉えています。そして「現場で活躍できる人材」をつねに学び続け「変化成長できる人」とみなし，そのような人を表 11-1に示した行動特性（安永，2019）で表現しています。むろん，これらの行動特性が「変化成長できる人」の全体像を表現できているわけではありません。教育目標を具体的な内容や方法に落とし込む際の一つの仮説といえます。仮説を構成する具体的な行動特性は訓練でき，教育実践を通しての変化を測定・評価できます。その知見を受けて仮説を修正することができ，客観的なデータに基づく教育が可能になります。このような手順によって，抽象的な目標を，行動に基づくデータによって達成していくというわけです。

ここで紹介した教育目標の具現化の手順は，カリキュラム編制における「逆向き設計」の考え方と基本的に同じです（西岡，2016)。「逆向き設計」とは，教育実践を 3 段階で考えます。まず，最終的な教育目標を定めます。次に，その目標が達成されたときに，何ができるようになるのが妥当であるかを考え，それを評価する方法を決めます。そして最後に，具体的な教育方法や課題を決めます。

1-2　望ましい学級集団

どのような学級集団が望ましいかは教育目標で変わります。本章では，表11-1に示した行動特性を兼ね備えた「変化成長できる人」を育てるのに相応しい学級を望ましい学級集団と見なします。そのような学級は，学級を構成する一人ひとりが仲間との基本的な信頼関係を実感でき，仲間から認められ，居心地のよい学級，お互いが協力し合い，安心して学び続けられる学級，そして自他の変化成長を実感でき，共に喜び合える学級と表現できます。

この望ましい学級集団は「支持的風土」に満ちているといえます。ここでいう風土とは雰囲気と同義です。支持的風土に満ちた学級では，一人ひとりが大切にされ，誰かが発言すると周りの子はしっかりと傾聴でき，仲間の発言を受容できます。発言内容が一方的に否定されることはなく，安心して本音で語り合うことができます。お互いの良さを認め合える温かい人間関係があります。このような支持的風土に満ちた学級集団であれば，授業においても学び合い，励まし合い，高め合うことができ，主体的で対話的で深い学びが実現できます。その結果，学級に所属する子どもたちは表11-1に示した行動特性を獲得する機会に恵まれることになります。

1-3　編制直後の学級集団

学級集団づくりの出発点となる編制直後の学級は異質性と多様性と偶然性を特徴とします。学級編制は学級担任の負担を考慮して同質の学級を構成するのが一般的です。とくに学級間で学力格差が生じないように，さらには特別な配慮が必要な子どもが偏らないように編制します。その結果，どの学級にも一定程度できる子とできない子，さらには気になる子が配属されることになります。子どもたちの家庭環境や生活習慣も大きく異なり，多様な個性を持った子どもたちが，子どもたちの意志とは関係なく偶然に集められます。

このような特徴を持つ編制直後の学級は，上記の望ましい学級の姿とはいちじるしくかけ離れています。極論すれば「烏合の衆」です。その代表例が入学直後の小学校１年生です。１年生にとっては学級でのすべての活動がはじめての経験です。学級全体という視点は弱く，個人の思いが行動に出がちです。学年が上がるにつれ集団生活にも慣れ，他者との関係性を重視するようになり，徐々に学級という視点が芽ばえてきます。学級の一員として行うべきことと行ってはいけないことについて共通認識が生まれてきます。とはいえ，編制直後の学級に明確な認識や規範があるとはいえません。ましてや共に学び合い，認め合い，高め合うといった望ましい学級集団に求められている教育的機能を期待することはできません。

このような編制直後の望ましくない学級集団が，たんに時間経過に伴い，望ましい学級集団に変わっていくことはほとんど期待できません。ここに学級担任の積極的な関与が必要になります。

2 望ましい学級集団づくりの考え方と方法

上記の望ましい学級集団を育成するためには学級担任による周到に準備された指導内容と，教師の指導力が求められます。ここでは望ましい学級集団づくりに有効な協同中心の教育パラダイムと，それを実現する協同学習について検討します。

2-1 教育パラダイムと学級集団づくり

教育パラダイムとはその時代や社会において中心的な教育に関する考え方です。少なくとも先に述べた望ましい学級集団を育成するには，旧来型の競争を中心とした教育パラダイムではなく，協同を中心とした教育パラダイムが求められます（表 11-2；ジョンソン他，関田（監訳），2001）。

協同中心の教育パラダイムでは，子どもは教師から与えられた知識をたんに受容する存在ではなく，自ら働きかけ創造する能動的な存在と見なされます（知識観）。学習は覚えることに留まらず，考え続ける活動までを含みます（学習観）。その際，協同の原理に基づく（学習環境），教師や学級仲間との良好な関係が前提となり（人間関係），一人ひとりの豊かな学びと変化成長を保証するのが教育と捉えます（授業目的）。指導にあたる教師は，つねに自分の教育実践と，その背後にある教育に対する考え方を振り返り，教師自身も変化成長することが求められます（教師観）。

この協同中心の教育パラダイムは，人は無限の可能性を秘めた存在である（Bandura，1997）という根本原理を前提としています。望ましい学級集団づく

表 11-2　教育パラダイムの比較

視点	競争中心のパラダイム	協同中心のパラダイム
知識観	知識は教師が生徒に伝えるものである	知識は生徒が創り出し，組み立て，変形し，広げるものである
学習観	知識を覚えることが勉強である	考えることが勉強である
授業目的	教育は生徒を分類・選別することである	教育は生徒の能力を開発することである
人間関係	教師と生徒の人間関係は薄くて当たり前である	教育は教師と生徒との人間的な関係のなかで成立する
学習環境	競争することで生徒は成長する	教育には協同が重要である
教師観	専門家は訓練を受けなくても教えられる	教えることは難しい作業であり相当の訓練が必要となる

（出所）　ジョンソン他，関田（監訳）(2001）を改変

りは，子どもたちの秘めた可能性を信じ，その可能性を最大限に発揮できる場づくりともいえます。

2-2　協同学習の考え方

協同中心の教育パラダイムに沿った教育実践のために提案されているのが協同学習（cooperative learning[1]）です。もちろん望ましい学級集団づくりにも役立ちます。協同学習とは「協同して学び合うことで，学ぶ内容の理解・習得を目指すとともに，協同の意義に気づき，協同の技能を磨き，協同の価値を学ぶ(内化する）ことが意図される教育活動」といえます（関田・安永，2005)。

協同学習の理論的背景には，個と集団の関係を検討するグループ＝ダイナミックスの考え方があります。なかでも「協同・競争・個別」に関する考え方には注意が必要です（ジョンソン他，関田（監訳），2001)。この三者関係をグループ＝ダイナミックスでは活動の「過程」ではなく「結果」によって区別します。

➔1　協同学習と類似した用語として協調学習や協働学習があります。専門的には少なからず議論がありますが，一般的には厳密な使い分けがなされている訳ではありません。文部科学省は政策用語として協働学習を好んで使っています。なお，関田・安永(2005)は cooperative learning を協同学習，collaborative learning を協調学習と呼ぶことを提案しています。詳細についてはこの論文を参照してください。

つまり，誰かが目標を達成すると，他の人は目標を達成できない状態を「競争」，他の人も一緒に目標を達成できる状態を「協同」，他の人の目標達成には影響しない状態を「個別」と捉えます。

この考えに立つ協同学習は学習過程における競争や個別の活動を否定しません。むしろ，学習過程においては競争や個別の活動も意識的に組み込み，参加者全員の学習効果を高めようと工夫を凝らします。実際，もっとも効果的な方法は学習過程にグループ間競争を取り入れた場合であることが知られています。学習の過程が競争的または個別的に見えても，結果的に学級に所属する一人ひとりの変化成長が達成できていれば協同学習といえます。

2-3　協同学習の基本要素

協同学習はたんなるグループ学習とは違います。両者は教育における小グループの活用という点では共通していますが，協同学習は参加者全員に「協同の精神」を求めます。協同の精神とは「仲間と共有した目標の達成に向け，仲間と心と力をあわせ，いま為すべきことを見つけ，真剣に取り組む心構え」です（安永，2018）。協同の精神に満ちたグループ学習とたんなるグループ学習を区別する特徴として，ジョンソン他（関田（監訳），2001）は次に示す五つの基本要素をあげています。

①肯定的相互依存：互恵的な相互依存とも呼ばれます。仲間と共有した目標達成に向け，仲間を信頼し，持てる力を最大限に振り絞り，互いに貢献している状態をさします。一人ひとりが仲間の貢献を受け容れるという意味で相互依存であり，相互に依存することで目標に近づくという意味で肯定的です。仲間の行為（たとえば社会的手抜き[2]）が目標達成の障害となれば否定的な相互依存となります。

②個人の責任性：共に学ぶ仲間には各自に二つの責任があります。一つは自分の学びに対する責任であり，一つは仲間の学びに対する責任です。仲間が理

➔ 2　集団になると一人ひとりの力が十分に発揮できなくなる現象。なお，課題遂行を一方的に他者にまかせてしまうフリーライダーとは区別される。

解できていなければ自分の支援が足りなかったと反省し，さらに積極的に支援することが求められます。

③積極的相互交流：肯定的な相互依存関係があっても，個人の二つの責任を理解していても，それだけでなく，それを具体的な行為として現す必要があります。学習者同士が積極的に交流することで，はじめて大きな学習効果が期待できます。

④社会的スキルの促進：協同学習では学びに必要な対人関係スキルや学習スキルが求められます。これらのスキルがあれば使うように促し，スキルがなければ教える必要があります。この役割は一般的に教師に期待されますが，子どもたち同士でできるようになるのが理想です。

⑤活動のふり返り：より望ましい集団になるためには建設的な省察が必要になります。学習活動における自他の言行を振り返り，何を続け，何を止めるべきかを考えます。仲間を区別したり，批判したりすることが目標ではありません。ともに伸びる集団づくりが目標です。

これら五つの基本要素が満たされているグループ学習を，単なるグループ学習と区別して協同学習と呼ぶことができます。むろん，すべての要素が最初から満たされていることはありません。日々の活動において意識的に訓練する必要があります。

たとえば，大学の授業でのグループ活動を思い出してください。協同学習の基本要素を意識することで，皆さんが喜んで参加したいと思える生産性の高いグループになります。そのためには，まずお互いを知り，仲間を大切に思い，真摯な気持ちで活動に参加し，基本的な信頼関係を築きます。そのうえでグループとしての活動目標を達成するために自分にできることを考え，積極的に行います（肯定的相互依存）。理解に苦しんでいる仲間や，集中できていない仲間に気づいたら，躊躇することなく声をかけ，自分のこととして対応します（個人の責任性）。また，目標の達成に向け，一人ひとりが自分の考えに基づき仲間と積極的に対話し，新しい了解にむけての交流を楽しみます（積極的相互交流）。より望ましい話し方や聞き方などグループ活動の仕方や学び方を仲間と考え工夫します。うまく行かなければ指導者に相談します（社会的スキルの促進）。そして活動が終わったら振り返ります。どこが良く，どこが良くなかったかを率直に指摘します。仲間の望ましくない行為を指摘することは気が引けますが，だからといって発言しないのではなく，具体的な出来事を示して理解を求め，全員が自分のこととして解決策を出し合います（活動の振り返り）。

このように大学における日々のグループ活動において協同学習の基本要素を意識することで素敵なグループ活動を体験できます。この体験が，学校で学級を担当したり，職場でチームを組んで業務に当たる際，望ましい集団づくりに役立ちます。体験を伴わない理解は，社会の現場では活用できません。

2-4　協同学習の技法と基本構造

協同学習を実現するために小グループを活用した多くの技法が開発されています（バークレイ・メジャー，東京大学・吉田（監訳），2020；バークレイ他，安永（監訳），2009）。そこには，話し合いや教え合い，文章作成などといった学習目標に応じて，簡単ですぐにでも使える技法から，使いこなすには一定の訓練が必要な複雑な技法までが含まれています。対象となる子どもたちの発達段階や学習目標に応じて，さらには対象となる学級集団の状態に応じて技法を選択します。そして，上記に示した協同学習の五つの基本要素を意識しながら，その学級に適した使い方を工夫することで，協同に基づく活動が実現し，協同の精神が涵養され，望ましい学級集団を育てることができます。

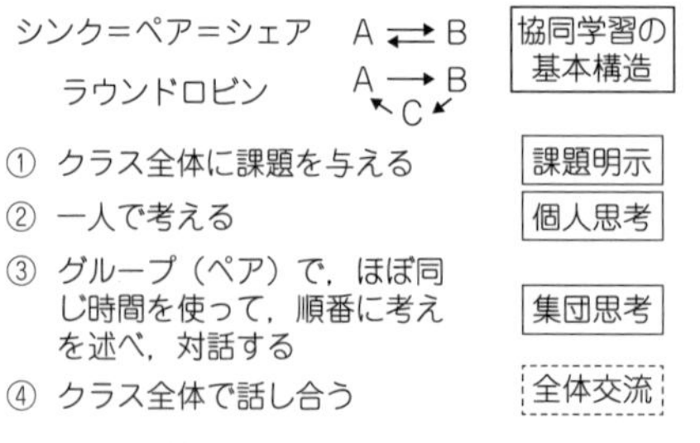

協同学習の技法には共通した構造が認められます。対話を中心とした学び合いの技法であるシンク＝ペア＝シェアとラウンドロビンを例に取れば，図11-1に示すように「課題明示・個人思考・集団思考・全体交流」といった基本構造を読み取れます。シンク＝ペア＝シェアを例に，

シンク＝ペア＝シェア　A ⇄ B
ラウンドロビン　A → B，C
協同学習の基本構造
① クラス全体に課題を与える　課題明示
② 一人で考える　個人思考
③ グループ（ペア）で，ほぼ同じ時間を使って，順番に考えを述べ，対話する　集団思考
④ クラス全体で話し合う　全体交流

図11-1　協同学習の基本構造と代表的な技法
（注）アルファベットは人を表す。

その手順を説明しましょう。

①課題明示：ペアで活動を始める前に，課題の目標と目標達成までの手順を明示し，学級の全員で共有します。この課題明示により，参加者一人ひとりが目標達成に向け主体的に活動できます。

②個人思考：グループ活動の効果を最大限に引き出すためには十分な準備が必要です。与えられた課題に対する自分の考えをあらかじめ創る作業が個人思考です。自分の意見がなければ積極的に発言できません。シンク＝ペア＝シェアでいえば「シンク」にあたります。

③集団思考：個人思考で準備した内容を手がかりに，より深い理解や新たな了解に向けて仲間と積極的に対話します。シンク＝ペア＝シェアでいえば「ペア」による「シェア」にあたります。

④全体交流：集団思考のあと，必要に応じて学級全体で交流します。シンク＝ペア＝シェアでいえば学級全体による「シェア」といえます。ただし，ペアでの集団思考において課題が十分に達成されていれば，全体交流を省くこともあります。

このシンク＝ペア＝シェアは協同学習の基本構造に基づくもっとも簡単な技法です。もう一つのよく知られた技法にラウンドロビンがあります。手順は上記のシンク＝ペア＝シェアと同じです。両者の違いは図 11-1に示すように人数の違いのみです。つまり，上記の手続きの「③集団思考」で，シンク＝ペア＝シェアはペアで対話しましたが，ラウンドロビンは３名以上のグループでの対話になります。

両者は簡単な技法なので教育指導のあらゆる場面で手軽に利用できます。ただし，これらの技法を実践する際，たんに自分の意見を出し合うだけだったり，仲間の意見に対して「私も同じです」とだけ応えるのでは意味がありません。必ず対話が必要です。同じと思っても，自分の言葉で表現してみると，仲間の意見との違いに気づき，話し合いが展開することもあります。

簡単な技法であるシンク＝ペア＝シェアやラウンドロビンで自分の意見に基づき，仲間と対話し，議論を深めるという体験を繰り返していると，他のさらに複雑な協同学習の技法を用いる場合でも高い効果を期待できます。

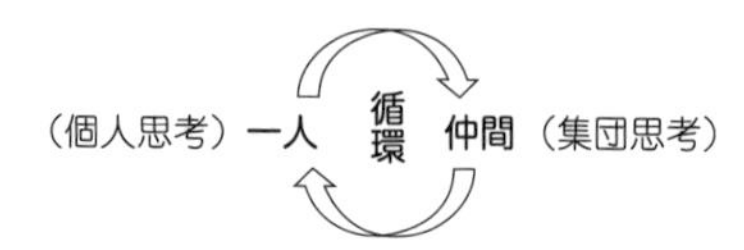

図 11-2　学び合いを例にした協同学習の概念図

協同学習は一回限りの活動ではありません。図 11-2に示したように，個人思考と集団思考の循環と捉えることができます。個人思考の段階で徹底して準備をすると，集団思考の段階での対話が深まり，理解が深まります。加えて，理解を促してくれた仲間に対する感謝の気持ちが高まります。仲間との学び合いの素晴らしさに感動し，次の集団思考に向け，個人思考でさらに努力を重ねるという好循環が生まれます。そこに，基本的な信頼関係が醸成され，学習目標に向かって協同の精神に基づき切磋琢磨する姿が現れます。

協同学習の基本構造にそったグループの活動を繰り返しても期待した効果が得られないことがあります。一例として形骸化の問題を指摘できます。たしかに形としてはラウンドロビンの手順を踏んではいますが，傾聴の姿勢が見えず，真剣味が感じられない活動に出会うことがあります。これは形骸化の兆候といえます。

形骸化が疑われるグループ活動の小さな変化を敏感に捉え，その都度，協同学習の基本要素を意識した適切な対応をすることが求められます。たとえば，グループ活動の意味を子どもたちと再度確認する，傾聴や確認などの話し合いの基本を徹底する，グループ活動が単調にならないように，使い慣れた技法をアレンジしたり，新しい技法を導入したりすることで活動に変化をつけるなどの対処法が考えられます。

学級集団の状況を詳細に把握し，子ども同士の協力関係を促す課題や方法をつねに創意工夫することを通して，子どもたちがお互いの学習過程に深く関与しながら学び合える学級集団をつくることが求められます。

2-5　協同学習の効果

授業 ＝ 学習指導 × 生活指導	
同時学習	□認知：教科内容の理解と応用 □態度：協同の価値，動機づけ 学習・仲間・学校の見方 □技能：対人関係スキル 学習スキル・読解スキル 対話スキル

図 11-3　協同学習の効果

学校教育の基盤は授業です。授業に協同学習を導入すると，仲間と協力して学び合うことで支持的風土が醸成され，学級全体としての授業内容の理解が進むと，学級集団づくりにも好ましい影響が現れます。

協同学習に期待される学習効果を図 11-3 に示しています。教科にかかわらず授業に協同学習を導入すると，教科内容の理解と応用が促進されます（認知）。同時に，協同の認識や学びに対する姿勢が改善します（態度）。さらには具体的な対人関係や学習などに関するスキルが獲得されます（技能）。この認知と態度と技能の同時学習は協同学習の強みです。協同学習を導入することで，一つの授業が，同時に，学習指導と生活指導の場になります。

協同学習は学習内容や活動を選びません。教科学習はもちろんのこと，望ましい学級集団づくりを直接扱う「特別活動」や「道徳教育」に協同学習を導入することもできます。なお，道徳科で取り扱う内容のうち「人との関わり」や「集団や社会との関わり」に関する内容は，協同学習の理念や方法と密接にかかわっています。学習指導要領には学年別に細かい内容が具体的に示されています。これらを手がかりに，学級における生活場面や学習場面における具体的な活動を協同学習の観点から仕組むことができます。

学級におけるすべての活動を協同学習の観点から計画・実践することで，あらゆる場面における教育指導に一貫性が生まれます。その結果，協同学習が子どもたちの明確な行動規範となり，望ましい学級集団づくりにも貢献します。

3　学級集団づくりの実践例

これまでの説明から協同学習を導入した授業は望ましい学級集団づくりに大きな役割を果たすと期待できます。ここでは，協同学習を中心に据えた授業実践の結果，成績のみならず学級内の人間関係が改善した小学校での実践例を二つ紹介します。

3-1　国語科での実践

須藤・安永（2011）は国語科「説明文」の単元に協同学習を導入しました。その結果，学習成績のみならず学級内の対人関係が改善することを見いだしています。授業の概要は次の通りです。

①対象児と授業者：対象は公立小学校５年生２クラスでした。一方は25名（内，要支援児３名）で，他方は27名（内，要支援児４名）でした。授業者は学級担任の２名でした。

②単元目標：全15時間の単元目標は説明文の内容を正確に読みとり，理由や根拠を明確にして討論できることでした。

③単元計画表：全15時間の授業の流れを表した単元計画表を作成し，学級で共有しました。これは，単元ごとに学習目標とそこに至る過程について学習開始時に学級全体で共有する「単元見通し」が有効であるという知見に依拠しています。協同学習の「課題明示」と同じ発想です。

④学習プリント：協同学習の基本構造である個人思考と集団思考を意識した学習プリントを授業ごとに作成しました。

⑤グループ編成：要支援児の支援体制を考慮しながら，男女数に偏りがないように異質な４名グループを中心に編成しました。協同学習におけるグループ編成は異質性・多様性を旨としています。学級編制時における学級の特徴である異質性・多様性を活かすことができます。

⑥メンバーの役割：授業中の話し合いでは，グループ内で司会・記録・時間・発表の役割を分担し，話し合いのたびに役割をローテーションしました。

⑦授業の基本形：単元計画表に従って，授業時間内に個人による予習（個人思考）とグループによる話し合い（集団思考，ラウンドロビン中心）を繰り返しました。その際，動機づけ，単元計画表の確認，役割分担，課題明示，振り返りを意識した授業展開を試みました。

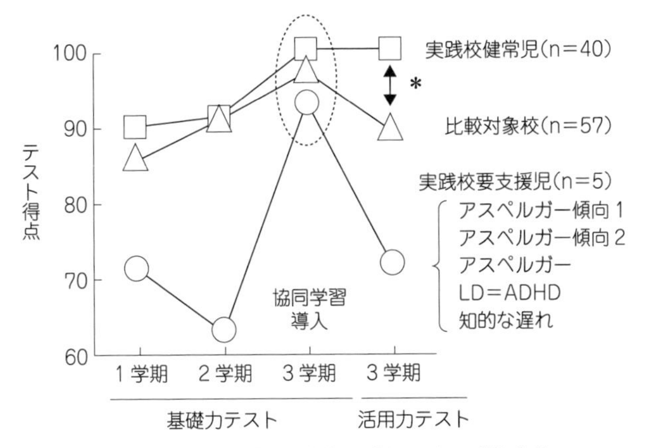

図 11-4　単元「説明文」の学期ごとの成績変化

(注)　＊は有意差あり。破線○内に有意差なし。人数(n)は分析対象者数。

(出所)　須藤・安永（2011）を修正

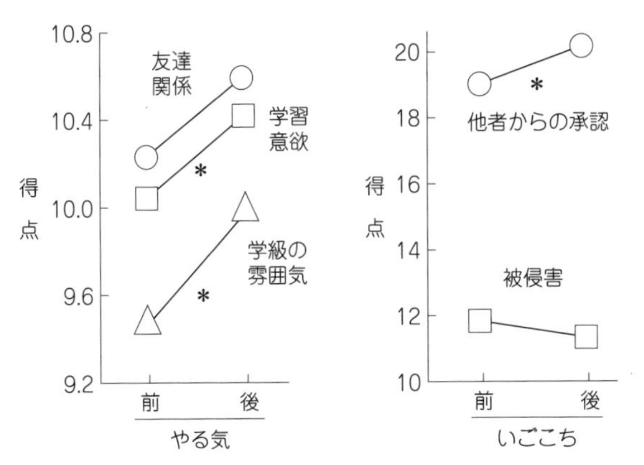

図 11-5　単元前後（約 1 か月間）における対人関係の変化

(注)　＊は有意差あり。

(出所)　須藤・安永（2011）を修正

この実践の成果を図 11-4と図 11-5に示します。図 11-4から，協同学習を導入した 3 学期の基礎力はそれ以前に比べて相対的に成績が高まっており，活用力に関しては，比較対象校と比べて有意に高いことがわかりました。加えて，協同学習を体験した要支援児の学習成績の伸びが著しく，協同学習の有効性が如実に窺えます。

同時に対人関係が大きく改善しました（図11-5)。協同学習を導入した単元の前後で学級内の対人関係を測定しました。測定には河村（2007）の「Q-U テスト」を使いました。その結果，学級全体の「学習意欲」「学級の雰囲気」「他者からの承認」が有意に改善しました。また「友達関係」も改善しており「被侵害」も減る方向にあることがわかりました。この結果は，協同学習を導入した授業づくりが，望ましい学級集団づくりに貢献することを明確に示しています。

3-2　特別支援学級における算数科の授業

石丸・安永（2015）は，知的障害特別支援学級における算数科の授業（単元「あまりのあるわり算」全12時間）に協同学習を導入した結果，学習成績と人間関係が向上したことを報告しています。

対象児は小学校５年生男子３名（A児 IQ41，B児 IQ46，C児 IQ67）と６年生女子１名（D児 IQ61）で，授業者は学級担任でした。この授業においても単元計画表を作成し，学習開始時に単元全体の見通しをもたせました。

授業ではペア活動を中心に展開しました。ペアの編成では学力とコミュニケーション能力に加え，A児とC児のトラブルやD児の情緒面を配慮して，単元開始時はA児とD児，B児とC児をペアにしました。しかし，協同学習を繰り返すなかで，９回目の授業以降，A児とC児もペアを組めるようになりました。

授業の基本形は，①単元計画表を用いた本時のめあてと見通しの共有，②前時の振り返り，③ペアによる新しい問題への取組，授業内容のまとめ，④単元計画表による進捗状況の確認でした。実践においてはつねに協同学習を意識し，授業のいたる段階でシンク＝ペア＝シェアを基本とするペア活動を組み込みました。とくに，授業の見通しと話し合いのルール，および問題解決の手順をつねに明示することを心がけました。

その結果，本実践を通して学習課題の理解度，学習態度，さらには対人関係に大きな改善が認められました。学習面に関しては，学習によって得た知識や技能が断片的になりやすいといわれる知的障害児でも「あまりのあるわり算」を体系的に理解でき，自分たちで問題を解くことができるようになりました。また，協同学習に依拠した授業づくりの結果，４名の対人関係は大きく改善され，望ましい学級集団を形成することができました。これは，対象児４名の間に基本的信頼感が醸し出され，支持的風土が形成されて一人では解決できない問題でも仲間と協力することで解決できることを繰り返し学んだ結果を反映したものと考えられます。

上記二つの実践から，子どもが秘めた無限の可能性を信じ，対象となる学習者の特性や発達段階を考慮した学習課題を準備し，協同学習の基礎基本を意識した授業づくりに取り組むことにより，障害の有無に限らず，子どもたちの学習成績が伸び，人間関係が改善され，望ましい学級集団が実現することが理解できます（安永，2012，2018）。

今回は小学校での実践例を示しましたが，中学校や高校，さらには大学の授業においても同じ成果が期待できます。実際，大学生にとっても協同学習が有効であるということは古今東西，すでに多くの研究により確認されています（杉江他，2004； 安永，2009）。たとえば，須藤・安永（2017）は大学の教職課程の科目「討議法」を協同学習に基づいて展開しています。この科目では正課の授業中に人間関係が深まり，授業時間外にも主体的な学習会が開かれ，教員採用試験における集団面接において成果をあげています。また，100名を超える多人数授業である経済学部の専門科目「開発経済学」に協同学習を導入した高木（2018）は，深い学びが実現したのみならず，学生間に問題を共有し，学び合う一体感と雰囲気が醸成されたと報告しています。

これら大学の実践報告からも理解できるように，大学生としての学びやクラブ活動，就職活動における集団面接，さらには就職後の職場におけるチーム活動にとっても協同学習は役に立ちます。本章で述べた内容を理解し，読者の皆さん自身の生活を豊かにするために協同学習を実生活に取り入れ，体験的に理解し，経験知を高めることをお勧めします。

引用文献

Bandura, A. (1997). *Self-Efficacy: The Exercise of Control.* NY: W.H. Freeman and Company.

バークレイ，E. F.・クロス，K. P.・メジャー，C. H.　安永悟（監訳）(2009). 協同学習の技法――大学教育の手引き　ナカニシヤ出版

バークレイ，E. F.・メジャー，C. H.　東京大学教養教育高度化機構アクティブラーニング部門・吉田塁（監訳）(2020). 学習評価ハンドブック――アクティブラーニングを促す50の技法　東京大学出版会

石丸文敏・安永悟 (2015). 知的障害特別支援学級における協同学習の試み――小学校算数科「あまりのあるわり算」の実践　協同と教育，**11**, 43-53.

ジョンソン，D. W.・ジョンソン，R. T.・スミス，K. A.　関田一彦（監訳）(2001). 学生参加型の大学授業――協同学習への実践ガイド　玉川大学出版部

河村茂雄 (2007). たのしい学校生活を送るためのアンケートQ-U実施・解釈ハンドブック　図書文化社

西岡加名恵 (2016). 教科と総合学習のカリキュラム設計　図書文化

関田一彦・安永悟 (2005). 協同学習の定義と関連用語の整理　協同と教育，**1**, 10-17.

須藤文・安永悟 (2011). 読解リテラシーを育成するLTD話し合い学習法の実践――小学校5年生国語科への適用　教育心理学研究，**59**(4), 474-487.

須藤文・安永悟 (2017). LTD基盤型授業「討議法」の授業展開――教員採用試験合格を意図して　久留米大学教職課程年報，創刊号，13-21.

杉江修治・関田一彦・安永悟・三宅なほみ (2004). 大学授業を活性化する方法　玉川大学出版部

高木功 (2018).「開発と貧困の経済学」(開発経済学) におけるLTD話し合い学習法の活用　協同と教育，**14**, 97-105.

安永悟 (2009). 協同による大学授業の改善　教育心理学年報，**48**, 163-172.

安永悟 (2012). 活動性を高める授業づくり――協同学習のすすめ　医学書院

安永悟 (2017). 協同学習でめざす教育の本質――協同実践を中心に　久留米大学教職課程年報，創刊号，23-32.

安永悟 (2018). 主体的・対話的で深い学びによる高大接続――LTD基盤型授業

モデルの提案　初年次教育学会（編）進化する初年次教育　世界思想社　pp. 114-125.
安永悟（2019）．授業を活性化するLTD――協同を理解し実践する紙上研修会　医学書院

もっと詳しく知りたい人のための文献紹介

ジョンソン，D. W.・ジョンソン，R. T.・ホルベック，E. J.　石田裕久・梅原巳代子（訳）（2010）．学習の輪――学び合いの協同教育入門　改訂新版　二瓶社

⇨協同学習に関する基本的な考え方と方法について解説された古典的名著です。支持的風土に満ちた協同的に学び合える学級を築くために参考となる優れた入門書です。

安永悟（2019）．授業を活性化するLTD――協同を理解し実践する紙上研修会　医学書院

⇨協同学習に基づく授業づくりを具体的かつ体験的に学べる本です。グループ編成や環境づくりから始まり，仲間づくりや話し合いの基礎基本や代表的な協同学習の技法を体系的に学べます。

第12章　読解力の発達と教育
――ことばを使いこなすために

みなさんは1か月に何冊くらい本を読みますか。新聞を毎日読んでいる人は，どれくらいいるでしょうか。「最近の子どもは本を読まない」とか「テレビやネットばかり見ていて新聞や本を読まない」と言われるのを，聞いたことがありますか。

読解力は学ぶ上でも生活する上でも重要な能力なので，義務教育修了時を対象にした国際学力調査として有名なOECDの学習到達度調査（PISA, Programme for International Student Assessment）の結果が出るたびに，日本の順位のあがりさがりがマスコミでもよくとりあげられます。

このような現状について，皆さん自身はどのような考えを持っていますか。読解力は国語の授業だけに関連する問題ではありません。どの教科を教えるにせよ，教壇に立つ際にはこれらの問題についてじっくりと考え，皆さんそれぞれに見解を持ってほしいと思います。

この章ではまず，私たちがどのように頭を働かせて文章を理解するのかという読解プロセスとその発達について説明します。そしてより長くて難解な文章を読むために重要な読解方略と読もうとする文章の内容に関する知識の役割を中心に説明し，読解指導について考えます。そして最後に，読解力も含む言語能力を育むための教育について検討します。この章の内容も参考にしながら，読解力の発達を支援する教育のあり方について，皆さん一人ひとりが考えてみてください。

1　人間はどのように文章を読解しているのか：読解プロセスとその発達

1-1　一貫性のある文章表象ができるまで

文章を読みすすめながら読者は，その文章の内容を頭のなかに蓄積していき

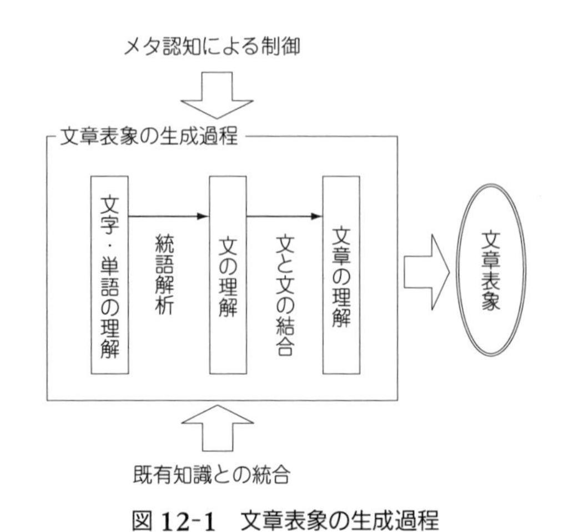

図 12-1　文章表象の生成過程

ます。そうして読者の頭のなかにできあがる文章の「写し」を，心理学では文章表象（text representation）と呼びます。たとえば今朝読んだ新聞記事の内容が思い出せるのは，あなたの頭のなかにその記事の文章表象が存在するからです。ただ，先に「写し」と書いてしまったので誤解しないようにしてほしいのですが，文章をそのままコピーしたものとは違います。文章表象は，読者が文章を読んで解釈した結果作られるものです。ですから同じ記事を読んでも，人によって異なる文章表象が作られていることはよくあることです。

文章表象を作るときに重要なことは，文章全体をカバーした一貫した表象を生成することです。文章中の部分と部分がバラバラの状態では一貫性のある文章表象とは言えません。

図 12-1に文章表象が出来上がるまでのプロセスを示しました。そこに示されているように，文章読解中に私たちの頭の中では，文字・単語を理解する処理，統語規則（単語を組み合わせて適切な「文」を作るための規則のこと）に従って単語同士を結合して文を理解する処理，文と文を結合して文章全体を理解する処理が，並行的に行われています（図中のメタ認知による制御と既有知識との統合については，次節以降で説明します）。

これらの処理のそれぞれが処理資源（第 4 章参照）を使います。読解はかなり多くの処理資源を必要とする作業です。本を読んでいるときに，近くで家族がテレビを見ていたりすると，気が散って困りますね。目で追っている部分を理解はしているのですが，途中で何を読んでいたのかわからなくなったり，とりあえず読み終えても，何を読んでいたのかよくわからない，ということになったりします。このような現象は，テレビに気が散って（つまり処理資源を奪われて）しまったために，そのつど目で追っている単語の理解や文の理解はできていても，文章全体の情報を網羅した一貫性のある文章表象を生成することができなかったために起こります。

1-2　読解力の発達：「文章」が読めるようになるまで

小学校入学前後から子どもたちは文字を読むことができるようになりますが，最初から長い文章[1]を読めるわけではありません。最初のうちは図12-1の「文字・単語の理解」だけに処理資源を使い果たしてしまうこともあります。そのような子どもたちが次第に長い文章を読めるようになるまでには，主に二つの要因が作用します。一つは処理資源そのものが児童期には大きくなること（第4章参照）で，もう一つは文字や単語をスムーズに処理できるようになることです。車の運転を習い始めたばかりの頃は運転するのが精一杯でも，慣れていくと同乗者と会話をする余裕がでてきますね。それと同じことが読解力にも生じます。年少のうちは文字を読むことが精一杯でも，それに慣れてくると，文字を読むことには処理資源を多く使わなくてもよくなり，文の理解や文章全体の理解をする余裕がでてくるのです。

多くの場合，子どもたちは児童期の前半のうちには文字や単語をスムーズに処理できるようになり，文章を理解できるようになります。2－3文程度のごく短い文章を理解する読解を，局所的読解（local reading comprehension）と呼び，より長い文章を読解することを包括的読解（global reading comprehension）と呼びますが，包括的読解が本格的にできるようになりはじめるのは，児童期のなかばくらいになります（たとえば，西垣，2003; van den Broek & Kremer, 2000)。小学生の国語の長文読解問題集などを見てみてください。低学年向けの長文読解問題の多くは，局所的読解から回答できるもの（「主人公

➔1　本章では，句点「。」で終わる一文を「文」と呼び，二つ以上の「文」が集まる場合を「文章」と呼んでいます。長い文もあるので，この分け方が必ずしも適切ではない場合もありますが，便宜的にこのように使い分けています。

が道で出会ったのは誰ですか」など）であるのに対して，高学年向けの問題の多くは，包括的読解を前提とした問題（「主人公がそのような行動をとったのはなぜですか」など）です。

2 読解プロセスのモニタリングとコントロール

児童期を通じて，子どもたちは長い文章でも読めるようになっていきますが，それで読解力の発達が終わるわけではありません。抽象的な内容の文章，科学的な文章など，より複雑で高度な文章を読みこなす読解力は，生涯を通じて発達するものです。

長くて難解な文章を読解するうえで重要な役割を果たすのが，図 12-1にも示したメタ認知です。メタ認知についての詳しい説明は第 7 章を参照してほしいのですが，読解においては自分自身の読解プロセスを監督し制御する役割を担います。実際に皆さんも，文章を読みながら書かれている内容を理解するのと並行して，「これは重要なポイントだな」「ここは先ほどの，あの記述と関係があるな」ということをメタ的に意識することがあると思います。

2-1 理解モニタリングと読解方略

読解においてとくに重要なメタ認知は，理解モニタリングと読解方略です。

理解モニタリングとは，文章読解中に自分自身が文章を理解できているかどうかを監視し，理解の失敗が起こればそれを修正することです。本を読んでいるときに隣でテレビを見られると気が散って困るというのは，読解が成功していないことに気づけている，つまり理解モニタリングに成功している証拠です。

子どもの理解モニタリングを測定する方法として，エラー検出法というものがあります。これは，文章そのものに一貫性がなく，理解することが不可能な文章を子どもに読んでもらって，理解できなかったことに気づくかどうかを調べるものです。エラー検出法で理解の失敗に気づける年齢は，用いる文章の条件によって異なるのですが，図 12-2にもあるように，小学校 4 年生から 6 年生にかけて，理解モニタリングの正確さが向上することが確かめられています

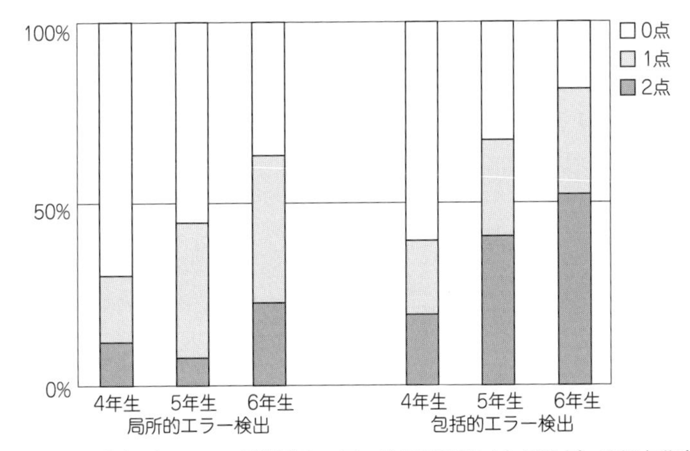

図 12-2　学年別，エラー種類別のエラー検出法課題（3 点満点）の得点分布

（注）　局所的エラーとは文章の要点情報ではない部分に関するエラーであり，包括的エラーとは文章の要点情報に関するエラーである。

（出所）　西垣（2003）より作成

(Markman, 1979; 西垣，2000，2003)。

読解方略は，文章を適切に理解するために用いる方略のことです。目次や小見出しを一通り見てから本文を読む，あとがきを先に読んで大意を理解してから本文を読む，メモを取りながら読む等々，私たちは多くの読解方略を使っています。とくに，長い文章のすべてを記憶することは不可能ですから，要点情報を重点的に理解するための読解方略はたいへん重要です。

文章の要点を適切に理解する能力もまた，小学校の高学年から青年期にかけての長い時間をかけて発達することが確かめられています。たとえばブラウンたちの行った研究では，文章中の情報の重要度の判断の適切性が小学校 5 年生から高校生にかけて上昇すること（Brown & Smiley, 1977）や，文章内容を記憶してもらったあとに追加でさらに覚えるための時間を与えると，中学生以降では要点情報の記憶が重点的に増えること（Brown & Smiley, 1978）などが示されています。

2-2　読解方略や理解モニタリングを指導する

読解方略は文章をうまく読解するための方略ですから，それを教授することで子どもたちの読解力を高めることができると考えられます。実際に，メタ認知能力が発達する児童期後期や中学生以上の生徒に対しては，有効な教育方法の一つです。

たとえばパリンサーとブラウン（Palincsar & Brown, 1984）は，中学校2年生の読解力の低い生徒たちに相互教授法という方法で読解方略の指導を行い，生徒たちの読解力を向上させることに成功したことを報告しています。相互教授法というのは生徒同士でペアを組んで，相互に教師役になって読解方略を教えあい，互いに模倣しあう教育方法のことです。パリンサーたちの研究に参加した生徒たちは，相互教授法に従ってテキストの質問作り（国語の教師になったつもりでテストの問題を作る）や要約作成の練習を行いました。どちらも文章の要点をつかむための読解方略を養うためのものです。また，質問や要約を作れないということは，理解ができていないと気づくことですから，これらは理解モニタリングの練習にもなります。その結果，パリンサーたちの研究に参加した生徒たちは，参加直後の読解成績が高かっただけではなく，その効果が半年以上持続しており，さらには彼らの理科や社会科の成績も向上したということで，非常に画期的な研究成果でした。

読書という，ときには情緒的なものも含んだ活動に，「読解方略の教授」というハウツー的なものを取り入れることには抵抗を感じる人もいるかもしれません。しかし読み方がわからなければ理解ができず，理解ができなければ本の内容に感動することもできないわけですから，読解方略を教えることが読書を無味乾燥にするということはないでしょう。

その一方で，読解方略を教えれば問題が簡単に解決するかというと，残念ながらそうではありません。読解方略を使うことは，教えられる児童生徒にとっては最初のうちはとても面倒なことです。そのため子どもたちは，読解方略をなかなか使おうという気にならないかもしれません。また多くの読解方略は，一度使えばすぐに効果が実感できるというものでもありません。たいていは経験を重ねるうちに効果を見せ始めるのですが，児童生徒に効果が出るまでくり返して読解方略を使わせるのは，なかなかに大変なことです。

上記の相互教授法は，読解方略を子どもたちに習得させるための一つのアイデアです。しかし誰に対してでも有効な万能薬であるとは限りません。児童・生徒に読解方略を身につけてもらうためにはどうすればいいのか，実際に教壇に立ち，実際の子どもたちと向き合いながら考えてほしいと思います。

3　物知りの強み

3-1　読解における読者の知識の役割：状況モデルの生成とスキーマによるトップダウン処理

皆さんは普段，どのような本を読むことが多いですか。人文社会科学から自然科学まで，あらゆる領域に関する本を同じように読みこなせる人はあまりいないと思います。おそらく誰にでも得意分野があるでしょう。大学で学んでいる専門分野に近い領域や，自分自身が興味のあることに関する領域の文章は，そうではない領域の文章よりも，容易に読むことができます。

なぜこのようなことになるのかというと，図12-1に示したように，読者があらかじめ持っている知識（既有知識）が読解においては重要な役割を果たしているからです。

本章の最初の節で，読解とは文章表象を生成するプロセスであるという説明をしましたが，実は文章表象というのは文章中に書かれている情報のみから作られるのではありません。実際には読者の既有知識と文章中の情報が統合されて出来上がります。

文章理解過程のモデルの提案者として有名なキンチュ（Kintsch, 1998）は，文章情報のみからなる文章表象をテキストベース，知識情報と統合された文章表象を状況モデルと区別しています。知識情報がまったく統合されない純粋なテキストベースというのは現実的にはありませんが，より多くの知識情報を結合した状況モデルが作られるほど，読んだ文章の内容が記憶にも残りやすく，読解によって得た情報を新しい問題の解決に応用することもより可能になります。知識を多くもっている領域に関する文章であれば，より多くの知識情報が文章情報と結合され，読解成績が高くなるわけです。

既有知識には読解処理をスムーズに進めるという役割もあります。どのようにして読解処理を促進するのかというと，トップダウン処理といわれる処理を行うのです。トップダウン処理とは，「この文章はこういうことが書かれているのだろう」という予測のもとに，一つひとつの情報を処理していくことをさします。たとえば，この章には「読解力の発達と教育」というタイトルがついています。このタイトルを見た読者は，内容をある程度予測しながら読み始めます。ですから冒頭で，「1か月に何冊くらい本を読みますか」と問いかけられても，それほど面食らうことはなかったでしょう。

読解におけるトップダウン処理に関する理論として，代表的なものはスキーマ理論です。スキーマというのは，ある領域に関する豊富で体系化された知識のことです。具体例を一つ挙げると，物語スキーマと呼ばれるものがあります。民話や伝説などの物語の多くは，主人公が冒険に出かけること，自分より強くて大きな相手に挑んで最後は勝つことなど，共通のパターンをもっています。子どもの頃からいくつもの物語を聞いたり読んだりすることを通じて，私たちはそれぞれの文化にあった物語スキーマをもっています。そして物語スキーマのおかげで，はじめて読む物語でも「次はこういう場面が出てくるのだろうな」と予測ができるので，読解がスムーズに進みやすくなるのです。

その逆に，スキーマに合致しない文章を読むのは難しいことです。心理学者のバートレット（Bartlett, 1932）は，ネイティブアメリカンの民話をイギリスの学生に読ませた後に，その記憶を再生させるという実験を行いました。ネイティブアメリカンの民話は，イギリス人の学生たちの物語スキーマからは逸脱した構成をもっているために，正確に理解するのが難しいものでした。実験の結果，学生たちによる民話の再生は，学生たちが通常慣れ親しんでいる話の流れのように変容していました。バートレットの実験は，私たちが文章を読むときにも，また読んだ文章を思い出すときにも，自分自身がもっているスキーマが影響することを示しています。

3-2　知識を利用して読む，知識を増やす

児童生徒の知識は，子どもたちの日常経験や学習経験を通じて増えていくわけですが，知識の増大は読解力の発達に貢献しています。実際に，語彙力が豊富であることが，小学生の読解力の発達に大きな影響を与えているというデータもあります（高橋，2001）。

文章を読解するためには読者が十分な既有知識をもっている必要があるということは，すでに多くのことを知っている子どもは，読解が得意でどんどん物知りになり，もともと知識の少ない子どもは溝をあけられる一方になってしまいがちだということでもあります。これはなかなかに厳しい現実なのですが，教師としてはその現実に挑戦する必要があります。

ではどうすればよいでしょうか。これもまた，読解方略と同様に教壇に立ち，実際の子どもたちの顔を見ながら考えてほしいのですが，ここに一つの候補を示しましょう。それは，テレビや映画・映像などの他のメディアを上手く利用して，児童生徒の知識を増やすことができれば，読解力の発達の助けになるかもしれないということです。

これらの映像メディアが読解力の発達を妨げているという主張は，比較的頻繁に耳にします。読者の皆さんも聞いたことがあるかもしれません。しかし，本当にそうでしょうか。

映像メディアが読解力を損なうというのは，映像メディアを理解する能力と，文章を読んで理解する能力を，いわば相互排他的にとらえていると言えます。一方がもう一方を妨害するという考え方です。ですが発達心理学では，一つの能力が単独で発達するという考え方はあまりせず，多くの能力が相互に支えあって発達していくと考えます。

映像メディアを上手く利用して子どもたちの知識を増やすことができれば，文章の理解を促進する可能性は大いにあるでしょう。たとえば，いきなり新聞でニュースを読むのは難しいですが，テレビで大まかな情報を収集しておけば新聞記事を読みやすくなります。テレビ報道と新聞を比較すれば，メディアリテラシー教育にもなります。

ただし，テレビやネット上の映像の見すぎがよくないことは確かです。また乳児期のような幼い頃からテレビを見るのもお勧めできません（詳しくは，小西（2003）参照)。さらに，映像による番組は見せっぱなしにすると，結局は中身を何も覚えていないということもありますから，使い方には相当な配慮が必要です。大学の授業でも，長時間ビデオを見せると多くの学生が居眠りを始めます。映像で見た内容がしっかりと頭のなかに入るように，前後に解説を入れたり，児童生徒自身にまとめを書かせたりといった工夫が必要なのです。

また映像メディアだけではなく，ラジオや朗読といった音声メディアも，読解力を間接的に支えるものとして利用可能でしょう。朗読を聴いて感動した子どもたちが，その内容と関連のある文章を進んで読もうと思うかもしれません。

4　ことばを育む教育

読解力は言語能力の一つであり，読解力の発達を促す教育について考えるためには，言語能力全般を視野に入れなければなりません。

岡本（1985）は子どものことばを一次的ことばと二次的ことばに分類していますが，読み書きことばは二次的ことばに分類されます。一次的ことばは幼児期初期から獲得されることばで，親しい人との対話場面でその場と関連した事柄について話し合っていくことばです。二次的ことばは子どもが学校時代を通して身につけていくことばで，目の前にはない事柄について，不特定多数の人たちに向けて，自分で説明を展開していくことばです。

子どもたちの二次的ことばは児童期を通じて発達をしていきますが，放っておいても発達するというものではありません。岡本（1985）自身が，二次的ことばの獲得は著しく困難な仕事であると言っています。

本節では二次的ことばの発達を促すための教育を考えることを通じて，読解力発達の支援について検討しましょう。

4-1　説明することばを育む

場面を共有していない人に対して何かを説明することは，二次的ことばの特徴の一つです。親子で動物園に行ったとして，親も子も象を一緒に見ているなら「大きいね」の一言で話が通じます。しかし，風邪をひいて家で寝ているおばあちゃんに電話で象の様子を説明するには不十分です。このように場面を共有していない人に対して説明をしたり，またそのような説明を聞いて理解したりすることは，読み書きことばと通じるものが多くあります。

このことから考えると，何かを説明するという経験を子どもたちに多く積ませてあげることは，読解力の発達につながる有効な手段と考えられます。

筆者が以前に訪問したことのある小学校では，教師たちが家庭訪問をし，親御さんたち一人ひとりに，子どもの話を聞いてあげてほしいという依頼をしていたことがあったそうです。ことばを使う能力は，ことばを実際に使わなければ伸びません。そして子どもたちは，学校であった出来事を両親に聞いてほしくて仕方がないという気持ちをもっています。だから，仕事をしながらでもいいので子どもの話を聞いてあげてほしいと訴えたのです。そうすれば子どもたちは，ことばを使って説明をする「練習」を自然にすることができます。

4-2　ことばを意識する力を育てる

読み書きことばの発達と深い関係を持つのが，ことばを意識することです。そもそも何かを書くためには，それを話すときに使っている音韻を意識しなければなりません。「りんご」という単語を書くためには，「り」と「ん」と「ご」という発音をしていることを，意識する必要があります。

しりとり遊びのようなことば遊びや数え歌・替え歌など，子どもたちの遊びの中にはことばに対する意識を促すものが多くあります。子どもの遊びだけではなく，シャレや韻文なども，ことばへの意識を促すものと言えるでしょう。

ことばに対する意識は，読み書きことば獲得の条件になるだけではなく，読み書きことばそのものが，ことばに対する意識を深めさせるということもあります。話しことばは消えていきますが，書きことばは残ります。それを読み直すことによって，自分がどのようなことばを使ったのかを見直すことができ，よりよい表現について考えることもできます。内田（1990）では読み書き能力

コラム　書く力を育てる

本章は読むことについての解説でしたが，書くことについても触れておきましょう。

文章を書く目的は，大きくは次の二つに分けることができます。一つは伝えたいことを表現するためであり，もう一つは何かを順序だてて深く考えるためです。

伝えたいことを表現するために書くというのは，「話す」ことと原則的には同じ機能です。とくに児童期の初期では両者が分離しきれていないため，作文の指導をするときにもそのように配慮をします。「せんせい，あのね」という書き出しで作文を書かせるのは，話すことと書くことのつながりを考慮して，作文という難しい作業のハードルを低くする仕掛けです。

また，作文の指導をする際には，伝えたいことが伝わるように読み手に配慮することを，児童・生徒に心がけさせる必要もあります。児童生徒でお互いに作文を読みあって意見や感想を言い合うのも，読み手の存在を意識させる手段になるでしょう。

また書くことは，複雑なことや難しいことを順序だてて深く考えるための道具でもあります。

頭のなかで考えるだけでは，考えたことは消えてしまいます。しかし，考えたことを文章に書き出しておけば，自分が考えたことをあらためて振り返ることもできます。こうして振り返ってはじめて，自分が考えていたことに矛盾や飛躍があることに気づくというのはよくあることです。また，文章に書こうとして書けないことに気づき，考えが明瞭にまとまっていなかったことに気づくこともあります。さらには，書いていくうちに曖昧だった考えが，すっきりとまとまることもあります。つまり，書くことは考えた結果を表現するためにだけあるのではなく，考えるための手段でもあるのです。心理学では知識叙述型ライティング（knowledge-telling writing）に対して，知識変換型ライティング（knowledge-transforming writing）と呼ぶこともあります。

このように，書くことは考えを整理したり，深めたりするうえで大事な機能を果たしています。その一方で，このことに気づく機会を持たない人もいるようです。筆者自身，書かずに考えているために思考に行き詰まっている学生をよく見かけます。普段，考えるために書くということをしていない人は，ぜひともこれを実行してみてください。そして自分も実践しながら，子どもたちにもそれを促してみてほしいと思います。

の高い６年生の児童が，ことばを選びながら作文をする様子が紹介されていますが，読解力も含めた言語能力の高い児童・生徒の多くは，何かを表現したり理解したりする際に，そこで使われることばについても意識し，吟味していると考えられます。読み書きを通じてことばに対する意識を深めた子どもは，読み書きことばの世界をより上手く，柔軟に渡っていくことができると考えられます。

引用文献

バートレット，F. C.　宇津木保・辻正三（訳）(1983)．想起の心理学——実験社会的心理学における研究　誠信書房（Bartlett, F. C. (1932). *Remembering: A Study in Experimental and Social Psychology.* Cambridge, UK: Cambridge University Press.）

Brown, A. L. & Smiley, S. S. (1977). Rating the importance of structural units of prose passages: A problem of metacognitive development. *Child Development*, **48**, 1-8.

Brown, A. L. & Smiley, S. S. (1978). The development of strategies for studying texts. *Child Development*, **49**, 1076-1088.

Kintsch, W. (1998). *Comprehension: A Paradigm for Cognition.* Cambridge, UK: Cambridge University Press.

小西行郎（2003)．赤ちゃんと脳科学　集英社新書

Markman, E. M. (1979). Realizing that you don't understand: Elementary school children's awareness of inconsistencies.*Child Development*, **50**, 643-655.

西垣順子（2000)．児童期における文章の非一貫性の検出——包括的エラーと局所的エラーについて　教育心理学研究，**48**，275-283.

西垣順子（2003)．児童期後期における読解力の発達に関する研究　北大路書房

岡本夏木（1985)．ことばと発達　岩波新書

Palincsar, A. S. & Brown, A. L.(1984).Reciprocal teaching in comprehension-fostering and comprehension-monitoring activities. *Cognition and Instruction*, **1**, 117-175.

高橋登（2001)．学童期における読解 能力の発達過程——１・５年生の縦断的な分析　教育心理学研究，**49**，1-10.

内田伸子（1990）．子どもの文章——書くこと，考えること　東京大学出版会
⇨子どもが発する文章を手がかりに，子どもの認識過程について丁寧に解説した本です。文章を理解することよりも産出することを中心としていますが，読解力の発達を考えるうえでも非常に示唆に富んでいます。
van den Broek, P. & Kremer, K. E. (2000). The mind action: What it means to comprehend during reading. In B. M. Taylor, M. F. Graves & P. van den Broek (Eds.), *Reading for Meaning: Fostering Comprehension in the Middle Grades.* Amsterdam: Teachers College Press. pp. 1-31.

もっと詳しく知りたい人のための文献紹介

秋田喜代美（1998）．読書の発達心理学——子どもの発達と読書環境　国土社
⇨乳幼児期の読み聞かせから児童期以降の読書に至るまでの読書行動の発達の道筋を，子どもたちの具体的な言動を示しながら解説しています。本章では詳しく触れなかった読書環境に関する説明も豊富。
大村彰道（監修）秋田喜代美・久野雅樹（編）（2001）．文章理解の心理学——認知，発達，教育の広がりの中で　北大路書房
⇨読解プロセスと，読解力の発達と教育に関する知見を広く網羅しており，読解力に関する心理学の研究成果を理解するには最善の書といえます。読み応えたっぷりなので，本格的に勉強したい人はぜひともチャレンジを。
岸学（2004）．説明文理解の心理学　北大路書房
⇨おもに児童の説明文理解を中心に，国語科教育での説明文の指導方法を考えるうえで参考になる知見が呈示されています。

第13章　青年期の発達
――自己の形成

青年期とは，だいたい，いつくらいの時期を指すのでしょう。このような問いを与えると，多くの大学生が，「高校生から大学生くらい」または「高校卒業したくらいから20代後半くらい」と答えます。さらに，青年については「男の人に使うイメージがある」といった答えも多く聞かれます。

青年期はいつからいつまでを指すのか。この問題はとても難しい問題ですが，その始まりについては，量的・質的両面における著しい身体の変化が見られる「思春期」の時期とする見方が多く支持されています。「いつ終わるのか」ということについては，大学生の時期くらいまでを青年期とする見方が一般的ですが，いまだに明確な答えには至っていません。

青年期には，さまざまな身体的変化，心理的変化が経験されます。とくにこの章では，青年期を通して，「自分」というものに対する態度がどのように変化していくのかについて考えていきます。それらは目に見えない変化です。ですが，青年の心のなかで確実に起こっているのです。自分自身のことを考えてみてください。今のあなたの考え方，自分に対する理解の仕方は，10年前のそれとは大きく違うのではないでしょうか。青年期とよばれる時期に，私たちはじつに多くの心理・社会的な活動をし，社会のなかで大人として生きていくための準備をしているのです。

青年とよばれる相手と向き合う際には，些細な行動の変化の背景に，彼らの今後の人生を支える「自己」「アイデンティティ」の変化があるという感性をもつことが必要です。将来，教師として，あるいは親として，「青年」とよばれる相手を理解するために，ぜひ，青年期について理解を深めてください。そしてそのためには，自分自身についての理解が不可欠です。今，青年とよばれる立場にある方もそうでない方も，何よりも，自分自身をより理解するために，この章を読み進めてもらえれば，と思います。

1 青年期に訪れるさまざまな変化

1-1 思春期に生じる身体の変化

青年期がいつ始まり，いつ終わるのかについての考え方は，扉ページに書いたとおりです。青年期の始まりとされる思春期には，身長や体重の劇的な増加が見られます。同時に，第二次性徴に代表されるような質的な変化も生じ，男性は男性特有の，女性は女性特有の身体の変化を経験します。思春期の訪れは，個人差もありますが，女性の方が若干早くて小学校高学年頃，男性では中学に入る頃でしょう。この身体の変化は，心理的にも大きな意味をもちます。その理由は大きく三つ指摘することができるでしょう。

第一の理由は，その変化が，自分が大人へと変化しつつあることを示唆するためです。私たちは，「自分」というものを理解する際，身体を大きな基盤としています。そのため，身体が大人へと変化していくということは，身体を通してとらえられる自分への意識も，大人の世界との連続性を帯びたものに変わっていくということを意味するのです。身体の変化が，自分が大人になりつつあるという事実，大人へと向かっていく時間の流れを，より現実的なレベルで青年に提示します。しかし，心理面ではまだ子どもである意識も大きく，全体としてバランスがとれない状態におかれます。

身体の変化が心理的に大きな意味をもつ第二の理由は，体の変化の時期や幅に個人差があることに関係します。人によって変化の時期や幅が違うということは，本人にとっては，自分が人と同じように変化していないように感じたり，あるいは逆に，人より極端に変化してしまっているように感じたりする可能性が高いということです。変化の方向性や終点が不確実であるため，まだ見ぬ今後の自分の身体への想像や不安が頭をかけめぐったりもします。このようなとき，人は，自分と他人とを比較しがちです。また，自分の身体が他の人の目にどのように映っているのかも気になります。周囲の他者と自分の身体とを比較するという行為は，そのような身体への意識的固着をさらに高めます。

第三の理由は，上記のことも含め，身体というものが自身の評価対象となるためです。第一のところで触れたように，身体は，私たちの自己意識の基盤となる重要な領域です。そのため，身体に対する満足・不満足は，そのまま自分に対する全体的な評価感情を決定づけることが少なくありません。身体は外界との相互作用の窓口であり，自分の存在を確固として感じさせる現実であるため，身体に対する評価感情は，人間関係にも影響します。太っている，顔が悪い，背が低いなど，身体に関するさまざまな否定的評価は，変化の時期に高まった身体への意識を持続させ，大きな悩みとなります。それはときとして，過度のダイエットや摂食障害，醜貌恐怖など，深刻な問題につながっていく可能性もあります。

1-2　認知世界の変化

青年期には，思考力や認識力の発達によって，それまで過ごしていた世界が違ったように見えてくるという体験をします。それまではなんとなく漠然としか捉えていなかった自分の感情や行動をはっきりと把握するようになり，その行動や感情にまつわる自分自身の内面や他者との相互作用のあり方，また他者の内面にも意識が向きはじめ，それを見つめることが可能になるのです。

結果，他者，自分をとりまく環境，そして自分自身に対しても，それまでとは違ったとらえ方をするようになります。それはしばしば批判的なものになります。牛島（1954）はその批判的態度はまず他者に対して抱かれ，その後自分に対して向けられるようになると指摘しています。その過程のなかで，反抗や非行などの反社会的行動や，自閉や引きこもりなどの非社会的行動へ進むことがあります。自分に対しても，理想と現実の不一致，行動と思考との不一致，行動の非一貫性など，同一であるはずの主体に付随する矛盾や欺瞞（ぎまん）に気づき，自らのあり方を肯定できずに苦しむようになります。それはいわゆるアイデンティティの危機をもたらし，自らのアイデンティティを探し続けるモラトリアムの状態，あるいはその問題への関与を避けるアイデンティティ拡散の状態へと進んでいきます（アイデンティティについてはのちに詳しく述べます）。

この時期に起こる認知世界の変化としてもう一つ重要なものが，時間的展望の変化です。現在というものを過去や未来も含めたうえで捉えるようになり，また，過去や未来に対する展望も拡大されていきます。つまり，今という時間を過去にも未来にも開かれたものとして捉える時間感覚が獲得されるのです。小さい頃にも「大きくなったら…」と想像することはありますが，それが，現在と連続性をもった未来として認識されるようになるのです。そのため，未来に対する漠然とした不安や，未来の見えなさというものが，現実世界にも大きく影響を及ぼすようになってきます。

1-3　環境の変化

これまでにみたような，身体の変化，認知世界の変化は，個人にとっての内的世界の変化と言えます。それと同時に，個人は自分が身をおく実際の世界の変化のなかにもおかれています。ここでは，とくに，青年期において特徴的に見られる環境の変化について，大きく二つの側面を指摘します。

一つ目は，青年の身体や認知能力，そして年齢の変化に伴う，他者の反応や関係性の変化です。他者とのやりとりとそこで得られる自己の知識は，自己とは何かを考えるうえで非常に重要な基盤となるものです。それが変化することによって，自分が，それまでの自分とは違うということを意識させられます。しかもそのフィードバックは人や状況によってまちまちで，自分についての整合性のある一貫した知識を得られません。その不安定さは，他者や周りに対してどのような人間としてふるまえばよいかをしばしば混乱させます。従来，青年期は移行期，青年は大人世界と子ども世界の境界におかれた境界人とされてきました（Lewin, 1951)。この定義自体は再考の余地があるのですが，現代でも，他者や社会とのやりとりのなかで自分の位置づけを検討し続けざるをえないという点では，やはりその，境界人的な不安定さが指摘されます。

もう一つは，客観的な時間の経過に伴う生活世界の変化です。具体的には，中学進学，高校進学，大学進学あるいは就職などを挙げることができます。新しい環境にどう適応していくのかということはもちろん，さらにはその前段階として，どの方向へと進路を定めるのかという問題が，現実的に迫ってきます。とくに，大学進学あるいは就職という，今後の人生を送るうえで大きくかかわってくる進路選択の問題に直面することによって，青年は，自分の人生について考えざるをえなくなります。先ほど述べたような，未来に対する漠然とした不安が，現実的な課題としてつきつけられるのです。自分は何をして生きるのか，自分には何ができるのか，ということを考えることを余儀なくされます。

1-4　これらの問題に対してどう向き合うか

身体は目に見えるものです。そのため，しばしば，学校現場でも身体的特徴をとらえた発言が聞かれます。ときにはあだ名とされることもあります。とくにそこに何らかの評価的色彩が差し挟まれていたとき，その対象となる者は，自分の身体的特徴を強く意識することになるでしょう。それが肯定的展開を生むことはほとんどありません。たとえ肯定的な特徴であっても，「他人と違う」ことが否定的感情を生むということが十分考えられるからです。また，自分の身体を眺めて深い自己嫌悪に陥っている場合，客観的にどう見えているかはほとんど関係ありません。自分が自分をどう見ているかという，個人の主観的な認知世界における評価が全てになりがちです。身体に限らず，他人から見ると大した問題ではない事柄が，本人にとっては生きていることを苦しくさせるほどの深刻な悩みになっていることもあるのです。

そのような自己の問題への意識的固着がなくなれば感情は軽減されますが，「考えないようにしよう」ということはかえって注意をそこに固着させてしまいます。むしろ，身体的特徴が個人の価値を決定づけるわけではないことを理解すること，それぞれの身体的特徴を互いに尊重し合うこと，身体を含めた自分というものを受け入れていくことへの励ましが，重要な課題となるでしょう。

その際，身体的変化の幅や量には個人差があること，そして，この時期には，誰もが，身体について悩むこと，つまり，そのような悩みを抱えているのは，自分一人ではないのだ，ということを理解させることも，彼らの大きな助けになるでしょう。彼らは，今，変化著しい青年期のなかにいるのです。そしてその変化は，外からは見えない内面の奥深くにも及んでいます。誰もが変化にとまどい，社会に対してはもちろん，自分自身の変化に対しても，一生懸命適応していこうとしているのです。

2　アイデンティティの形成

青年期に身体や認知世界，そして環境や関係性など，さまざまな次元での変化を経験するなかで，青年は，自分というものについて考えることを余儀なくされます。もちろん，それ以前の子どもでも，自分という存在を不思議に思ったり，自分について考えたりすることはあるでしょう。ですが，青年期になるにつれ，その問いの様式の質は変わってきます。

青年期に訪れるさまざまな問題――たとえば身体や学校，人間関係など――にそれぞれ取り組む過程のなかで，それらを包含する総合的な自分のあり方についての問題へといつしかたどり着いているような場合がしばしばあります。「私って何？」「私はこれからどうなるの？」――青年期に訪れるさまざまな変化は，複雑に相互作用しながら，自己全体を大きく変えていき，青年を，この問いへと導いていきます。

自分とは何か，自分は今後どのように生きていくのか，といった自己の全体的なあり方への問いの様式とその展開過程については，「アイデンティティ（自我同一性）」の問題として検討され続けてきました。青年期において直面するこの問題は，その後の人生を送っていくためのよりどころを新たに構築していくことにつながっています。

2-1　アイデンティティとは

今までにあげたような青年期におけるさまざまな問題は，アイデンティティの問題として広く捉え直すことができます。アイデンティティは，精神分析学者のエリクソン（1973）によって明確化された概念です。それは，自分が，自分以外の何者でもなく，以前からも自分であり，これからも自分であり続けるということの自覚，そして，その自分は，自分が生きていく社会のなかで広く認められ，受け入れられるあり方をしているということの確信をもった状態であると考えられます。青年期には，人間関係や身体の変化，進路決定など，さまざまな問題が相互に絡み合うなかで，それまでに有していたアイデンティティが揺らぐ「アイデンティティの危機」に直面します。エリクソンは，「アイデンティティの危機とは，青年であることの心理社会的な側面」（エリクソン，1973，p. 113）であると述べており，アイデンティティの危機こそが青年期の最大特徴とされます。

エリクソンは，アイデンティティの危機について，青年期という時期の特徴を強調しています。青年期は，身体的成長，精神的成熟，社会的責任感などの点で，アイデンティティの危機を経験しかつ克服していくことができる時期なのです。

アイデンティティの危機と形成のプロセスは，児童期までの同一化の有効性が終わるところから始まります。児童期までに，子どもは，親をはじめとするさまざまな周囲の大人の，価値，態度，信念を取り入れ，それに同一化することによって自分を形成していきます。ところが，青年期には，同性・異性の友人関係を自分がどう展開していくのか，職業選択をはじめとする自分の将来をどう作っていくのか，といった問題に直面します。それらは，親や大人の価値や信念に同一化したままでは解決できないことが多いのです。青年は，それらの問題に取り組むなかで，自分なりの価値，態度，信念といったものを獲得していきます。その結果，児童期までに無自覚的に同一化していた事柄は拒否されたり，新しく配置し直されたりします。この過程が，アイデンティティ形成の過程にほかなりません。

2-2　アイデンティティと他者からの承認

今見てきたように，青年期におけるアイデンティティの形成は，親からの心理的独立を意味します。親の価値観をそのまま受け入れて成立する世界から脱し，自分なりの布置によって価値世界を再構築していく過程なのです。

ただし，親の影響から分離していく過程のなかで，青年は一人になっていくのではなく，親に代わる他者との関係性を求めます。この関係性は，アイデンティティ形成においてもっとも重要なこととされます。エリクソンが心理社会的側面を強調したように，アイデンティティの感覚は，それを重要な他者や社会から認めてもらえるという点によって成立します。他者の承認を得ることによって，自分が自分であり，しかも社会のなかに適切に位置づけられるという感覚をもつことができます。この「承認」は，自分がこれから移行していこうとする世界における重要な他者からの承認であることが必要とされます。親の世界のそのままの受け入れによって成立する世界から，自分なりの布置によって再構築された世界，そこにおいて重要な意味をもつ他者からの承認が，アイデンティティ形成には欠かせません。

その意味でも，また，青年期の不安や悩みを語り合い，ともに支え合う友人関係というものが，この時期には真に求められるようになります。青年期は，遊びを中心とした児童期の友人関係から，その後の人生形成を支え合う，価値観や相互尊敬を基盤とした友人関係へとその質が変化していきます。落合・佐藤（1996）によると，中学生から大学生になるにつれて，「みんなと同じようにするつき合い方」は減少し，「自己を開示し積極的に理解しようとするつき合い方」が増加していくとされます。つまり，青年期の時期をたどるなかで，互いに価値観や人生観などを語り合う深いつき合いが進むと考えられるのです。ここでは詳しく述べられませんが，仲間関係によって構築される集団アイデンティティを個人のアイデンティティ形成の初歩として位置づける見方もあります（Newman & Newman, 2001）。

2-3　アイデンティティ形成に必要な友人関係を支えていく

このような過程には，アイデンティティ形成を支える他者の存在が不可欠です。現代の人間関係について，「立ち入らないやさしさ」（大平，1995）ということばに象徴されるように，深い友人関係を構築することに心理的な恐れを抱く者が多いことが久しく指摘されています。現代青年の友人関係の特徴として，仲間同士で互いの評価を気にし合ったり，互いの領域に立ち入ることを躊躇（ちゅうちょ）

し合って距離をとってしまったりする点が指摘されているのです。

しかし，白井（2001）は興味深い指摘をしています。大学生に「最近の若者は，深いつき合いを避け，本音をいう人をネクラとかいって茶化す傾向があるというが本当か」，さらに，「では自分自身はどうか」という問いを投げかけたところ，前者に対しては「本当だ」としながらも，「自分は違う。深いつき合いを求めているし，本音もいうし，本音をいう人をバカにしたりしない」と答えたと言います。現代指摘されているような表層的な人間関係は，お互いがお互いに対して誤解をし合った結果かもしれないのです。

また，他者からの承認を求めるあまり，他者や周囲の評価に過敏になりすぎ，他者からどう見られるのかにのみ専心してしまう状態に陥ることがあります。さらにそこでの他者評価というものが，じつは自己中心的なものであることも指摘されます。エルカインドは，これを，青年期の自己中心性の特徴の一つにあげています。たとえば，自分が気にしている事柄（たとえば寝癖のついた髪型）には，他者も同様に興味・関心をもつと考えてしまうのです（Elkind, 1967）。ところが，実際には，他者がそこまで自分のことを気にしているわけではありません。そのため，想像上の世界における他者の反応と実際の他者の反応との間には，しばしばギャップが生じます。そこからくる違和感が，ますます他者からの評価に不安を抱かせてしまうという悪循環に陥る可能性も考えられます。

互いにそれぞれの主観的世界をもつために誤解が必然的に伴うこと，それがときとして人間関係の構築を難しくさせていることに気づかせ，自らを深いレベルで承認してくれる友人関係の構築を励ましていくことが，教育現場の課題の一つとされるでしょう。そのためには，青年の想像する主観的世界が現実世界と乖離（かいり）していないか，また，個人を悩ませている人間関係や他者からの評価は，自己中心的な思考の結果ではないか，を考え，実際の経験世界を見つめることができるように支えてあげることが必要です。

じつはこれは，ロジャース（Rogers, 1951）のめざした「経験への開かれ」という状態でもあります。その状態に至るには，しっかりと個人を受容し，不安や緊張，防衛的態度を取り除いてやる丁寧なプロセスが必要であるとされています。それを教師一人が担うのは大変です。またこの状態は理想のものであるかもしれません。ですが，友人相互がそのような関係を作っていけるような場を形成していくことは，努力していく価値のある営みでしょう。

3　アイデンティティをめぐる問題

3-1　アイデンティティ形成のプロセスモデル

アイデンティティ形成プロセスは順調に進むわけではありません。ここでは，エリクソンの漸成(ぜんせい)図式をもとに，そのつまずきについて考えていきましょう。

エリクソン（1973）の漸成図式（図13-1）は，自我の発達過程は，予定されたある一定のプログラムに基づいて進むというエリクソンの考え方を象徴するものです。とくにエリクソンは，フロイトが心理－性的発達段階を想定していたのに対し，心理－社会的発達段階を想定しました。そしてそれを八つに分け，各段階で，特有の発達的危機を経験すると考えました。ここでいう危機とは，その時点でもっとも顕著な重要性の高い問題といった意味です。各段階の危機は，図13-1で太枠で囲まれた，対角線上に記載されているものです。たとえば，乳児期には，養育者との十分な心の絆（愛着関係）を形成することができるか否かによって，基本的信頼を獲得できるか，それとも，基本的不信を獲得してしまうかが決まるとされます。このように，危機とは，各時期における成熟と退行の岐路を意味します。危機を表す対概念の意味を考えるうえで重要なのは，そのバランスです。つまり，比較的永続的な状態において，前者（プラスの特質）が後者（マイナスの特質）を上回るバランスにあれば健康度が高く，後者が前者を上回るバランスにあれば病理性が高まります。前者と後者が拮抗している場合も，病理的側面が指摘されます。

この図式を理解するうえでもっとも重要なのは，構造です。そこには三つの意味が込められています。第一は，自我の各部分には，それぞれの段階でとくに優勢的に成長させるべき時期があり，それが危機として扱われるということ，第二は，すべての素因はその成長が最優先される時期以前にも何らかの形で存

Ⅷ 老年期								統合性 対 絶望，嫌悪
Ⅶ 成人期							世代性 対 停滞，自己耽溺	
Ⅵ 初期成人期					連帯 対 社会的孤立	親密性 対 孤立		
Ⅴ 青年期	時間的展望 対 時間的展望の拡散	自己確信 対 自意識過剰	役割実験 対 否定的アイデンティティ	達成の期待 対 労働麻痺	アイデンティティ 対 アイデンティティ拡散	性的アイデンティティ 対 両性的拡散	指導性と服従性 対 権威の拡散	イデオロギーへの帰依 対 理想の拡散
Ⅳ 学童期				勤勉性 対 劣等感	労働同一化 対 アイデンティティ喪失			
Ⅲ 遊戯期			自主性 対 罪悪感		遊戯同一化 対 空想アイデンティティ			
Ⅱ 早期児童期		自律性 対 恥，疑惑			両極性 対 自閉			
Ⅰ 乳児期	基本的信頼 対 基本的不信				一極性 対 早熟な自己分化			

図 13-1　エリクソンの漸成発達図式

（出所）　エリクソン（1973）をもとに作成

在しているということ，第三は，各段階における心理社会的危機は，解決されたとしても，次の段階ではそこに適した形でさらなる発達を遂げていくということです。その視点から，青年期に発達する自我の部分，つまり，優勢となる危機についてみてみましょう。

まず，エリクソンが，青年期において優勢的になるとした主たる危機は，アイデンティティ対アイデンティティ拡散です。アイデンティティ拡散とは，わかりやすくいえば「自分がどういう存在かわからない，何をしたいのかわからない」というような状態に陥ることです。

第二の点は，「アイデンティティ対アイデンティティ拡散」の縦の列にあたるところのものです。各段階ではそれぞれ解決すべき優先的な危機があり，アイデンティティの問題が優勢になるのは青年期だけです。しかし，それ以前の段階，たとえば児童期においては，「労働同一化対アイデンティティ喪失」としてこの問題は体験されているのです。

第三の点は，青年期の横の行にあたるところのものです。青年期にアイデンティティの危機を体験するなかで，それ以前あるいはそれ以降の発達段階における心理社会的危機が，形を変えて立ち現れてきます。たとえば，乳児期における基本的信頼が獲得されていない者の場合，その問題は，「時間的展望対時間的展望の拡散」といった問題として，青年期におけるアイデンティティ形成の問題にかかわってくるのです。

ところで，エリクソンは，アイデンティティ形成において，ある程度その決断を未決にしておく期間を想定しました。それは「心理社会的モラトリアム」とよばれます。「心理社会的モラトリアム」は，自分がどのような人間になりたいのかを見つけるために，さまざまな役割を実験したり，その選択を遅延したりする猶予の時間です。エリクソンは，「この明らかな混乱の大半は，社会的な遊戯として，児童期の遊戯を発生的に引き継いだものとしてとらえるべきである」とし，そのような時期は，方向を見失ったり不安になったりするかもしれないが，健康な機能をもつと考えました。

大学時代というのは，まさに，心理社会的モラトリアムの時期であると言えます。身体的にも能力的にも，ある程度成熟した状態にありながら，今後の人生の方向性の決定を，保留されています。ですが，心理社会的モラトリアムの段階から，アイデンティティ拡散の状態へと陥る可能性も少なくありません。心理社会的モラトリアムの期間には終わりが来ます。そして，アイデンティティ形成には他者の存在が不可欠です。また，現実世界との照合も不可欠です。このモラトリアム期間には，ぜひ，多くの経験を重ね，自分のなかに答えを探すのではなく，自分から答えを作っていくという姿勢で過ごしていただきたいと思います。

3-2　アイデンティティ達成プロセスにおける現代性

モラトリアムは，アイデンティティ達成の前段階として想定された時期でしたが，現代においては，その期間が延長の方向にあるとされています。アイデンティティに関する実証的な検討からは，アイデンティティは18歳以前ではめったに達成されないこと，大学の終わりの時期でも，アイデンティティは，まず職業的なアイデンティティの領域でのみ達成されることが示されています(コールマンとヘンドリー，2003による概観)。その一つの理由として，上昇する進学率によって，どのようにして生きるのかという問いの答えが時期的に先延ばしにされている点がしばしば挙げられます。

ただ，時代の変化に伴い，アイデンティティ達成に至るプロセス自体が再考を促されていることも事実です。現在，アイデンティティはいったん達成されても，その後再びモラトリアム（moratorium）の段階に戻り，新たなアイデンティティ達成（achievement）に取り組まねばならないという周期がみられることが指摘されており，MAMA（Moratorium - Achievement - Moratorium - Achievement）サイクルとよばれています。現代社会においては，いったんアイデンティティが達成されてもそれは永続的に応用可能なものではなく，その都度その都度，社会との関係に応じて再構成していかねばならなくなっているため，断続的にモラトリアムの時期がやってくると考えられています。つまり，私たちは，青年期とよばれる時期を過ぎても，自分のあり方を問い続け，その都度最適と思われる方向へと自分を形成し続けるという作業を自覚的に続けていくのです。アイデンティティの問題は，まさに我々が生涯かけて問い続ける自己の問題なのです。

今，私たちは，このような時代に生きているのです。このなかを生き抜く当の本人として，また，生きていく他者を支える者として，自分はどう動くべきか，一人ひとりが考え，そしてそれを現実の社会のなかでさまざまに実践していくことが求められています。

3-3 アイデンティティ拡散に関連する問題

アイデンティティ対アイデンティティ拡散の危機において，アイデンティティのほうが必ずしも優勢になるとは限りません。青年期に訪れる自我の混乱から，アイデンティティ拡散状態が続く者，心理社会的モラトリアムの過程でアイデンティティ拡散の状態に陥る者など，アイデンティティ拡散の状態で落ち着いてしまう可能性もあります。アイデンティティ拡散が優勢になると，どのようなことが問題となるのでしょうか。

エリクソンはそこに四つのおもな構成要素があるとしました（コールマンとヘンドリー（2003）の概論による）。

第一は，親密性の問題です。アイデンティティが拡散した状態においては，真の親密性を成立させることは難しいと考えられます。自分自身のアイデンティティを失う不安から，親密な対人関係に関与することをおそれ，表層的な関係性で満足してしまうとされます。あるいは，自己のアイデンティティ形成に専心している際には，相手を思いやる余裕をもてず，真の親密性を形成できないとも考えられています（大野，1995）。

第二は，時間的展望の拡散です。将来の計画を立てることができなかったり，時間の感覚をもつことができなかったりする状態です。この問題は，変化することや大人になることへの不安と結びついていると考えられます。

第三は，勤勉性の拡散です。アイデンティティの感覚が得られないなかでは，青年は，仕事や勉強において現実的なやり方で自分の能力を利用することができないと感じてしまいます。何となく集中できないという状態に陥ります。これは，日常生活でしばしば体験されるものだと思われます。自分に不満をもつ理由として，「やりたいことがない」，「今やっていることが本当にやりたいことなのかわからない」といったことばは多く聞かれてきました（溝上，2001）。これは，現実的には，先にあげた時間的展望の拡散とも密接にかかわっていると考えられます。青年は，現在における物事への取り組みを，しばしば未来との照合において評価したり検討したりしているのです。

第四は，否定的アイデンティティへの帰依です。両親やその他の重要な大人が望むのと正反対のアイデンティティを若者が選択するという現象です。アイデンティティの形成過程においては，大人社会における自らの適所を見つけ，そこでの役割を獲得していくことが求められます。それに対し，反社会的，非社会的な役割を自己のアイデンティティとして積極的にとり入れていくやり方です。現実世界にアイデンティティを見出せないとき，それを否定することができるという，ただその一点にのみ価値を見出し，その世界に同一化していく，そういう方向を選んだ結果，獲得されるものです。しばしば，非行やドラッグをはじめとする反社会的行動の問題へとつながります。

4　キャリア形成との関連：まとめにかえて

ここまで述べてきたような，アイデンティティ形成の問題がもっとも現実的な問題となってあらわれるのは，進路選択を含むキャリア形成の場面です。言い方を替えると，非常に抽象的でわかりにくいアイデンティティ形成の問題について，もっとも実践的な取り組みを展開していけるのが，キャリア形成の問題でしょう。そこでは，アイデンティティの探求を具体的な現実と照らし合わせながら進めていくことが求められ，青年に対する具体的サポートや彼ら・彼女らとの話し合いを，もっともわかりやすい形で展開していくことが可能となります。

アイデンティティ形成プロセスが，青年みずからによってこれから生きていく世界を構築していく主体性が問われるプロセスであること，そしてモラトリアム期間は必要であるが長期化すると拡散へと至りやすいことを十分に理解して，周囲の大人は青年の問題を共有していく姿勢をもつことが必要でしょう。エルカインドが挙げた青年期の自己中心的思考の一つに，自分の関心や感情――自分が選んだもの，好きだと思っているもの――は，非常に特殊で独自なものだと思い込むという点が指摘されています（Elkind, 1967）。彼ら・彼女らの示す関心や感情の内容については，それに付随する思考特徴も踏まえたうえで，真に尊重していく姿勢が問われるのです。

また，現代においては，生き方の選択肢があまりに多様になったことで，アイデンティティ形成においてはかえって不自由をもたらしていると考えられます。たとえば，高卒フリーターについて調査した小杉（2003）は，専門学科出身の生徒よりも，普通科出身の生徒において，フリーターになった割合が多くみられたと言います。何らかの枠（≒制限）を与えられることで，かえって自由に時間的展望がひらける可能性があることを，教師は知っておくべきでしょう。また，先に述べたように，アイデンティティ形成は，いったん形成されてもまた再構築されていく，生涯かけてなされるプロセスです。このことは，現在の決断のあとにも，また選択の可能性が浮上することを示唆します。完璧な答えを出そうとして動けなくなっている生徒に対しては，このことを提示することで，決断へと促すことができるかもしれません。

エリクソン（1973）が，アイデンティティの確立には他者の承認が必要であると述べたことに象徴されるように，自分について考えることは，同時に他者や社会について考えることです。また，他者について考えることは，自分について考えることです。他者を排したところに存在するはずの「自分」ではなく，他者とのたえざる相互作用の世界において適所をもつ「自分」というものを積極的に求めていくことがアイデンティティの探求と言えるでしょう。

ただ，この時期には，しばしば教師と生徒の相互作用が困難になります。認知的発達によって，青年は，他者，とくに，児童期までの世界において優位を保っていた大人の矛盾や論理のほころびに敏感になり，強い不信感や反感を抱くようにもなるからです。ですが同時に，この認知的発達のおかげで，たとえば身体の問題に対しても，多面的なとらえ方や相対的な理解を促していくことが可能になります。複雑な，多面的な対話が可能になるのです。そのようなメタレベルにおける思考も，促しがあれば可能です。そのなかで，本人がまだ気づいていない自己価値へ気づかせてあげることも，本人にとっては必要な支えとなるでしょう。

そのためには，まずは，自分自身が自分自身を理解し，受容することが大事になってきます。他者を受容し，支えるには，自分自身を，長所，短所も含めてしっかりと受容できていることが大切です。教師としての役割，教師に求められる行動についても多く書きましたが，まずは，一個人として，あなたがあなた自身を支えられる人間になることが大事です。自分のために使える時間，心理社会的モラトリアムの時間を有効に使い，多くの経験を重ねながら，人生を進んでいって欲しいと思います。

引用文献

コールマン，J. & ヘンドリー，L.　白井利明他（訳）（2003）．青年期の本質　ミネルヴァ書房（Coleman, J. C. & Hendry, L. B. (1999). *The Nature of Adolescence*, third edition.　New York: Routledge.）

Elkind, D. (1967). Egocentrism in adolescence.　*Child Development*, **38**, 1025-1034.

エリクソン，E. H.　岩瀬庸理（訳）（1973）．アイデンティティ——青年と危機　金沢文庫（Erikson, E. H. (1967). *Identity: Youth and Crisis*.　New York: W. W. Norton.）

小杉礼子（2003）．フリーターという生き方　勁草書房

レヴィン，K.　猪股左登留（訳）（1956）．社会科学における場の理論　誠信書房（Lewin, K. (1951). *Field Theory in Social Science: Selected Theoretical Papers*, edited by D. Cartwright.　New York: Harper & Brothers.）

溝上慎一（2001）．大学生の自己と生き方——大学生固有の意味世界に迫る大学生心理学　ナカニシヤ出版

Newman, B. M. & Newman, P. R. (2001). Group identity and alienation: Giving the we its due.　*Journal of Youth and Adolescence*, **30**, 515-538.

落合良行・佐藤有耕（1996）．青年期における友達とのつき合い方の発達的変化　教育心理学研究，**44**，55-65.

大平健（1995）．やさしさの精神病理　岩波新書

大野久（1995）．青年期の自己意識と生き方　落合良行・楠見孝（編）講座生涯発達心理学第４巻　自己への問い直し——青年期　金子書房　pp. 89-123.

Rogers, C. R. (1951). *Client-Centered Therapy: Its Current Practice, Implications and Theory*.　Boston: Houghton Mifflin.

白井利明（2001）．青年の自己変容に及ぼす調査活動と結果のフィードバックの効果——変容確認法の開発に関する研究（II）　大阪教育大学紀要（第Ｖ部門），**50**，125-150.

牛島義友（1954）．牛島青年心理学――日本の青年における自我意識と社会意識の研究　光文社

もっと詳しく知りたい人のための文献紹介

溝上慎一（2003）．現代大学生論　NHK 出版

⇨現代青年の自己と生き方について，その歴史的経緯も含めて論じています。また，エリクソン思想についても現代的視点で読み解いています。

鑪幹八郎（1990）．アイデンティティの心理学　講談社現代新書

⇨アイデンティティについての本は多々出ていますが，入門書としてはこれが一番読みやすいように思います。

第14章 「障害」の理解
——障害をもった人たちと，どう向き合うか

みなさんは障害をもった人と接したことがありますか？　意外と身近にいながら，なかなか話しかけられないとか，どう接したらよいのかわからないという人が多いのではないでしょうか？
この章では，「障害」について正しく理解し，障害をもった人とも気軽に接し支援できるように勉強します。
まず，「障害」を理解するために，「障害」が社会のなかでどのように捉えられてきたのか概観します。また，WHO（世界保健機関）の国際障害分類についても紹介します。
次に，障害をもつ子どもたちの教育について，二つの考え方を学びます。従来は，子どもがもつ障害の特徴や重症度などにあわせて個々に適切な教育をスモールステップで行ってきました。
しかし近年，大人からの指導によって子どもの発達を促すのではなく，子どもみずからの学ぶ力をのばすことによって，結果的に発達を導いていこうとする考え方が多くの支持を集めるようになっています。
障害をもつ子どもたちの「学び」について知ることは，人間の「学び」の理解にとってもたいへん役立ちます。

1　「障害」を理解する

1-1 「障害がある」ということ

もし，あなたが近所のコンビニで買い物をしているとき，小学校低学年の子どもが万引きする様子を目撃したら，どうするでしょう？　見て見ぬふりをするでしょうか？　それとも，その子を捕まえ警察に連絡するでしょうか？　も

し，名札をつけていたら，その学校に連絡するかもしれません。もし，その子が幼稚園の名札をつけていたら，対応もまた変わるでしょう。そのときの状況や子どもの態度によっても，あなたの対応は変わると思います。

さてそれでは，この子が障害児だったらどうでしょう？　名前を聞いても答えることができない。良い悪いの判断ができない。そのような子どもだったら，さらに判断は難しくなります。しかし，このような出来事はそれほど珍しいものではありません。多くの人々にとって「障害」を日常意識することは少ないかもしれませんが，今日，「障害」は日常生活のなかで折にふれて考えなければならないものとなっています。つまり，「障害」は社会的なテーマであり，社会を構成する私たち一人ひとりが考えることができる，そして考えることが求められているテーマなのです。

ここでは，あなたが将来，教師や保育士として，子どもたちに「障害」という問題をどう教えたらよいのかを見ていきたいと思います。そして，実際に障害のある子どもの担任となったときに，どのような支援ができるのかを考えてみます。このことは，あなたが親になったときに，日常生活のなかで自分の子どもをどのように「障害」の理解へと導いたらよいのかを考えるうえでも参考になるものです。

1-2 「障害」を理解する視点（1）

まず，「障害」を理解する第一の視点として，「障害」が社会のなかでどのように捉えられてきたのかについて概観してみましょう（ユネスコ，1997）。

ノーマライゼーション（normalization）

これは1960年代，デンマークのミケルセン（Bank Mikkelsen, N. E.）により「知的障害者の生活を可能な限り通常の生活状態に近づけるようにすること」として提唱され，その後，世界中に広まった概念です。そこでは，障害のある人々が施設入所ではなく，地域で普通の生活をおくれる社会がノーマルな社会であるということが強調されています。この社会福祉の視点から出発したノーマライゼーションの考えは，インテグレーション，そしてインクルージョンといった障害のある子どもたちに対する教育に強い影響を与えています。

インテグレーション（integration）

日本語では統合教育と訳しますが，統合とは別々だったものを合わせることを意味します。統合教育の考え方は1970年代，欧米を中心に起こり，子どもが持つ権利の視点から出発しています。そして，それまでの分離教育から，障害のある子どもを健常な子どものなかに入れて教育するという統合教育への改革が進みました。

統合教育の課題は，通常の教育のなかで障害のある子どもの教育をどのように保障するのかということです。同じ場にいればよいというのではなく，その子どもにどのようなカリキュラムを準備してどのような学習形態，方法を用いれば教育効果があがるのかといった実際的な教育課題です。また，統合教育では，「障害のある子ども」あるいは「障害のない子ども」という二分法的な発想が根底にあるために，つねに両者の間には越えがたい壁が存在することも課題になりました。

インクルージョン（inclusion）

このような流れのなかから，インクルージョンの理念が台頭してきます。インクルージョンの訳語としては，包括教育や包み込み教育があげられますが，カタカナで表記する方法が慣用化されています。

インクルージョンは，1994年にスペインのサラマンカでユネスコ（国連教育科学文化機関）が開催した「特別なニーズ教育に関する世界会議」の声明で取り上げられています。インクルージョンは，障害のあるなしにかかわらず，まず全ての子どもたちを通常の学校に迎え入れようとする理念です。そのうえで，一人ひとりの子どもがもつ特徴や関心，学習に対するニーズを大切にしながら教育を行うという考え方です。インクルージョンは，ノーマライゼーションの具現化へ向けた教育的取組の根幹として位置づけることができます。日本の学校教育では，「特殊教育」から「特別支援教育」への制度改正を行い，子ども一人ひとりの教育的ニーズに基づいた教育に取り組んでいます。これについては，本章の第2節で解説します。

1-3 「障害」を理解する視点（2）

次に，「障害」を理解する第二の視点として，WHO（世界保健機関）の国際障害分類を取り上げます（上田，2001；厚生労働省社会・援護局障害保健福祉部企画課，2002）。図 14-1は，1980年に刊行された初版の「国際障害分類（International Classification of Impairments, Disabilities, and Handicaps, ICIDH）」です。そして，この国際分類は20年後に改訂されました（図 14-2）。ここでは，この二つの図から，「障害」の概念をひもとき，みなさんに「障害」を身近なテーマとして考える視点を提供したいと思います。

国際障害分類初版（ICIDH）

この国際分類は，生物学的，心理学的，そして社会的という三つの次元で「障害」を定義したものです。1980年代としては，「障害」を社会との関係，すなわち，ノーマライゼーションの思想と関連づけている視点は評価されますが，課題も指摘されていました。それは，三つの次元の関係性が一方向的な矢印で説明されていることです。この矢印からは，たとえば，下肢の切断（機能・形態障害）によって引き起こされる「移動できない（能力障害）」には義足の処方といった個人へのアプローチにより社会参加を図ることが強調されます。また同様に，脳血管障害には言語訓練や書字訓練が行われますが，これも個人へのアプローチによる社会参加です。ここには，社会の側からその人へアプローチするという発想がありません。このような批判を背景として，2001年に改訂版が出されます。

国際生活機能分類―国際障害分類改訂版―（ICF）

2001年に発表された改訂版が，図 14-2の「国際生活機能分類―国際障害分類改訂版―（International Classification of Functioning, Disability and Health, ICF）」です。「障害」を生活や健康といった包括的な概念のなかで捉えようとしています。そして，要素間の関係性が双方向の矢印として描かれ，相互作用モデルになっています。

これを，注意欠陥多動性障害（Attention Deficit / Hyperactivity Disorder, ADHD）の児童の例を用いて説明してみましょう。まず，ADHD というのが，

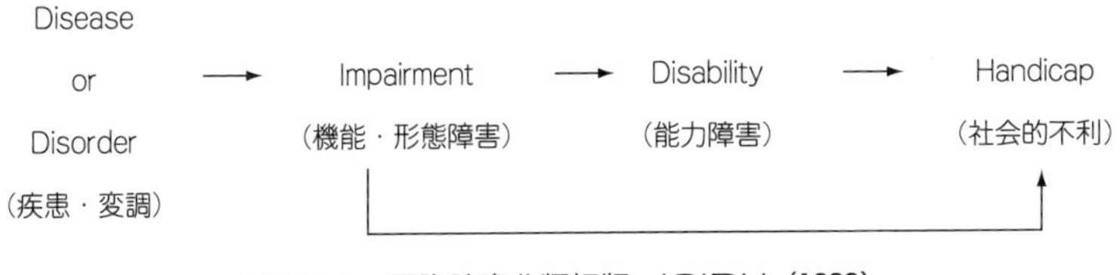

図 14-1　国際障害分類初版　ICIDH（1980）

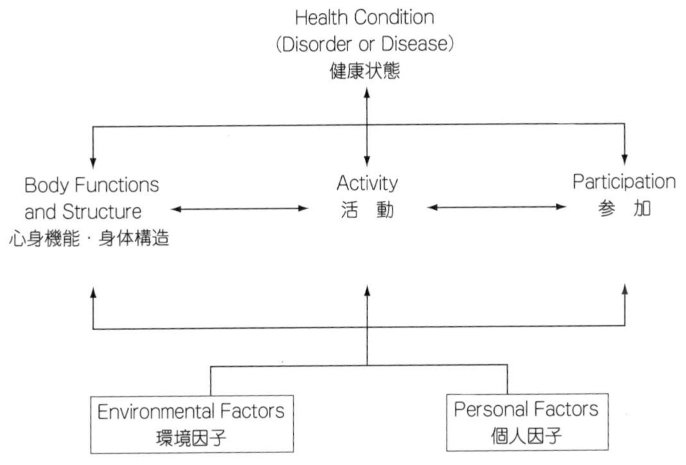

図 14-2　国際生活機能分類─国際障害分類改訂版─　ICF（2001）

図中の「健康状態」にあてはまります。そして，その児童が示す，指示されたことをすぐ忘れる，一斉の指示を理解できないといった注意機能や記憶機能の特徴が「心身機能・身体構造」に対応します。さらに，児童が授業中に教室から飛び出し，授業に集中できないということが観察されるとすれば，それが「活動」にあてはまります。そして，その結果，授業に参加しにくいという状態に至る場合がありますが，これが図の「参加」に対応するものです。しかし，たとえば，一斉指導ではなく個別指導であれば，集中して学習に臨み（参加），学習課題に注目して取り組む（活動）ことが可能になります。そして，学習課題への注目が，さらに学習への参加の度合いを高めることにつながります。つまり，「参加」と「活動」が相互に影響を与えるという，図中の双方向の矢印を認識することができます。そして，この活動，参加のしやすさを支えるのが，新たに登場した背景因子である「環境因子（environmental factors）」なのです。なお，この事例では，個別指導の採用というのが環境因子にあてはまります。このように，改訂版は「障害」を包括的，重層的，可塑的に説明するものとなっています。

ところで，ICF は多くの人々が自分の身になぞらえて日常生活の視点から「障害」を考えることを可能にしています。たとえば，初版の「疾患／変調（disease）」が，改訂版では「健康状態（health condition）」ということばで表現されていますが，これには加齢による健康状態の変化，女性であれば妊娠による健康状態の変化などを含みます。つまり，「障害」を単純に「障害」として捉えるのではなく，「どのようなことが不便なのか」という視点で捉えることを導いています。

また，背景となる因子として明記された「個人因子（personal factors）」には，その人の性別や年齢，ライフスタイル，趣味といった個人の属性や体験などが含まれます。初版では，「障害」がスポットをあびてその人の個人的属性が影に隠れていますが，改訂版ではその人に着目しながら「障害」を理解していくことができるのです。同じく「環境因子」には，家庭や学校，職場などその人にとって身近な環境と，ソーシャルネットワークや一般の人々の態度，イデオロギーなど社会的環境の二つが挙げられています。この身近な環境には，人々との直接的な接触が含まれます。ここに，障害をもった人とかかわるあなたを位置づけて，かかわりのあり方を考えられるのが改訂版の特徴です。

将来，あなたが教師として，先に示したような ADHD 児童の担任になったときのことを考えてみましょう。このような児童は，他の子どもと同じように指導してもなかなか効果が現れません。そこで，教師であるあなたは自分の指導方法を見直す必要があります。その児童の特徴を理解し，その特徴に合わせて支援の手立てを考えることが求められます。もし，児童が「ことばでの説明では理解しにくい」という特徴をもつのであれば，教師は「この学年の子どもは，ことばでくり返し詳しく説明すれば理解できる」という考えを変えなければなりません。そして，児童の特徴に合わせて，図や絵を使って説明する方法を取り入れる必要があるかもしれません（第8章参照）。そのような工夫によって，その児童が学習を意欲的に進めることを支援しなければならないのです。

2 障害をもつ子どもの教育を考える

2-1 特殊教育から特別支援教育へ

ここでは，日本の学校教育について見てみましょう。2003年3月に特別支援教育の在り方に関する調査研究協力者会議（文部科学省の調査研究協力者会議）から，「今後の特別支援教育の在り方について（最終報告）」が出され，特殊教育から特別支援教育への転換が示されました。これまでの特殊教育は，障害の種類や程度に対応した教育の場（特殊教育諸学校，特殊学級および通常学級）で，きめ細かな教育を効果的に行うことを目的としていました。特殊教育諸学校では比較的障害の程度が重い児童生徒を対象とし，特殊学級ではいわゆる中軽度の児童生徒を対象としていました。どちらも，個々の子どもの発達段階に応じた特別なカリキュラムや指導方法で教育を行っています。さらに，障害が比較的軽度の児童生徒は普段，通常学級に在籍し，必要に応じて特定の時間，障害の状態に応じて指導を受ける「通級（つうきゅう）による指導」が進められていました。

これに対して特別支援教育は，先の最終報告のなかで「その一人一人の教育的ニーズを把握し，当該児童生徒の持てる力を高め，生活上や学習上の困難を改善又は克服するために，適切な教育を通じて支援を行うもの」とされています。そして，障害種別に応じた特殊教育諸学校を総合的な特別支援学校へと転換することが示されました。

また，特別支援教育では，学習障害（Learning Disabilities, LD），注意欠陥多動性障害や高機能自閉症（High Functioning Autism, HFA）といったこれまでの特殊教育では対象とされてこなかった児童生徒への対応が含まれています。

これらの報告，答申を受けて，特別支援教育が2007年度から本格的に開始されています。なお，従来の固定式の特殊学級は，障害の種類によってはそこでの教育の効果が高いことや重度の障害がある児童生徒がそこに在籍している等の理由から，特別支援学級に名称を改め，教育を行っています。

その後，2006年に国連総会において採択された障害者の権利に関する条約に則り，我が国では，中央教育審議会が2012年に「共生社会の形成に向けたインクルーシブ教育システム構築のための特別支援教育の推進（報告）」を出しています。そして，障害のある子どもが十分に教育を受けられるための「合理的配慮」およびその基礎となる環境整備をまとめています。

ここでは「合理的配慮」を，障害のある子どもが，他の子どもと平等に教育を受ける権利を享有・行使するために，学校等が必要な変更・調整を行い，「障害のある子どもに対し，その状況に応じて，学校教育を受ける場合に個別に必要とされるもの」と説明しています。学校は「合理的配慮」をすることで，児童生徒が学習活動に参加できるようにします。たとえば，視覚障害がある子どものいるクラスの授業では黒板に文字を書くときに使用するチョークの色を限定することで文字を見えやすくします。そしてその結果，子どもみずからが「わかった」と学びを実感できることを目指します。

このように，学校教育は障害のある子どもがみずから学ぶことを支援することが今後ますます求められます。

2-2　障害をもつ子どもに対する教育の考え方

特別支援学校の授業を参観すると，一つの課題を達成するために，その学習のプロセスを小さな課題に分けて，取り組みやすい課題から順に学習していく，つまりスモールステップによる学習方法に出会います。たとえば，「電車に乗る」という課題に対して，①駅まで行く，②券売機を探す，③キップを買う，④キップを持って改札口を通る，⑤ホームへ行く，……といったように，そのプロセスを子どもの発達に応じて達成可能な小さな課題に分け，子どもが成功体験を重ねながら，最終目標「電車に乗る」に到達するように進める学習方法です。ここでは，このような学習の背景となっている「障害をもつ子どもに対する教育」の基本的な考え方を解説します。

子どもがもつ障害はその特徴や重症度など個々によって異なっているため，その教育も個々に合わせて行われなければなりません。このような考え方に基づき，個別教育計画（Individual Education Plan, IEP）の考え方が世界的に普及しています。個別教育計画では，学習すべき内容，指導方法，評価などが個々の子どもごとに明確に示され，系統的，計画的に指導が進められます。

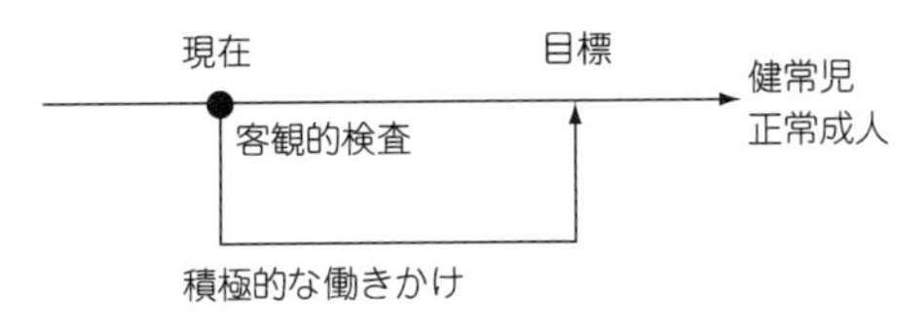

図 14-3 「発達」に関する常識的な考え方

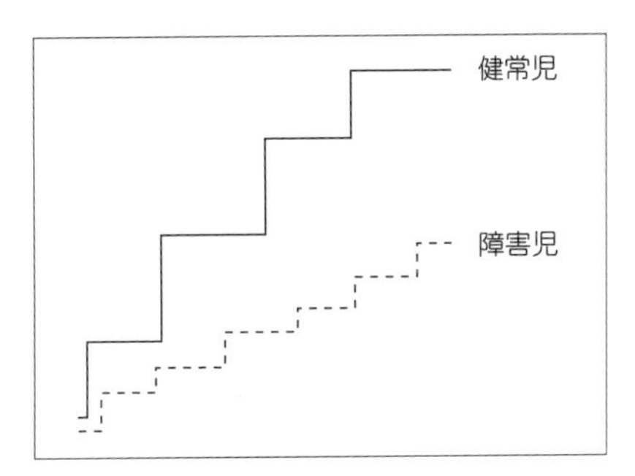

図 14-4 スモールステップ

個別教育計画に限らず，障害をもつ子どもの教育は，「単純なものから複雑なものへ，一つひとつ丁寧に，その子どもの障害の重症度に合わせて訓練してゆく」という基本的な考え方に基づいて実施されてきました。障害をもっていたとしても社会参加を最終目標とした訓練を行うことによって，これまで不可能だったことができるようになってきます。その働きかけは，発達段階を考慮して行われなければならず，この発達の各段階の順序性は，過去の科学的な研究に基づいて設定されています。たとえば，一般には1歳3か月頃には独り立ちできるとか，2歳になれば友達の名前が言える，というようにです。そして，子どもの発達段階を特定するために，多くの検査法，評価法，測定法が過去の研究によって開発されてきました。

子どもの発達段階が特定されると，その少し進んだ地点にとりあえずの目標を定めます（図 14-3）。障害をもつ子どもに対する教育の場合，一般教育と比較し，現在の発達段階と目標値の間隔を小さくとります（図 14-4）。これがスモールステップで，この例は最初に示しました。目標値が設定されると，指導者はその目標を達成させるため，つまり目標とした行動を形成するため，対象に対し働きかけを行います。そして再び対象を客観的・分析的に評価し，その発達が確認されるのです。

ここでは，目標値をいかにうまく設定するか，あるいはこの目標値にいかに早く確実に到達させるか，つまりいかに効果的に目標行動を形成させるかが，働きかけの良し悪しを決定します。そのために，教師はさまざまな教育・訓練技術を習得しなければなりません。障害をもつ子どもに対する教育では，このような考え方を基本的原則として，検査や訓練がさかんに行われてきました。

しかし近年，「障害をもつ子どもに対する教育」についての考え方が少しずつ変わってきています。大人からの指導によって子どもの発達を促すのではなく，子ども自らの学ぶ力をのばすことによって，結果的に発達を導いていこうとする考え方です。次に，この考え方について具体的に見ていきましょう。

3　教育現場で子どもたちを理解する

3-1　保育園でのエピソード

まず，自閉症と診断された太郎君の保育園での様子から紹介しましょう（渡部，2001）。

《エピソード１》

園庭での自由遊び場面。子どもたちが４，５人で戦争ごっこをしている様子。太郎君はその集団に近づくが，集団には入らず少し離れたところをぶらぶらと歩きまわっている。私は，それは太郎君がまだ皆と一緒に遊べるレベルではないからだと理解し，ぶらぶら歩きながら自分の世界を楽しんでいると思っていた。

戦争ごっこをしていた子どもの一人が，突然右手を高くかざし「エイエイオー」と叫びながら行進しだした。それに合わせて，そばにいた子どもたちも同じように「エイエイオー」とやりだした。すると今まで自分の世界に入りこんでいたと思われた太郎君も，その場で（集団からは少し離れていた）「エイエイオー」と言いながら右手を高くかざして歩きだした（発音は曖昧だったが，私には確かにそう聞こえた）。それはまさに，「つられて」という表現がぴったりの行動であった。

もう一つ，同じようなエピソードを紹介します。

《エピソード 2》

給食場面。太郎君は，小さい頃から偏食がひどかった。特に，野菜やくだもの類は絶対に口にしなかった。専門機関において食事訓練を受けたこともあるが，有効な効果は得られなかった。給食時，先生がしばしば個人的に食事指導をしていたが，それまでは効果はなかった。

その日，給食でみかんが出た。いつものように先生は太郎君と向かい合って食事指導をしていた。結果はいつもと同じだった。先生はあきらめて他の子の世話に立った。

太郎君の隣に女の子が座っていた。その女の子は先生の真似をして，みかんをひとふさ太郎に差し出しながら「太郎君，はい！」と言った。

すると太郎君はそのみかんを女の子の手から取るとあっという間に口に入れ，特に表情を変えることなく飲み込んでしまった。

3-2 状況のなかで生まれる「学び」

渡部（2001）は，自閉症と診断された太郎君が保育園で，周囲の子どもたちとどのようにかかわり，どのように発達してゆくのか，2年間にわたり詳細に検討しています。その結果，太郎君が他の子どもたちと一緒の場にいることを「楽しい」と感ずることにより「学習が成立する」ということを強調しています。そのためには，良いコミュニケーションが成立している仲間集団の存在が必要です。結局，太郎君は2年の間に，コミュニケーションや言語面に関して著しい発達を示しました。

従来の障害児教育学や発達心理学においては，「認知」を個人の頭のなかの情報処理プロセスとして捉えてきました。そして，「学習」や「発達」はステップを踏んで進行する個人のプロセスとして考えることが一般的でした。つまり，「学習」や「発達」とは，ある個人の知識や技能が具体的なものから抽象的なものへ，特殊から一般へというように進化するプロセスとして考えられてきたのです。このような考え方に従えば，必然的に，「学習」や「発達」は，初心者から熟練者へ至る個人の変化として見なされることになります。そして，あくまで教育や指導のおもな関心は，個人の頭のなかにある言語構造や知識構造などの認知的なシステムをいかにして変化させるのか，ということにあったのです。

しかし，1980年代から認知科学の「学び」研究が明らかにしてきたことは，このような考え方とはまったく異なるものでした。「状況的学習論（situated learning theory）」と呼ばれるこの考え方では，そもそも知識とはつねに環境あるいは状況に埋め込まれているものであり，したがって本当の「学び」とは環境や状況のなかでそれらと相互行為（相互作用）しながら成立すると考えます。生きてゆくために役立つ「知」はけっして頭のなかにあるのではなく，状況に埋め込まれています。したがって，子どもたちの「学び」は周りの子どもたち，もっと広く言えば「社会」との相互作用によって生じることを，「状況的学習論」は強調するのです。

3-3 「学び」に対する二つの考え方

子どもの「学び」に対する考え方は，現在大きく二つに分かれます。一つは，脳のなかに知識を効率よく蓄積するのが「学び」であるとする考え方です。そしてもう一つは，日常生活をおくるなかで出会うさまざまな状況との密接なコミュニケーションを通して子どもみずからが「学び」を生み出してゆくという考え方です。前者の考え方は，20世紀前期の心理学（行動主義心理学から認知心理学の流れのなか）で生み出されたものです。そして後者は，1980年代から認知科学でさかんに主張されるようになった「学び」に対する考え方です。

二つの「学び」には，特徴の大きな違いがあります。脳のなかに知識を効率よく蓄積する「学び」は，その効果が短期間で現れます。しかし，状況との密接なコミュニケーションを通して子ども自らが生み出してゆく「学び」の効果を確認するためには１年から３年，あるいは５年もかかります。つまり，いつ現れる効果を大切にするのかによって，その学習方法も変わってくるというわけです。教育現場ではすぐに現れる効果が重視されますから，これまでは前者の「学び」が一般に採用されてきました。しかし，そのような方法は，知識に広がりが生まれづらい，つまり応用がきかないという弱点をもっています。専門的に「般化困難」と呼ばれている現象です。そして，この方法では「子どもみずからが学ぶ」という能力の発達は少ないとされています。

これら二つの考え方のどちらを選択するかはたいへん難しいことで，議論の分かれるところです。教師や親御さんの多くは，短期間に「できること」を増やすことを希望するかもしれません。しかし，長い目で子どもたちのことを考え，子ども自らの「学ぶ力」をのばしたいと思う人もいるでしょう。これら二つの考え方のメリットとデメリットを明確に把握したうえで判断することが，一番大切なのです。

3-4 障害をもった子どもたちとともに

保育園に行ったときに，子どもたちから次のような質問をされました。

「太郎君はどうしてお話しができないの？」

この質問について，みなさんはどのように答えるでしょうか。太郎君がどうしてお話しができないかを，子どもたちが理解できることばで説明することは可能です。しかし，子どもたちが太郎君と生活や学習をともにしていくなかで，時間をかけてみずから答えを導き出していくこともまた，とても大切なことだと思います。そこで得られるものはきっと「障害児の太郎君」ではなく，「お友だちの太郎君」です。太郎君とつきあうには，ちょっとだけ自分たちの工夫が必要だということを周りの子どもたちに気づかせることも，大切な教育です。

そして，障害をもった子どもの教育は，けっして障害をもった子どもたちのためだけにあるのではなく，周りの子どもたちにもまったく同様に，健やかな発達に結びつく多くの恩恵をもたらしてくれることを忘れてはならないのです。

引用文献

中央教育審議会（2012）．共生社会の形成に向けたインクルーシブ教育システム

構築のための特別支援教育の推進（報告）
厚生労働省社会・援護局障害保健福祉部企画課（2002）．国際生活機能分類，国際障害分類改訂版（日本語版）　ホームページ掲載版
特別支援教育の在り方に関する調査研究協力者会議（2003）．今後の特別支援教育の在り方について（最終報告）
上田敏（2001）．国際障害分類制定の歴史と課題，ICIDH から ICF へ　手話コミュニケーション研究，**40**，14-34．
ユネスコ（監修）堀智晴・大屋幸子（共訳）（1997）．ユネスコがめざす教育，1人ひとりを大切にした学級経営　田研出版
渡部信一（2001）．障害児は「現場」で学ぶ——自閉症児のケースで考える　新曜社

もっと詳しく知りたい人のための文献紹介

渡部信一（編）（2004）．自閉症児の育て方——笑顔で育つ子どもたち　ミネルヴァ書房

⇨自閉症児を我が子に持つお母さん４名，そして自閉症児のお姉さんに対するインタビュー集。訓練を一所懸命やるよりも，子どもとのふれあいを大切に育ててゆこうと決心したお母さん。アメリカの障害児教育と日本の障害児教育の違いにとまどうお母さん。お母さん方のイキイキとしたお話は，どのような教科書よりも勉強になります。

渡部信一（2005）．ロボット化する子どもたち——「学び」の認知科学 大修館書店

⇨指示されたことはできるが，自分の判断で行動できない子どもたち。学習意欲をなくし，ニート化する若者たち。いま，子どもや若者がロボット化しています。「障害」で学んだ視点を，子どもたちや若者の「学び」にまで広げて考えるのにもっともお薦めの一冊です。

第15章　学習評価
――誰が何のために評価するのか

「評価」ということばに対して，これまでのテストや通信簿を思い出すという理由で，否定的な印象を持っている人も少なくないと思います。しかしよく考えてみれば，学習者に不安を与えたりがっかりさせたりするために，教師たちがわざわざ手間ひまをかけて評価をおこなうはずもありません。

この章では，評価の本来の役割について，「評価をおこなう側＝教師の視点」と「評価を受ける側＝学習者の視点」の両方から説明します。評価をする・評価されるということは，学校教育場面に限らず社会全般でもおこなわれることですから，両方の視点から評価の役割やその意義について理解を深めてもらいたいと思います。

さらに，どうすれば「評価」をもっと活用できるのか，今の皆さんにとってもすぐに役立つ考え方や工夫について紹介していきます。この章を読むことで，これまで持っていた評価の印象が大きく変わると思います。

1　さまざまな「評価」の役割と意義

1-1　教育評価と学習評価

「評価」ということばは，いろいろな文脈で使われています。皆さんも，これまでの学校教育を通じて，無数の評価を受けてきたことでしょう。あるいは，学校場面以外でも「評価」は身近な存在と言えるでしょう。たとえばアルバイト先での勤務態度を評価されたり，インターネット上にあるオンラインショップの評価を参考にして取引が信頼できるかどうかを判断したり，というように。

この章では，教育心理学という視点から「評価」について掘り下げていきますので，学校教育という文脈で例示をしたり先行研究の紹介をしたりしますが，考え方を少しずらせば，記述されている内容は，日常場面におけるさまざまな評価に当てはまるものだと思います。

そうした評価全般について説明する上でもっとも重要なことの一つが，「評価の目的」抜きに，評価について議論することはできないということです。「誰が，何のために，何を評価するのか」はいずれも重要な要素です。逆に言えば，「評価結果（たとえば5点満点で何点かという数値）が一人歩きして，その評価結果が評価の対象のすべてを代表しているかのような誤解をしないことが重要とも言えます。たとえば旅行先でどこに泊まろうかとインターネットの予約サイトを見ているときに，ユーザーの評価（1～5点の平均評定値）を参考にする場合のことを考えてみましょう。あなたはとにかく部屋の清潔さが大事だと思っているとします。しかし，他のユーザーは，部屋の防音性（安眠できるか）を重視していたり，提供される食事の量や質を重視して評価しているかもしれません。同じ4点でも，何が評価され，何が1点分の減点になっているのかは，評価する人任せですね。もちろん評価者が多くなれば，実質的に「多面的で，総合的な評価」になっていくとも言えますが，あなたが重視している清潔さの直接的な指標になっているという保証はありません。これが「何を評価するか」についての多様性を意味しています。またこの場合の評価者は，ユーザー（宿泊客）ですし，「自分がリピートしたいかどうか」「他の客におすすめできるかどうか」という基準で評価をおこなうことが多いでしょう。もし低い点（1点とか2点）をつけたのであれば，その人はもう一度泊まろうとは思っていないでしょうし，口コミとして書かれている内容は「改善のためのアドバイス」というよりは，「苦情」に近いものになると考えられますね。しかし4点をつけた人は，改善アドバイスのつもりで口コミ情報を書き込むかもしれません。自分が再度泊まったときに，より満足度が高くなることを期待して。つまり人によって，自分の感じた満足度を単に伝えるために評価したり，ホテル側に改善を促すために評価をしたりと，評価の目的が異なる可能性があります。これが「何のために」ということに当てはまります。さらには，この例では評価者は宿泊客ですが，ホテルのオーナーが提供されているサービスのチェックのために「自己評価」することもあるでしょう。あるいは，旅行代理店がホテルの「格付け」をする目的で評価をつけることもあるでしょう。誰が評価するかによって，評価の観点や評価の仕方は変わるでしょうし，要求水準も異なることは想像できると思います。これが「誰が」という要素の例になります。

ここで，本書の目的に沿って，学校教育場面での評価に話を戻したいと思います。「学校教育に関する評価」と一口に言っても，その評価者が誰で，何の目的で，何を評価するのかは一様ではありません。北尾（2006，pp. 10-11）は学校における評価である教育評価を，「子ども（被教育者）の評価」と，教育の成果に影響を及ぼす「処遇条件の評価」に分けて説明しています。子どもの評価には「学習評価（学習の過程や成果をとらえて目標の達成状況を評価）」，「行動・道徳性の評価（生徒指導や学級指導の成果として，特に人格面の特性を評価）」，「適性・適応性の評価（基礎的学力，知能，学習方略，学習習慣，社会的適応性などの個人的属性を評価）」が含まれます。処遇（本書の第0章，p. 9参照）条件の評価には，「カリキュラム評価（教科指導などの教育活動を計画的・組織的に編成した教育内容全体を評価）」，「授業評価（教材研究に始まり，授業設計，授業展開，指導技術などを評価）」，「教師評価（指導力を中心に評価）」が含まれます。

本書では，このように多面的に捉えることができる教育評価の中でも，特に学習評価に関わる事項を中心に説明していきます。もちろん他の評価の側面と無関係というわけではありませんが，「学習評価」ということばを使っているときには，主に学習者の学習の過程や成果に焦点を合わせたものであると思ってください。

1-2　学習評価の目的

ここでは学習評価の目的を，「何のために学習評価をおこなうのか」という切り口でさらに詳しく説明していきましょう。まず，学習指導の時期ごとに「診断的評価」，「形成的評価」，「総括的評価」の違いを見ていきます（表15-1）。

表 15-1　診断的評価，形成的評価，総括的評価の特徴

時期	名称	特徴
事前	診断的評価	・学習の可能性を評価する ・学習の前提要因となる基礎的な知識・技能を対象とする ・指導計画，クラス編成，班編制に役立てる ・学習困難児については，学習方略や学習意欲の診断に重点をおく
事中	形成的評価	・学習の到達度を評価する ・短期的に達成した項目ごとにチェックする ・補充指導などに役立てる ・小テスト，観察，作品点検など
事後	総括的評価	・学習の達成度を総合的に評価する ・単元，学期，学年ごとの達成を総括する ・カリキュラム評価などに役立てる ・総括の仕方を工夫する

（出所）　北尾（2006）p. 27

学習評価は「指導が終わった後の成果」に対するものだけではなく，学習指導の進行と一体となって評価をおこなうものだと考えます。

「診断的評価」は，これからおこなう学習について，指導を開始する前におこないます。新たに扱う学習内容に関連した，その前提となる基礎的な知識や技能が学習者に備わっているかどうかを事前に診断しなければ，学習指導がうまくできない可能性があります。たとえば小学校で割り算を教えようとする際に，子どもたちがかけ算の九九を完全に習得済みかどうかを診断することは重要ですね。もし診断的評価の結果，九九が言えない子どもがいるようなら，割り算に入る前に，授業外の学習で九九について習得する機会を設定する必要があります。あるいは学習者相互の教え合いを授業に取り入れるのであれば，どの班にも同じように「準備が整っている学習者」と「整っていない学習者」を割り振ることもあるでしょうし，準備状態のレベルによって班分けをおこなうことで，指導の効率化を図ることもあるかもしれません。

「形成的評価」は，学習指導の途中でおこないます。ある単元（たとえば割り算）が終わった後に目標到達度を評価するだけでなく，途中での理解度・習得の程度を把握することで，もし十分に学習が進んでいない学習者がいたのであ

れば，その時点で補足や復習の機会を設けることが有益です。同時に，もし想定しているような成果が得られていないのであれば，教師は自分の指導方法を見直す必要に迫られる場合もあるでしょう。つまり，学習者に対してその到達度を評価して終わり，というわけではなくて，自分の指導がうまくいっているかどうかを把握するための評価とも言えるわけです。

「総括的評価」は，単元や学期など，その期間の学習指導が終わった時点で学習内容が「どれだけ身についたか」を評価するものです。いわゆる「成績」に直結する評価と言えます。ただしその単元や学期で「何を習得すべきだったのか」は一面的であるはずはありませんので，その評価の観点や方法には工夫が必要です。中学・高校での中間テストや期末テストを思い浮かべてもらえばよいのですが，そのテストの構成の仕方によって，学習の成果の何が点数に反映しているのかは大きく異なるでしょう。また，単に学習者を成績（点数）によって序列化するためのものではないはずですし，思いのほかテストの点が悪かった場合には，（授業外学習の促し方も含めて）教師自身が自分の学習指導を見直すための材料となります。

以上をまとめると，三つの評価のいずれもが，学習者の知識や技能の習得の程度に対して，「成績」をつけるためだけに数値化することが目的ではないことがわかると思います。学習者に対しては「どのように学習に取り組むべきか」を考えるための材料を提供することができますし，指導をおこなう教師にとっては学習指導をよりよく改善するのに必要な情報を得るための評価と言えるでしょう。いずれにせよ，「何を，どのように評価するか」については熟考する必要があります。

2　誰が評価をおこなうか

2-1　他者評価と自己評価

第1節では，評価の目的に対応する形で「誰が，いつ，何のために，評価をおこなうか」について説明してきました。第2節ではさらに，同じ学習の到達度を評価するにしても，それを教師が評価する他者評価と，学習者が自己評価する場合とを比較して，自己評価の重要性について説明していきます。

学習評価においては，主に教師が学習者に対して評価をおこなうことが基本となります。学習目標をもっともよく理解し，設定し，指導をおこなっている教師が学習者の到達度を責任を持って他者評価するというわけです。その際には，教師の興味や好み，思い込みによって評価が大きく偏ったり歪まないようにするために，むしろ人間である以上は偏りや歪みは生じうると認識した上で，それを是正するために他の教師や子どもたち自身，場合によっては親の評価にも耳を傾ける必要があるでしょう。

一方，学習者自身が評価の主体となって，学習の振り返りをおこなう自己評価も重要と言えます。適切に自己評価をおこなうことで，その後の活動方針が変わることは想像に難くないと思います。この自己評価を適切におこなうことは，学校教育が終わったあと，長い人生においても重要な能力の一つになると言えますから，自己評価能力を育成することも教育の目標に含まれていると考えた方がよいでしょう。また，教師による形成的評価と同様に，学習の途中において，自分の学習がうまく進んでいるかどうかを自己評価することも有効です。こうした自己評価能力を支えているのが，本書の第7章で取り上げた「メタ認知」になります。正しくメタ認知のモニタリングが働いていれば，たとえば「理解不足の状態」をいち早く把握し，学習方略（第6章）を切り替える必要性に気づけるかもしれませんが，モニタリングが誤っており「わかっているつもり」であれば，そのまま不適切な学習活動を続けてしまい，十分な到達度を得られないかもしれません。

ここで，「自己評価」と「自己採点」は異なるということにも注意を向けてほしいと思います。自己採点というのは，テストの後に，模範解答や採点基準を参照しながら，自分が得られるであろう得点（結果）を予測することを指します。これも確かに自己評価の一部ではありますが，自己評価の本来の目的は結果を早く知ることではなくて，学習過程が適切かどうかを判断することにあります。上記のメタ認知モニタリングの例からもわかるとおり，学習が進行している最中にも，自分の理解度を確認したり，必要に応じて学習方略を切り替えることこそ，自己評価の本質と言えます。また，テストやレポートが返却された際にも，その得点（数値）に一喜一憂するだけでなく，よい成果が得られていたのであれば，どういった学習活動が功を奏したのかを分析し，次の機会にもそれを継続するように意識することが大事です。期待していたより悪い成果しか得られなかったら，自分の取り組みのどこを改善するべきかを振り返らなければ，次も同じ失敗をくり返してしまうかもしれません（第2章，p. 33の原因帰属も復習してみてください）。

教師による他者評価と学習者自身による自己評価は，単に評価主体が異なるだけではなく，それぞれ動機づけにも影響することは，既に第3章（図3-4，p. 53参照）でも述べたとおりです。特に学習に対して自信がない学習者にとっては，教師による他者評価は脅威に感じ，不安を引き起こすことがあると言われています。とはいえ，学習評価において教師が責任を持って他者評価をおこなうことは必須と言えます。その際，自己評価をおこなう機会を設けることで，学習に対して自信を持てない学習者でも内発的動機づけを高めることができると期待できます。指導をおこなう側としては，学習者に自己評価をおこなってもらう機会を設定することが重要と言えますし，学習者側の視点からは，仮に教師がそのようなお膳立てをしてくれなくても，自主的に自己評価をおこなう習慣をつけることが有益と言えるでしょう。

2-2　評価規準と評価基準

ここまで，自己評価の重要性について説明してきました。また，教師による他者評価も，評価に偏りが生じないようにすることが必要とも述べてきました。その上で重要なことの一つが，評価規準と評価基準です。

評価規準（criterion）とは「何を」評価するかという評価の観点を指します。あるいは，「何ができたか」という評価の質的な根拠を表します。この評価規準は，単元や学期，学年の教育目標と明確に対応していることが必要でしょう。

それに対して評価基準（standard）とは，「どれだけ」達成できたか，という評価の量的な根拠となるものです。評価規準と評価基準の間には密接な関係がありますが，区別しうるものとして理解してください。

評価規準（何ができたか）に対して，「できた・できない」の２段階で評価をするのであれば，評価基準は不要となりますが，実際にはその２段階で評価するよりも，それぞれの評価規準に対する「到達度」を得点化することの方が多いでしょう。そのとき，どの程度できていれば何点を与えるかについての根拠になるのが評価基準です。

このことを理解するために，ルーブリック（評価基準表；表15-2）を使って説明します。表15-2のルーブリックは，筆者が大学の授業（一年生向けの初年次教育）において，学生の発表を評価するのに用いているものです。このルーブリックでは，一番上に「発表の仕方」「レジュメ（配付資料）」というように，評価の対象がいくつか示されています。そしてそれぞれの対象に対して，評価の観点が示されています。たとえば「発表の仕方」には「時間配分」と「話し方」といった具合です。そしてそれぞれの観点の中に，ａ，ｂ，ｃ…と評価規準が明記されています。たとえば「話し方」の中には「ａ.はっきりと聞き取りやすい声の大きさとスピードで話せる」とあります。これらの評価規準（表中の上から２段目のマス目の中の箇条書き部分）に対して，「どれだけできれば５点満点か」の基準が，行動記述文で３段目に示されています。同様に，４点となる場合の基準も示されていますね。表中，３点以下は省略していますが，最下段の０点の部分には，「学習指導をおこなわなかった場合に想定される初期状態」が示されています。それぞれの評価規準に対して「まったく何もできない」というよりも，「何も授業から学ばなかった」という基準になっています。たとえば「話し方」において「日本語を話せない」という基準を設定したのであれば，それはこの授業での学習成果を問う以前のレベルを想定してしまっているかもしれず，状況によっては不適切な設定と言えるでしょう。

このように，評価規準・評価基準の両方を明確にすることで，教師による他者評価も一貫性・客観性を保ちやすくなりますし，授業の展開によってはこのルーブリックを発表前に学習者に配付して，何を習得すべきかという目標を明示するのに役立てることもできます。また，学習者が適正に自己評価をおこな

表 15-2　学生の発表に対するルーブリック（評価基準表）の例

	発表の仕方		レジュメ（配付資料）	内　容		質疑応答
観点の説明	〈時間配分〉 時間配分や，扱う量に関して，与えられた発表時間を有効に使える。	〈話し方〉 a.はっきりと聞き取りやすい声の大きさとスピードで話せる。 b.聞き手の理解度や聞く意欲を高めるための工夫ができる。	a.発表用レジュメに必要な情報が十分に記載されている。 b.読みやすいレイアウト・余白・文字サイズでレジュメを作成できる。 c.聞き手の理解度や聞く(読む)意欲を高めるための工夫ができる。	〈三つの要素〉 a.心理学とはどんな学問か b.心理学の魅力 c.法政大学の魅力を効果的に伝えることができる。	〈班オリジナルの要素〉 a.取り上げるテーマ・話題・題材が適切である。 b.説得力のある状態で伝達できる。	自分たちの発表に対する質疑に，円滑に答えることができる。
5	指定された発表時間から±15秒未満の誤差で発表できる。	a.教室の一番遠く離れた聞き手にも十分に聞こえる大きさの声で，早口になることなく話せる。 b.レジュメや準備した原稿の棒読みにならず，適切な抑揚や間をとったり，ときどき聞き手に問いかける等の工夫をしている。	a.授業名・班名・発表者氏名・発表年月日がすべて明記されている。 b.適度に余白や改行を設定して，文字サイズや文字間にも読みやすく配慮している。 c.見出しを強調したり，必要に応じて下線や記号を適切に用いて，重要な箇所が把握しやすいような工夫をしている。その他，聞き手の理解を助けたり，聞こうという意欲を高めるための工夫をしている。	a～cのすべてについて，的確な情報に発表者の意見や体験を加えて効果的に説明できる。	高校生が興味を持てるようなテーマ・話題・題材を取り上げ，なおかつ，説得力のある状態で魅力として伝えることができる。 つまり，a，bともに十分。	すべての質問された内容を適切に把握し，十分に納得のいく回答をしている。
4	指定された発表時間から±15秒以上30秒未満の誤差で発表できる。	上記のa，bのうちの一つが以下のような状態で，もう一つは上記「5点」の状態で話せる。 a.声が小さくなったり，早口になることがときどきある。 b.レジュメや準備した原稿の棒読みに感じることがときどきある。	上記「5点」のa～cのうちの一つに多少の改善の余地があるが，残り二つは十分。	a～cのうちの一つに多少の改善の余地があるが，残り二つは十分。	a，bの一方がやや不十分だが，もう一方は十分。	ごく一部の質問に対して，質問の意図を把握しきれずに，的はずれな回答をしている。
中略						
0	指定された発表時間から2分以上の過不足がある。	ほとんど聞き取れない，あるいは聞き手に配慮のない状態で話している。	上記a～cのすべてに大いに改善の余地がある。	a～cのすべてに大いに改善の余地がある。	班オリジナルの要素を取り上げていない。	すべての質問に対して，適切な回答ができない。

うための助けにもなるでしょう。

2-3 目標への到達度をどう可視化するか

ルーブリックを使わない，より一般的な「中間テスト」「期末テスト」においても，たとえばどういった学習の側面を評価するのかを考えれば，それは評価規準になりますし，文章題などで部分点を設定することは評価基準を設けることと同じになります。逆に，「何を評価すべきか」を熟考せずに，適当に過去問などから数合わせで出題しただけでは，本来評価すべき「学習の到達度」とはずれてしまっている可能性が高いと言えますし，そのようなテストを学習者に返却しても，学習者の自己評価を促すのにあまり役立たないかもしれません。

ここではさらに具体的に，「どのようなテストをおこなうか」が学習者に対する「教育目標」に関するメッセージを発信することになる，ということを説明したいと思います。

本章ではここまで，主に教師側が評価をする上で知っておいてほしいこととして，学習評価について説明してきました。しかし一方で，学習者の側は必ずしもこれらのことを理解した上で学習に取り組んでいるわけではありません。とりわけ，一つ一つの教科において，また，それぞれの単元において，何が教育目標として設定されているのかを意識しながら学習をしているということは滅多にないかもしれません。学習者にとっての最大の関心事は，突き詰めれば総括的評価としての定期試験で望ましい得点を得ることにあるのが現実でしょう。しかし，中・長期的にみれば，その定期試験でどのような出題をするのかによって，学習者に「教育目標」を伝えることは（少なくともある程度は）可能になります。極端な話，たとえば国語の定期試験において，毎回，その学期に扱った教科書範囲に出てきた漢字の書き取りと読みのみを出題し続けたらどうなるでしょう。学習者は，「国語とは，教科書に出てくる漢字を覚えるためのものだ」と教育目標（学習者にとっては学習目標）を歪めて受け止めることは間違いないでしょう。少なくとも，試験前のテスト勉強においては，漢字の復習以外には時間を割かないでしょう。それに対し，もし物語文ならその鑑賞や解釈が深まっているかどうかを問うような問題や，説明文ならその要旨を的確に把握し，論理的な構造を把握しているかを確認するような問題を出題し続ければ，学習者はテスト勉強においても深い読解をおこなうでしょうし，「国語にとって重要なのは，教材に対する読解だ」と認識すると思います（第6章のコラム（p. 98）も参照してください）。

つまり，毎回の授業の目標をどのように設定するのかということと，その目標到達度をどのような形式のテストで評価しようとするのかということの間に，整合性が必要だということです。そもそもの学習評価の目的をふまえれば自明なはずのことですが，「テストにおける採点のしやすさ，客観性」のみが優先されると，両者の間の整合性が危うくなりますので注意しましょう。

3　自己評価をもっと活用しよう

3-1　メタ認知の精度を高める

本章では主に「学校教育場面での学習評価」を中心に説明してきました。同時に，教師としてどのように評価に関わるべきかに重点をおいてきました。しかしながら，読者の皆さんの多くはまだ大学生だと思いますし，教える立場だけではなく，学ぶ立場から評価を活かすべき機会について考えることは有意義だと思います。そこでこの第3節では，学習者にとっての自己評価をおこなうことによるメリットやその必要性について，主なものを紹介しようと思います。

まず，自己評価をおこなうためにはメタ認知が必要であるということについて，より詳しく説明します。別の言い方をすると，メタ認知の精度を高めないと，どういった問題が起きやすいかということでもあります。

ハッカーら（Hacker et al., 2000）は，大学の教育心理学を履修した学部生99名に対して，学期中に三つのテストをおこないました。それぞれのテストの前後に，学生にはテスト成績を予測させ，実際の成績との関係を調べました。

1回目のテストの結果は図15-1に示したとおりです。横軸は「予測得点」を表していて，白い四角（□）はテストを受ける前におこなった予測の得点，黒丸（●）はテストをおこなった後におこなった予測得点です。それに対して縦軸は実際のテストの得点です。対角線上に□や●の点が乗れば，予測得点と実際の得点が一致している，完全に正確な予測をおこなったことを意味します。対角線より左上に点が入れば，予測得点より実際の得点が上回っているので「自信不足」を意味します。逆に，対角線より右下に点があれば，実際の得点より予測得点の方が高いので「自信過剰」を意味します。

ハッカーらは，各テストの総合成績に基づき，学生たちを優秀な順にグループ１から５の５群に分けました。１回目のテスト（図15-1上）と３回目のテスト（図15-1下）の結果を比較してみましょう。グループ１のように成績のよい学生は，１回目から成績予測は正確でしたし，グループ２もテストを重ねるごとに正確さはより向上しました。一方，成績の悪い学生グループ，特にグループ５で顕著ですが，予測得点のほうが実際の得点より高いという自信過剰のパターンに変化がありませんでした。さらには，テストを受けた後の予測得点（●）ですら，予測得点の方が過剰に高いという結果になっており，メタ認知が改善されていないことがうかがえます。

成績の悪い学生は，よい学生に比べ，「科目内容で何が重要かわからない」あるいは「テストでどういった知識が求められるか判断できない」ために，このような結果になったと考えられます。さらには，テスト後の予測得点も不正確なままですから，自分が「わかっていない」「できていない」ということにも気づいていない（メタ認知モニタリングが不正確あるいは欠如している）可能性があります。

このような状況を改善するためにも，テスト前には出題範囲に対する理解度を自己評価し，どこが重要なのかをしっかり考える習慣をつけ，テスト後には結果としての点数だけでなく，自分が予測した重要事項が出題されていたかどうかを振り返り，外れていたのならその原因を考えるなど，しっかりとテスト勉強全般に対する振り返りをおこなう習慣を積み重ねることが重要と言えます。

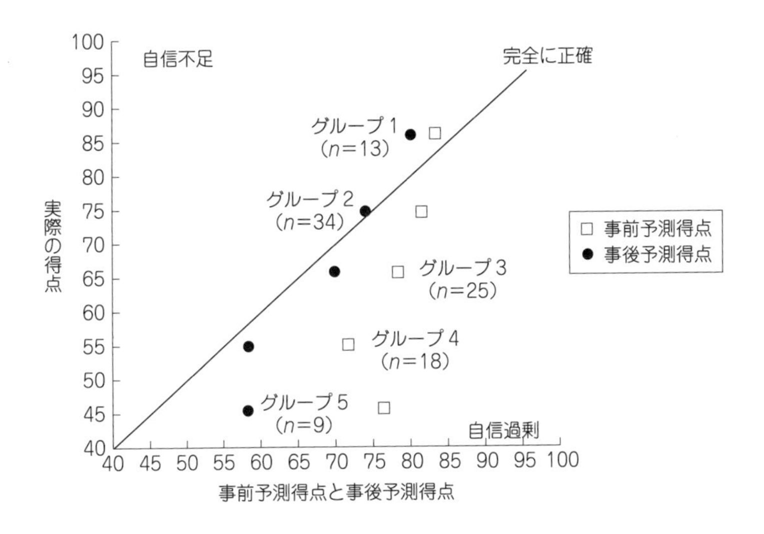

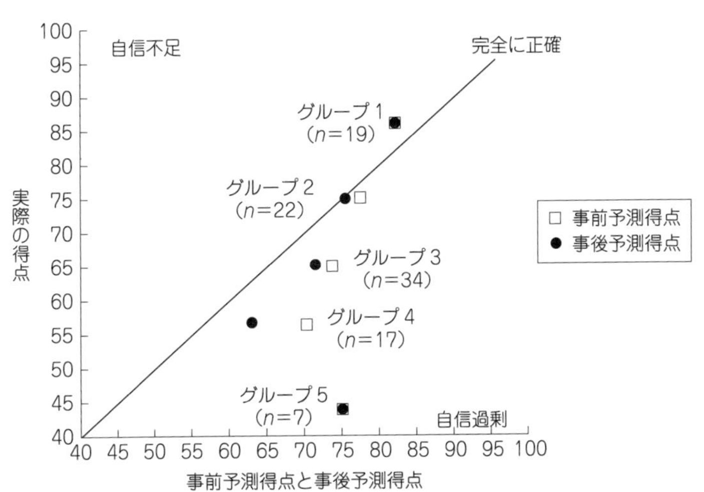

図 15-1　1回目（上）と3回目（下）のテストにおける，学生グループごとの予測得点と実際の得点

（出所）　Hacker et al.（2000）を改変

3-2　評価が記憶を促進する

次に，テストを受けることによって，その学習内容の定着がよくなるというテスト効果について紹介します。たとえばローディガーとカーピキー（Roediger & Karpicke, 2006）は，120名の大学生に対して，二つの文章（256語か275語からなり，それぞれ30のアイデア・ユニットと呼ばれる命題に分けられる）を各７分で学習させました。その後，一つの文章に対しては７分間で再学習，もう一つの文章に対しては「できるだけたくさん内容を思い出す」というテストを７分間でおこないました。大学生を３群に分け，その５分後，２日後，あるいは１週間後に，10分間で二つの文章内容を思い出すという最終テストをおこないました。その結果が図15-2です。図中，黒い棒グラフが学習の後に再学習をした条件，グレーの棒グラフが学習後にテストをおこなった条件です。最終テストが５分後の場合には，最初の学習後に再学習をした条件の方が成績がよかったのですが，２日後と１週間後の場合にはそれが逆転し，再学習するよりテストをしていた方が成績がよくなりました。つまり，学習からテストまでにある程度の時間を置くのであれば，学習をくり返すより，テストを受ける方が，その内容が定着しやすいということを示しています。このような現象を「テスト効果」と呼びます。みなさんも積極的にテストを受けることが，中・長期的に望ましい学習成果につながるであろうことを知っておくとよいでしょう。

そうはいっても，そうそう都合よくテストを受けられるとは限りませんね。そういう場合には，「学習した単語を，後のテストで思い出せるかどうか」という既学習判断（Judgments of Learning；JOL）をおこなうことで，後の記憶成績がよくなることも示されています。藤田（1999）は，日本語の単語20語を１リストとして三つのリストを用意し，処理水準効果の枠組みで記憶成績の比較をおこないました（第５章，表5-2，p. 78参照）。それぞれのリストに対して，「各単語をもし後に記憶テストされたら思い出せるかどうか（JOL条件）」，「世間一般に見てよく使用されるものかどうか（意味条件）」，「その単語を構成する文字のうち囲みが含まれるものが奇数個かどうか（物理条件）」の３種類の質問をおこない，それぞれ「はい・いいえ」で回答を求めました。その後，す

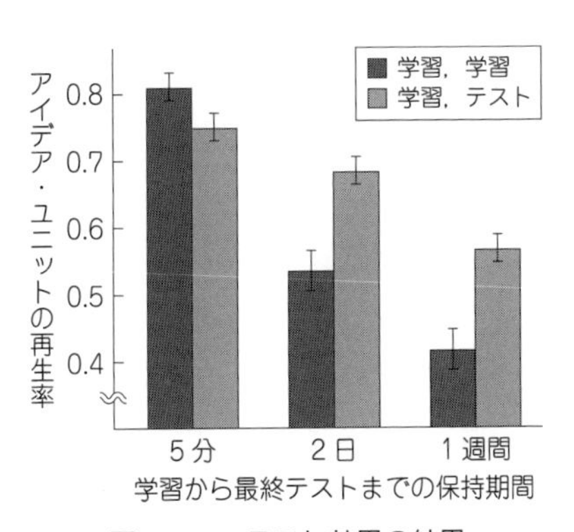

図 15-2　テスト効果の結果
（出所）Roediger & Karpicke（2006）を改変

べての単語を思い出してもらった結果が図 15-3です。処理水準効果としては，単語の使用頻度を回答する意味的処理は強力な符号化として知られていますが，提示された単語に対して「後で思い出せそうかどうか」を回答した場合でも，全体的には同等の記憶成績をもたらしました。ただし，その効果は「思い出せる」と判断された項目に限られます。この実験では，後で記憶テストをすることは予告していませんでしたが，実際の学習場面では，「思い出せそうにない」と判断した単語に対して集中的に復習することで，さらに学習効果を高める可能性もあります。この既学習判断（JOL）は，特別なテストを用意しなくてもおこなえます。常に自分の学習状態をメタ認知モニタリングすることの有効性を示している例と言えるでしょう。

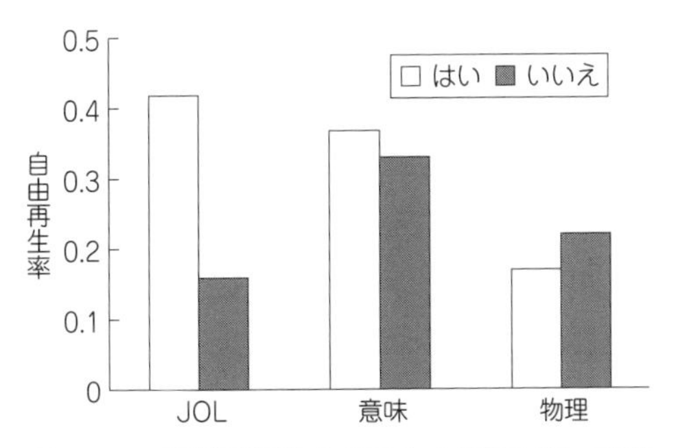

図 15-3　既学習判断（JOL）と意味処理・物理処理との比較
（出所）藤田（1999）を改変

3-3　まとめ

本章では，前半では学習評価をおこなう際に必要な基礎知識と注意点を中心に説明し，後半では特に自己評価をおこなうことの重要性について述べてきました。冒頭でも述べたとおり，評価というのは学校教育場面に限定された行為ではありません。皆さんの日常生活において，評価をする側・される側のどちらにとっても，うまく評価を活用できる視点を持っていただけたらと思います。

また，本章をお読みいただいておわかりのように，学習評価を適切におこなうためには，メタ認知や学習方略など，本書の他の章で取り上げた内容も関わっています。たとえばメタ認知の必要性（第7章，p. 103）についての記述の中で，メタ認知そのものが発達に伴い変化することに触れているとおり，とりわけ自己評価をどこまで適切におこなえるのかについては，自己評価活動を支える他の認知的な能力の発達という観点から支援のあり方を工夫する必要があると言えるでしょう。

引用文献

藤田哲也（1999）．符号化時のメタ記憶判断の効果　関西心理学会第111回大会発表論文集，30．

Hacker, D. L., Bol, L., Horgan, D. D. & Rakow, E. A. (2000). Test prediction and performance in a classroom context. *Journal of Educational Psychology,* **92**, 160-170.

北尾倫彦（2006）．学習評価とは　北尾倫彦（編著）　学びを引き出す学習評価　第1章　図書文化社　pp. 7-29．

Roediger, H. L. & Karpicke, J. D. (2006). Test-enhanced Learning: Taking memory test improves long-term retention. *Psychological Science,* **17**, 249-255.

もっと詳しく知りたい人のための文献紹介

北尾倫彦（編著）（2006）．学びを引き出す学習評価　図書文化社

⇨本章ではページ数の都合で取り上げることができなかった「観点別評価」「相対評価」を含め，実際に教職に就こうと思っている方にとっては，より実践的な例も豊富に載っていますので，一読することをおすすめします。

松下佳代（2007）．パフォーマンス評価――子どもの思考と表現を評価する　日本標準

⇨本章で紹介したルーブリックは，発表や作品などの学習者のパフォーマンスを多面的に評価するのに優れています。この本ではルーブリック作成の際の注意点や工夫についても具体的に紹介されています。

初版あとがき

この『絶対役立つ教育心理学』で読者のみなさんに伝えたいと思っていることや本書の特徴などは第0章でも述べているのですが，あとがきとして少し補足しておきたいと思います。

筆者（藤田）は，大学で教鞭を執っていて，教職科目である「教育心理学」を担当する機会も多いです。これまでにも複数の大学で教育心理学に関する科目を教えてきました。これまでの授業を通じて，学生たちにも指定した教科書を読んでもらいましたし，筆者自身はさらに，授業内で補足説明するために指定した以外の「教育心理学」の教科書を複数参照してきました。そのときに感じたことは，世のなかに出版されている「教育心理学の教科書」の多くは，実際に教職を目指す学生たちにとっては，「専門的すぎる」のではないかということです。記載されている内容が高度に専門的であることが悪いとは思いません。しかし，その専門的な内容を，「どのようにして教育現場に応用するか」についての方向づけは弱いと感じたのです。「専門的すぎる」というのは，記載されている内容の質の話ではなくて，「専門的な内容を，初学者にも，その利用価値がわかるように説明する」という姿勢に欠けているのではないか，という意味なのです。

読者を，「大学院に進学して教育心理学を専門的に研究する人」と想定しているのであれば，それでも構わないでしょう。自分の研究のテーマについて，どのように社会と関連性があるのかを考えること自体が，研究者の課題の一つでもあるからです。しかし，教職科目の教育心理学を履修している学生のほとんどは，研究者になることを目指していません。さらに言えば，大学で心理学を専攻しているとは限りません。極端に言えば，週に一回か二回の教職科目でしか，心理学とかかわりをもっていないのです。そのような学生に「心理学のもつ意義を，自分で一から考えなさい」と要求することには，現実的に無理があると思います。

実際に，筆者が教育心理学の授業をする際には，そうした「専門的な」教科書を使いつつ，どのように応用可能なのかの実践例を具体的に補足説明しています。そうした具体例が伴ってはじめて，（とくに心理学を専攻していない）学生たちに教育心理学の研究の価値が伝わるのではないかと感じてきました。十分に教育現場で役立つ理論や知見であっても，その重要性や価値を学生に認識してもらえなければ，授業や科目履修に対する動機づけも高まりにくいということは，本書の第３章でも触れているとおりです。

筆者がやっていたように，「教科書は教科書として，授業を行う教員が応用可能性を示唆すればよい」という考え方で授業を担当されている大学教員の方も多いと思います。たしかに「授業で教科書を読む」のであればそれでもよいでしょうが，なかには自学自習のために，教科書を読む人もいます。さらには，それらの状況をふまえてもなお，「すべからく学問の意味は一から十まで自分で摑み取るものであるべきだ」と主張される方がいらっしゃるかもしれません。そうした姿勢が，「学ぶ本人」にとっては重要であることには異議はありません。しかし，「教育心理学」は「教職に就く人」が学ぶ学問です。学問の異議をつかみきれなかった場合に「被害」を被るのは，学生本人だけではなく，その学生（いずれは教師）に教わることになる，将来の子どもたちでもあるのです。そこまで考えれば，「学問の価値や意義がわからない学生は，放っておけばよい」とは，言えないでしょう（余談ですが，教員免許は取りたいけれども実際には教職には就くつもりはない，という学生に対しても，筆者は「免許を取るためには教育実習で教壇に立つことになる」ことを重視し，いい加減な気持ちで受講しないように方向づけています）。

以上のようなことを考えながら，これまで教育心理学の授業を行ってきました。その過程で，心理学の専門的知識もなく，解説してくれる人が身近にいない人にとっても「教育心理学がどのように役立つのか」を十分にイメージできるような教科書があればよいのに，と常々考えていましたし，同様の思いを抱いている大学教員や学生も少なくないのではないかと思い，本書を作成するに至りました。

また，「(教育）心理学なんて，机上の空論で現場では役に立たない」と言われることがないように，教育心理学のもつ多様な応用可能性，有用性について，すでに教育現場で活躍されている教師の方々も含め，より多くの方に知っていただきたいとも考えていました。

そのような思いを強くしていた時期に，ミネルヴァ書房編集部の吉岡昌俊さんから，教育心理学の教科書を編集してみないかというお話をいただきました。「標準的な」教科書を想定されてのご依頼でしたが，上記のような思いを伝え，これまでに類を見ない，「教育心理学は絶対に役立つ」というメッセージを前面に出した教科書を作成することを提案し，快諾していただき，本書の出版企画がスタートしました。新たに作成するからには，本書を読んだ読者のただ一人からも「こんなことを学んで，何の意味があるのか？」という疑問が出ないような本にしたいと思いました。誤解がないように念のために言っておきますが，これまでに出版されている教育心理学の教科書が「役に立たない」と言っているわけではありません。少なくとも筆者にとっては十分に活用できるものがほとんどです。しかし，「すべての読者」が役立つという実感をもてるかという意味では，まだ挑戦する余地が残されていると感じた，ということなのです。「絶対役立つ」というタイトルは，言い換えれば「読者が読み終わったあとに“こんな学問は役に立たない”とは“絶対に言わない”」ということを目指した姿勢を反映しているのです。

本書で取り上げているテーマは，教員免許を取得するために必修と定められている，「幼児，児童及び生徒の心身の発達及び学習の過程（障害のある幼児，児童及び生徒の心身の発達及び学習の過程を含む。）に関する科目」の教科書として使用されることを想定して選びました。いわゆる「臨床心理学」的な内容は，現行の免許法では別の科目として履修することが求められているため，本書からは外しました（けっして臨床心理学を軽視しているわけではないのですが）。

テーマが決まれば次は執筆陣の選定です。上記のような筆者の意図を理解し，共感してくれる執筆者でなくては意味がありません。したがって，人選は難航し一向に編集作業は進みませんでした……というような苦労話を通常なら書くところかもしれませんが，実際には割とすんなりと執筆陣は固まりました。本書の企画以前から筆者と交流があり，研究のみならず教育（専門教育はもちろんのこと，専門を初学者にわかりやすく解説するという意味での教育も含めて）に熱意をもっていると思しき「同志」に声をかけました。いずれの方も趣旨に賛同してくださり，執筆を快諾してくださいました。執筆陣は，比較的若手の研究者が多く，現時点ではまだあまり名前が知られていない人も含まれていたとしても（失礼！），10年後には「この本の執筆陣は豪華だなぁ」と感心してもらえるようなラインナップになっていると確信しております。

この本の趣旨をご理解いただき，実際に玉稿をお寄せくださった執筆陣の先生方に，まずお礼を申し上げたいと思います。

本書の企画が始まる少し前から，草加市立八幡小学校校長（2007年３月現在）の鏑木良夫先生から，社団法人農山漁村文化協会が発行する月刊誌『初等理科教育』への連載のお話をいただき，「記憶の理論で学習指導を見直す」というタイトルで毎月２ページの連載をしていました（2005年10月号～2006年３月号）。この連載の趣旨も，本書が目指すところと同じで，心理学における記憶研究の知見の有用性を，教育現場の先生方に少しでもご理解いただきたい，というところにありました。この「記憶の理論」編に引き続き，「教育心理学」編も１年間連載することになりました（2006年４月号～2007年３月号）。連載タイトルは「教育心理学で学習指導を見直す・教育心理学も見直す」でした。この連載のお話をいただいたとき，すでに本書の企画はスタートしておりましたので，「連載の内容は，いずれ教科書に掲載される内容と重複しますし，文章としても流用する形になると思われますが構わないでしょうか？」というこちらの要望に対しても，初等理科教育編集部の松田重明さんにご快諾いただきました。

実際，本書で藤田が担当している章のほとんどは，『初等理科教育』に連載された内容をアレンジしたものになっています。

この『初等理科教育』の連載中，記憶の理論編，教育心理学編のいずれの執筆においても，鏑木先生から草稿の段階で現場の教師ならではの観点からご意見を賜りました。この場をお借りして厚くお礼申し上げます。

また，『初等理科教育』の連載原稿と本書の企画を進めるうえで，東京大学教育学研究科の市川伸一先生が主催されている「認知カウンセリング研究会(CC 研)」の皆さんからは，とても有意義なアドバイスを多数いただきました。CC 研には小学校から高等学校までの，さまざまな教科の先生方が参加されています。また，新進気鋭の大学院生も多数出席しています。その研究会での数回にわたる「構想発表」を通じて，活発に意見交換させていただいたおかげで，現場の先生方がどのような情報を求めていらっしゃるか，また，どのような語り口ならば教育心理学の有用性を十分に伝えることができるのかを的確に把握することができたように思います。ありがとうございました。

さて，そんなこんなで作成された本書ですが，読者の皆さんにお願いがあります。これまで述べてきたように，本書の主眼は「教育心理学の理論やデータをできるだけ多く紹介する」ことには置いておりません。「最新の専門的な知見を紹介する」ことでもありません。むしろ「教育心理学分野で定番とされている理論や知見の，本当の応用可能性を見直してもらう」ことが一番の狙いとなっております。したがって，本書に記載されている知見の量それ自体は，けっして多くはないと思います（おそらく藤田の担当章でその傾向は顕著です)。しかし，本書に取り上げることができなかった知見のなかにも，当然のことながら有益なものが多数あります。読者の皆さんは「教科書に書いてあることさえ“暗記すれば”それでよい」という思考に陥らないよう，本書を読み終わった後，あるいは授業で教育心理学を学び終わったあとにも，教育心理学に触れる機会を多くもっていただきたいと願っております。大学図書館や，大きな書店に行けば，教育心理学の「専門書」は読み切れないほど，手にすることができるはずです。また，授業が終わって単位が取れてしまったら「忘れてもよい」という類の知識ではありません。むしろ，教育実践の現場で，この本書で学んだことを活かせてこそ，学習の成果が発揮されるわけです。学校教育現場に限らず，「人に教える」「人から学ぶ」機会は多数あります。いろいろな場面で，学んだことを実践して，真の意味で身につけて欲しいと思います。「教職に就くことを第一志望としてない」読者の皆さんに対しても同様の思いをもっております。教壇に立たなくても，将来的に，自分自身の子どもを育てる機会がめぐってくる可能性もあるわけですし，「教え・学ぶ」という活動は，社会的な存在である人間にとっては避けられないものですから，本書の内容を実践する場には事欠かないと思います。「自分には関係ない」と切り捨てず，どん欲に活用してください。

本書を大学・短期大学の「教育心理学」の授業で教科書として使っていただいている先生方にもお願いがあります。本書は基本的に「読めばわかる」ように書かれていますから，本書を読み上げるだけの授業では，学生さんは退屈してしまうと思います。本書が目指したのは「ここに載っていることだけ“暗記すれば”それで十分」ということではなくて，獲得した知識を「いかに応用するか」の，応用の仕方を提案することにあります。記載事項の暗記に終始するのではなく，その知識をどう活かせるのかという例示に力を入れていただければと思います。また，何度も述べているように，本書に取り上げた内容は，いわば「厳選された」ものばかりですから，いくらでも補足することが可能なはずです。ぜひ「教育心理学には，他にもこんなに役立つトピックがあるんだよ」ということを授業内で学生さんたちに伝えてあげてください。

最後に，本書の企画から出版に至るまで，辛抱強く見守りサポートしていただいた，ミネルヴァ書房編集部の吉岡昌俊さんに最大限の謝意をお伝えしたいと思います。2006年度には，筆者（藤田）が企画開始当初には想像しえなかったほどの多忙に陥ったため，執筆作業・編集作業ともに大幅に遅れてしまいました。一方で，2007年度４月から一部の授業で教科書採用されることも決まっており，出版時期を遅らせるわけにもいかず，結果として吉岡さんに多大なるご負担をおかけすることになってしまいました。ご迷惑をおかけしたことをお詫びするとともに，「あとがき」を書ける段階にまでこぎつけることができたことに関して，厚く・熱く！　お礼を申し上げます。どうもありがとうございました。

本書が本当に「絶対に役立つ」かどうかは，本書の内容を実際に活用していただいてこそという意味で，読者の皆さん次第です。ぜひ，大いに役立てていただければと願っています。よろしくお願い申し上げます。

2007年３月

執筆者を代表して　藤田哲也

第2版あとがき

2007年5月に初版を刊行して以来，おかげさまで本書は大変好評を得まして，順調に増刷をくり返してきました。そんなさなか，2017年11月に，文部科学省により，大学の教職課程で共通的に修得すべきものとして，「教職課程コアカリキュラム」が公表されました。その中で，本書が使われると想定していた教職課程の科目は，初版時の「幼児，児童及び生徒の心身の発達及び学習の過程（障害のある幼児，児童及び生徒の心身の発達及び学習の過程を含む。）に関する科目」から，（カッコ）内の「障害のある～」以降の部分は別科目に移したものとなりました。すなわち，いわゆる「教育心理学」の科目としては本書の第14章の内容は扱わなくてもよくなったのですが，第14章のイントロにも書かれているとおり，「障害をもつ子どもたちの学びを理解することは，人間の学びを理解する上でも役立つ」との考えから，第2版でも含めることにいたしました。

他にも，発達分野においては「運動発達」について，学習分野においては「動機づけ・集団づくり・学習評価」について発達の特徴と関連づけて触れる必要が生じました。そのため，第2章と第8章には必要事項の加筆をお願いし，「集団づくり」と「学習評価」については新たな章を追加することといたしました。

このように，教職課程コアカリキュラムに対応するために着手した第2版の作成でしたが，結果として，教育心理学をより包括的に深く理解するのに資する改訂になったと自負しております。本書が掲げている「絶対役立つ」の精神は第2版でも何も変わっておりませんので，読者の皆様には引き続き本書の内容を教職においても日常生活においても役立てていただければと願う次第です。

2021年2月

執筆者を代表して　藤田哲也

さくいん

あ 行

か 行

さ　行

た 行

な 行

は 行

ま　行

や・ら・わ行

アルファベット

《執筆者紹介》

藤田哲也（ふじた てつや・編者，第0章，第1章，第3章，第4章，第5章，第15章，あとがき）
法政大学文学部 教授

岩男卓実（いわお たくみ・第7章）
元 明治学院大学心理学部 准教授（故人）

植木克美（うえき かつみ・第14章）
北海道教育大学大学院教育学研究科 教授

植木理恵（うえき りえ・第7章）
慶應義塾大学理工学部 非常勤講師

倉盛美穂子（くらもり みほこ・第10章）
日本女子体育大学体育学部 教授

郷式 徹（ごうしき とおる・第9章）
龍谷大学文学部 教授

田中あゆみ（たなか あゆみ・第2章）
同志社大学心理学部 教授

中間玲子（なかま れいこ・第13章）
兵庫教育大学大学院学校教育研究科 教授

西垣順子（にしがき じゅんこ・第12章）
大阪公立大学高等教育研究開発センター 教授

林 創（はやし はじむ・第8章）
神戸大学大学院人間発達環境学研究科 教授

村山 航（むらやま こう・第6章）
Hector Research Institute of Education Sciences and Psychology, University of Tübingen 教授

安永 悟（やすなが さとる・第11章）
久留米大学文学部 教授

渡部信一（わたべ しんいち・第14章）
東北大学 名誉教授

絶対役立つ教育心理学［第２版］
――実践の理論、理論を実践――

2007年５月20日　初　版第１刷発行　〈検印省略〉
2019年10月20日　初　版第20刷発行
2021年４月20日　第２版第１刷発行
2023年11月30日　第２版第４刷発行

定価はカバーに
表示しています

編著者　藤　田　哲　也
発行者　杉　田　啓　三
印刷者　田　中　雅　博

発行所　株式会社　ミネルヴァ書房

607-8494　京都市山科区日ノ岡堤谷町１
電話代表　(075) 581-5191
振替口座　01020-0-8076

創栄図書印刷・坂井製本

ISBN978-4-623-09163-8
Printed in Japan